本书受黑龙江省哲学社会科学研究规划项目资助（16YYB04）

中国老年人共文化群体的
语言特点和文化价值观模式研究

王丽皓　著

哈尔滨工程大学出版社
Harbin Engineering University Press

内容简介

本书运用跨文化交际学中的文化价值观维度理论、共文化理论等分析中国老年人共文化群体的语言特点和文化价值观的特点，以及老年人共文化群体在与主流非老年人文化群体进行跨文化交际时的交际特点和应对策略。通过分析国外老年人共文化群体的语言特点和文化价值观特点，对比中国老年人共文化群体在语言特点和文化价值观方面的异同。文化的特点之一就是极具变化性，各个文化群体的文化价值观也是变化的，在当今中国传统的尊老和孝道文化受到前所未有的挑战的情况下，很有必要从文化自觉的角度，清醒地认识外国文化对我国的影响，弘扬中国尊老爱老的传统文化，以促进和谐社会的建设。

本书适合从事跨文化交际学研究和老龄化研究的人士阅读。

图书在版编目（CIP）数据

中国老年人共文化群体的语言特点和文化价值观模式研究 / 王丽皓著 . —哈尔滨 : 哈尔滨工程大学出版社，2020.12

ISBN 978-7-5661-2879-9

Ⅰ . ①中… Ⅱ . ①王… Ⅲ . ①老年人－文化语言学－研究－中国②老年人－文化社会学－研究－中国 Ⅳ . ① H0-05 ② G05

中国版本图书馆 CIP 数据核字 (2020) 第 248837 号

选题策划	姜　珊
责任编辑	张植朴　姜　珊
封面设计	李海波

出版发行	哈尔滨工程大学出版社
社　　址	哈尔滨市南岗区南通大街 145 号
邮政编码	150001
发行电话	0451-82519328
传　　真	0451-82519699
经　　销	新华书店
印　　刷	北京中石油彩色印刷有限责任公司
开　　本	787 mm×960 mm　1/16
印　　张	13.25
字　　数	290 千字
版　　次	2020 年 12 月第 1 版
印　　次	2020 年 12 月第 1 次印刷
定　　价	58.00 元

http：//www.hrbeupress.com

E-mail：heupress@hrbeu.edu.cn

前　言

　　据国家统计局预计，到"十四五"末，我国65岁以上的老年人人口数量占总人口数量的比例将超过20%，从轻度老龄化进入中度老龄化阶段。面对人口老龄化的严峻形势，党的十九届五中全会明确提出"实施积极应对人口老龄化国家战略"。

　　习近平总书记一直十分重视人口老龄化工作，他在2019年春节团拜会上的讲话，以及在十八届中央政治局进行的第三十二次集体学习时的讲话中指出：古人讲，"夫孝，德之本也"，自古以来，中国人就提倡孝老爱亲，倡导"老吾老以及人之老，幼吾幼以及人之幼"；敬老爱老是中华民族的传统美德。要把弘扬孝亲敬老纳入社会主义核心价值观宣传教育，建设具有民族特色、时代特征的孝亲敬老文化。习近平总书记的话语重心长，真正实施起来任重而道远。随着社会的发展，人们的价值观也在发生变化，尤其是很多年轻人和中年人的价值观与老年人的价值观相差很多，这就导致老年人和非老年人在交际时出现了很多矛盾和冲突。

　　本书的写作目的就是针对以上问题试图研究出解决办法，将老年人和非老年人的交际定义为跨文化交际或共文化交际。基于老年人的语言特点、文化价值观特点、交际特点等研究，笔者在书中提出了老年人和非老年人进行交际时双方可以采取的交际策略，从而达到敬老爱老。

在研究的过程中，笔者的研究生李晓娟、聂宇姗、王洪橙协助笔者做了大量工作，在此表示感谢。本研究受黑龙江省哲学社会科学规划办公室的资助，在此表示感谢。

由于老年人的语言特点、文化价值观特点、交际特点的研究才刚刚开始，笔者在未来将不断深入研究，以期为该领域的发展做出一份贡献。

著　者

2020年10月

目录 Contents

第二部分　中外老年人特点对比分析

第一章
引 言

关于老年人的语言交际方式和文化的研究早在20世纪60年代就开始了。研究表明：在老年人的生活中存在着各种各样的代际与代内对话形式，其中包括回忆和怀旧（Butler，1968; Kaminsky，1984; Geofo，1980; Moody，1984）、讲故事（Nussbaum，1994）、交际能力及年老对此能力的影响（Duran，1989）、代际谈话（Giles，1992; Harwood，1995; McKay，1989，1993）、交际和损失（死亡）（Nussbaum，1989）、照顾者和老年父母之间的交际（Clipp，1990; Eckert，1996）、老年兄弟姐妹之间的交际（Cicirelli，1989; Caverli，1995），以及长期婚姻关系中的交际和特点[1]（Wispe，1989; Mare，1995）。

陶红印认为，跨文化交际学是交际社会语言学的一个研究方向[2]。随着国际上跨文化交际学研究的深入发展，其研究对象已经不限于各国的主流文化，而是开始从宏观向微观深入探索。到了20世纪90年代，跨文化交际学理论研究中出现了研究微观文化对象（共文化群体）的"共文化理论"（由Orbe创立）。这个理论认为，共文化群体和主流文化群体之间的交际是跨文化交际[3]。自此，开始有国外跨文化交际学专家运用"共文化理论"来研究老年人共文化，从跨文化交际学（而不是社会学或医学）的全新视角审视老年人共文化群体。

研究老年人共文化的代表人物V. C. McKay指出，老年人群体是共文化群体，老年人属于一种只适合于他们年龄的文化。尽管老年人群体使用的语言形式与主流非老年人文化群体使用的语言源头相同，但是在老年生活中却存在关于他们生活的谈话模式。人们应该摒弃对老年人的偏见和文化定势[4]。

文化定势一直是研究老年人共文化群体与主流非老年人文化群体之间的交际的主题。Hummert从人际关系的角度研究了年轻人、中年人和老年人自身对老年群体的文化定势，这些文化定势中既有正面的，比如老年人是聪明、和善及可信赖的，也有负面的，比如老年人过时和保守[5]。Robinson指出，大众传媒针对大众对老年人的文化定势负有主要责任。Ryan运用跨文化交际学中的调适理论研究代际交际中的调节行为，指出年轻人对老年人的文化定势使他们使用专门针对老年人的谈话方式与老年人进行交际，比如挑简单的话题，使用简短的措词和不断重复某一表达等。Segrin发现一些老年人在与年轻人进行交际时，会由于文化定势的原因认为自己交际技巧不如年轻人，从而降低自尊。Rosenbaum则指出，由于各个年代的历史不同，因此在不同年代中人们对老年人的文化定势也有所不同[6]。

虽然从以上的综述看来，从社会语言学的角度研究老年人共文化群体的成果颇丰，但是Nussbaum和Coupland在他们编辑的*Handbook of Communication and Aging Research*一书中认为，人们从社会语言学的角度研究老年人的成果却很少。该书共有22篇论文，其中从社会语言学的角度研究老年人的论文只有5篇。Coupland本人研究了在语言和语篇中如何协商年龄。Hummert等探讨了隐性年龄文化定势和自我文化定势，并建立了2个文化定势模型。Williams和Harwood运用群体间和社会身份认同理论的研究发现，在家庭语境中的代际跨文化交际相比不同年龄的陌生人之间的交际更为独特。Baker，Giles和Harwood创立了一个全新的代际和代内交际模型用于全面描述代际跨文化交际。Pecchioni，Ota和Sparks指出，越来越多的老年人口会对老年人共文化产生影响。[1]

随着全球化进程的加快，开始有学

者从各国文化对比的角度来研究老年人共文化群体。Andreoletti和Leszczynski把性别、种族和老年人群体结合在一起进行了综合研究。Kim研究了在加拿大的韩国老年人情绪低落是否与文化适应相关联的问题[7]。

与国外学者研究老年人共文化群体的多角度相比，中国学者在该领域的研究十分单一，基本上都是从各国文化对比的角度进行的。Chen通过对比中国台湾和英国老年人在广告中的表征，指出中国传统的孝道文化导致了两者的不同[8]。Huang调查了日本、中国内地、中国台湾和越南对年老和老年人的态度，指出现代化和工业化对亚洲传统文化的冲击[9]。

中国内地学者从社会语言学角度研究老年人共文化群体的成果更十分稀少。战菊、朴玉研究了老龄化在现代传媒冲击传统媒体的形势下语言资源分配的问题，指出语言资源分配不均主要体现在代表社会主流阶层的青壮年用语在各种传媒中占有绝对优势[10]。姚俊虽然对比研究了儿童与老年人的交际语言，但其使用的例证全部引用的是英语例子，显然研究的对象不是中国人。在黄立鹤撰写的《近十年老年人语言衰老现象研究：回顾与前

瞻》一文中，作者总结的从社会语言学角度研究老年人语言的论文只有Coupland（1991），Ryan，Giles，Bartolucci和Henwood（1986），以及Keller（2006），没有任何中国学者的成果[11]。

通过以上的文献综述可以看出，国外学者从社会语言学角度研究老年人共文化群体的成果不是很多，并且基本上没有中国内地学者从社会语言学的角度研究中国内地老年人共文化群体的语言特点、这些语言特点的基础——老年人特有的文化价值观、老年人共文化群体和主流非老年人文化群体之间的跨文化交际中的交际特点，以及双方应该采用的语言交际策略，而这几点正是本研究的关键。

本研究借鉴国外已有的研究成果，运用跨文化交际学中的Hofstede的"文化价值观维度理论"与Orbe的"共文化理论"等理论，研究中国内地老年人共文化群体的基于中国传统文化的，同时又受其历史经历和全球化、信息化等因素影响的文化价值观、基于上述文化价值观的语言特点、中国内地老年人共文化群体的交际特点，以及对比中国内地和国外老年人共文化群体在语言特点和文化价值观方面的异同。

本研究的基础观点是：中国内地老年

人群体是共文化群体。中国传统意义上的老年人是"年高有德",对老年人要尊重和孝顺。然而,在经济全球化和信息化时代浪潮的冲击下,在西风东渐的过程中,在从小就以"小皇帝""小公主"身份被养大的80后、90后、00后年轻人群体逐渐走上历史的舞台后,中国内地各个群体的文化价值观已经发生了变化,加之近些年来不断被爆出而且愈演愈烈的年轻人和老年人之间在各种语境之中的口舌之战,表明中国内地老年人群体已经不再是在家庭里和社会上说一不二的主流文化群体,而是变成了逐渐被边缘化的共文化群体。中国老年人共文化群体和主流非老年人文化群体之间的交际是跨文化交际。我们很有必要在社会语言学领域从跨文化交际学的角度,从语言特点、文化价值观、交际策略等多方面探索老年人共文化群体这个几乎从未被触及的研究对象。

本研究的第一部分运用跨文化交际学中的文化价值观维度理论、共文化理论等分析中国老年人共文化群体的语言特点、文化价值观模式特点,以及老年人共文化群体在和主流非老年人文化群体进行跨文化交际时的交际特点和应对策略。

本研究的第二部分通过分析国外老年人共文化群体的语言特点和文化价值观,对比中国内地老年人共文化群体和国外老年人共文化群体在语言特点和文化价值观方面的异同。虽然共文化群体有其自身的独特特点,但是,一个国家的文化是这一国家共文化群体特点的基础。中国传统文化价值观、地理、历史、哲学思想和其他国家,尤其是西方国家的文化价值观、地理、历史、宗教、哲学思想等都有很大不同,这些因素导致中国老年人共文化群体和国外老年人共文化群体在语言特点和文化价值观方面有很多不同点。探讨这部分的原因是,文化的特点之一就是极具变化性,各个文化群体的文化价值观也是变化的。在当今中国传统的尊老和孝道文化受到前所未有的挑战的情况下,很有必要从文化自觉的角度,清醒地认识国外文化对我国的影响,弘扬中国尊老爱老的传统文化,同时批判地借鉴国外对待老年人的经验,以促进和谐社会的建设。

参 考 文 献

[1] NUSSBAUM J F, COUPLAND J.Handbook of communication and aging research [M].Taylor and Francis:2004.

[2] SCOLLON R, SCOLLON S W, JONES R H.Intercultural communication: A discourse approach, 3rd Edition [M].New Jersey, Wiley-Blackwell:2011.

[3] GUDYKUNST, WILLIAM B, Theorizing about intercultural communication [M].London:Sage Pubns, 2004.

[4] LARRY A, SAMOVAR.Intercultural communication:A reader [M].New York: Wadsworth Publishing, 2014.

[5] HUMMERT M L, GARSTKA T A, SHANER J L, et al.Stereotypes of the elder held by young, middle-aged, and elderly adults [J].Journal of gerontology, 1994, 49(5):240-249.

[6] SEGRIN C.Social skills and psychosocial problems among the elderly [J].Research on Aging 1994, 16(3):301-321.

[7] CARRIE A, LESZCZYNSKI J P, DISCH W B, et al. Gender, Race, and Age:The content of compound stereotypes across the life span [J].International journal of aging & human development, 2015, 81(1-2):27-53.

[8] CHEN CHIN-HUI.Advertising representations of older people in the United Kingdom and Taiwan: A comparative analysis [J].International journal of aging & human development, 2015, 80(2):140-183.

[9] CHIN-SHAN, HUANG.Undergraduate students' knowledge about aging and attitudes toward older adults in east and west: a socio-economic and cultural exploration [J].International

journal of aging & human development，2013，77（1）:59-76.

［10］战菊，朴玉.老龄化社会背景下语言资源分配中的伦理关怀［J］.南京社会科学，2010（11）:134-139.

［11］黄立鹤.近十年老年人语言衰老现象研究:回顾与前瞻［J］.北京第二外国语学院学报，2015，37(10):17-24.

第一部分 中国老年人特点分析

第二章
中国老年人的社会地位及语言特点

第一节 引 言

2010年，中华人民共和国国务院进行了第六次全国人口普查。普查结果显示：中国60岁及以上老年人的人口数量为1.77635亿，占总人口的比例达到了13.26%。预计到2020年，中国60岁及以上的老年人的人口数量大约会占全国总人口的17%。在中华人民共和国成立前期，我国的人均寿命大约只有35岁，而现在我国人均寿命大约达到70岁。根据联合国颁布的标准，一个国家超过60岁的老年人口超过10%，即可认证该国家

已经成为人口老龄化社会。近年来，中国的人口老龄化速度不断加快，对于老年人的社会保障问题及其幸福指数越来越受到全社会的关注。因此，对于老年人的社会地位及语言习惯的研究是十分必要的。本章采用个案分析法，通过分析不同类型的老年人语言案例，研究老年人的语言特征以及与其交流的策略。

第二节 中国老年人的社会地位

一、中国历史上老年人的社会地位

尊老养老是中华民族的传统美德，《诗经·小雅》记载，"父兮生我，母

兮鞠我。拊我畜我，长我育我，顾我复我"。意思是父母生我养我、照顾我、记挂我，出门进门抱着我。报恩父母是为了他们的养育之恩，爱护之恩。

中国几千年以来一直是以男性为中心的父系家族为主，因此家族里的父母亲，尤其是父亲在整个家族中处于绝对的领导地位。子女对于日常生活中的大小事务要一一请示父亲，尤其是婚姻，更是要父母亲做主。可以说在中国古代，老年人在各自的家族体系中处于至高无上的地位。

在春秋战国时期，儒家思想的出现与传播使得古代中国的尊老思想开始兴盛。作为儒家经典的《孝经》将这一思想发扬到极致。《孝经》记载，"用天之道，分地之利，谨身节用，以养父母，此庶人之孝也"。可见，儒家思想对于孝道的重视程度。由于在儒家思想中，孝一直处于核心位置，因此家族中的老年人的地位非常稳固，极难被动摇，老年人也就必然处于家族权利的核心，进而处于社会权利的核心。这一权利核心表现为以下几个方面。

1.统治者的表率

西汉时期，统治者以儒家思想为指导思想治国。而西汉的统治者之所以可以将孝道推行全国，这与统治者的亲身示范不

无关系。

据史料记载，刘邦入关时曾"存问父老，置酒"，和关中父老以酒盟约。而他的儿子汉文帝刘恒更是遵循儒家经典《礼记》，将孝道发扬光大。据记载，在刘恒登基为帝之后，其母薄氏曾卧病三年，刘恒不顾自己帝王身份，时常亲自侍奉母亲，母亲喝的汤药他要自己先尝过才递给母亲服下，此可谓孝顺至极。刘恒的这一事迹在全国广为流传，引来无数文人学士的赞扬，并纷纷效仿。一时间，对父母的孝顺在整个国家奉行，老年人的社会地位因此得到极大的巩固与提升。

2.赋予老年人权利的社会制度

《汉书·高帝纪》（上）记载，"举民年五十以上，有修行，能帅众为善，置以为三老，乡一人，择乡三老一人为县三老"。意思是，年龄在五十岁以上（古代五十岁即称为老年人），有德行和表率的老年人可以入选为三老。所谓"三老"，是指被赋予掌教化权力的乡官，他们的主要权力是负责粮食收税及教化。在明代，朱元璋实行了老年人调节制度，根据《明太祖实录》记载，"罢府、州、县耆宿。初令天下郡县选民间年高有德行者，里置一人，谓之耆宿，俾质正里中是非，岁久

更代"。由以上记载可知，朱元璋将"三老"制度以某种方式沿用下来，在每乡设置一名老年人来处理乡里的纠纷。虽然这之后"耆宿"制度被废除，但老年人的地位并未因此而降低。在"耆宿"制度之后，明朝又开始实行了大范围的老年人"随朝观政"制度。正如字面意思，由地方推选出德高望重的老年人来京城朝见皇上，参观朝廷政治，接受皇帝的宣喻。这些老年人可以直接面见皇上，对于有些表现出高政治素养与德行的老年人，朝廷甚至会直接授予官职。明代的这些政治举措无一不表明老年人在当时的重要社会地位。

3.法律上的权力

在法律上，古代中国显然也继承了"尊老"思想，给予老年人一些在法律上的优待。《礼记·曲礼上》记载，"八十、九十曰耄；七年曰悼。悼与耄虽有罪，不加刑焉"。即七岁的幼儿与七八十岁的老年人，两种人即使犯了罪，国家也不追究他们的刑事责任。这一法律以当今的视角来看是不合理的，但是在当时尊老爱幼的时代背景下，却存在了许久。不仅在某一个特殊朝代，中国历代朝廷大多对老年人在法律上存

在优待情况。在唐代，八十岁以上的老年人犯杀人罪也会被免罪，七十岁的老年人拥有免于杖行的特权。老年人拥有的法律特权甚至可以惠及儿女，在儿女犯错之后，如果家中只剩老年人，那么子女所应受到的处罚也会相应地减少。由于老年人是社会中的弱势群体，当一位老年人与青年同诉公堂时，老年人的身份往往会为其获得更多的同情，也因此会逃避法律的惩罚。由于这些优惠的法律制度，老年人的社会地位也随之提高，年轻人很少会与老年人发生冲突，老人的权利也在无形中得到提升。

二、现代中国老年人的社会地位

（一）老年人日益下降的社会地位

在当今社会，很多年轻人凡事不再一一听从家中长辈的意见，有着自己独立的思想。最重要的是，由于互联网时代的来临，一大批年轻的计算机人才在市场上杀出重围，建立自己的商业帝国，占领中国经济市场的半壁江山。

在古代，由于科学技术不够发达，信息及知识的传播受到很大的限制。那个时候，老年人凭借自己多年的工作经验，以及知识技术的累积对整个社会的发展起

到了不可替代的作用。但是目前随着科学技术的发展，以及社会节奏的加快，老年人由于身体机能，大脑反应速度，以及接受新鲜事物的程度等种种因素，已经很难适应现代化和信息化的快节奏社会，他们的经验有时还比不上年轻人在网络上查得的信息详细准确。因此，老年人的社会地位早已不同往昔。此外，在中国众多企业中，一些即将退休的老年人自知已经不再是这个时代的"领路人"，因此对工作持保守态度，安分守己，等着退休之后的养老及安度晚年。老年人的这一心理也是使其社会地位下降的原因之一。

但是，并不是所有的老年人都对自身发展持消极态度。在中国，依旧有那么一批老年人处于顶尖科研的尖端。根据中国经济网公布的数据，中国科学院院士的平均年龄为72.23岁，也就是说，我国科研的中坚力量依旧是那一批为新中国发展做出不可估量贡献的老年人。2015年，中国女药学家、中国中医科学院中药研究所首席研究员屠呦呦女士因发现青蒿素治疗疟疾的新疗法获诺贝尔生理学或医学奖。此时的屠呦呦女士已有85岁高龄。屠呦呦是中国第一位获得诺贝尔科学奖的中国本土科学家，也是第一位获得诺贝尔生理学奖

的华人科学家。

由以上可以看出，尽管一些老年人在诸多方面已跟不上时代的步伐，但我国社会主义的建设依旧离不开老年人的积极参与。

（二）中国政府对老年人的扶持策略

老年人将前半生贡献于国家事业，在退休之后由于身体机能下降等种种因素成为弱势群体，中国政府尽职尽责地为老年人的晚年生活提供了帮助。

近几年来，在中国党和政府的大力扶持下，养老院等福利机构的建设越加完善。截至2010年，全国各地收养型养老院已达4万所，养老床位达314.9万张。与此同时，社区养老建设服务日益开展，比如各个小区安装的健身器械，老年人免费量血压等医疗服务，均为养老政策的全面开展提供了经验。2018年全国人民代表大会常务委员会新修订了《中华人民共和国老年人权益保障法》，2013年国务院印发了《关于加快发展养老服务业的若干意见》，2016年国务院出台了《关于全面放开养老服务市场提升养老服务质量的若干意见》。2017年国务院发布的《关于制定和实施老年人照顾服务项目的意见》明确指出，每年为65周岁及以上老年人，免费提供包括体检在内的健康管理服务。在党

的十九大文件中，国家更是为老年人绘制了"养老蓝图"。以北京市为例，根据中国网报道，截至2017年9月30日，全市老年人享受刷卡免费乘坐地面公交约2.34亿人次，65周岁及以上的老年人免费入园约1 474.09万人次。全市各区建有老年大学约30余所，全市老年人参加社区教育培训总计人次约276万，占全市参加社区教育培训总人次的22%。全市各类全民健身团队有7 000多个，涉及30余个健身项目，固定参与活动人员大约有35万人，其中老年人比例为85%。这些数据表明，老年人的社会保障大幅提高，同时各项医疗、保险、养老金、养老院等方面的政策更加倾向关注老年人的晚年健康与幸福，老年人可以更好地养老。

第三节　中国老年人的语言特点

毫不夸大地说，在对人类语言特点、说话方式的众多影响因素中，教育位于首位。

作为一项培养人的社会活动，教育对于人的意义体现在其言谈举止的方方面面。其中，以"言"为门面，一个人受到的教育可以通过他的语言来传达出来。

在中华人民共和国成立之后，中国人对教育越发重视，1986年更是通过了《中华人民共和国义务教育法》。因此，当代绝大部分的中、青年都接受过教育，并不会出现很多不认字的文盲。但是，中国老年人的受教育水平却并不乐观。根据中国第四次及第五次受教育人口普查的数据表明，2000年我国60岁及以上老年人口的总识字率为51.69%，文盲、半文盲比例为48.31%。通过这组数据可以看出，中国老年人的受教育与未受教育的人数比例大约为1∶1，其中接受过高等教育的人数更加稀少。在老年人与非老年人之间的跨文化交际中，受过教育的老年人与未受过教育的老年人采取的交际方式有很大不同。下面，笔者将中国老年人分为老年知识分子与普通老年人两类，分析这两类群体各自的语言特点、相同及不同之处，以及交际者应该采取的交际策略[1]。

一、老年知识分子的语言特点

所谓老年知识分子，是指年龄在60岁以上，拥有大专及以上学历，具有较高的文化水平，主要从事脑力劳动的这一部分老年人。在相当一部分中国人的心目中，老年知识分子就是智慧的化身，他们不仅拥有丰富的知识储备也拥有饱经风霜的人生阅历，是年轻人应该学习的楷模。

据Chelis Kramer研究，女性言语的特点是"絮絮闲聊、柔声轻语、急速流畅、礼貌友好、情意绵绵、唠叨不断、坦然无隐、多于细节、彬彬有礼、热情洋溢、词斟句酌、有时莫名其妙令人不得要领"；而男性言语的特点是"傲慢自负、使用咒语俚语、盛气凌人、气粗声大、言语有力、直来直往、敢说敢道、不容置疑"。这段评论虽有很强的主观色彩，但确实也道出了男女言语的一些特点。

那么中国老年知识分子的语言特征又是如何的呢？笔者根据网络上老年人专属论坛（夕阳红微信公众号）、老年人知识分子的博客、报刊、采访视频等资料，将女性老年知识分子与男性老年知识分子的语言特点分别进行了探讨。

（一）中国老年女性知识分子的语言特点

著名语言学家Tannen曾用九个词概括女性的会话目的：亲密（intimacy）、联系（connection）、融合（inclusion）、关系（relationship）、和谐（rapport）、社团（community）、问题（problem）、新手（novice）、倾听（1istening）。这同样符合中国女性，因为所有女性在语言使用上都存在着共性。女性会话的目的主要是在于建立一种和谐的人际关系，使自己成为某集体中的一员而不被排斥。生活对于女性而言如同一个大的社团，女性交际的目的就是在这个大的社团中努力维持与他人亲密融合的关系。她们害怕孤独，也害怕被孤立。在她们的言语交际中，诉说和倾听成了主旋律，所以女性言语风格比起男性总是显得更加注重和谐。在女性老年知识分子这一群体中，女性的这种交际特点往往表现得更加突出。由于她们的出生年代，导致她们的思想要比现代人保守许多，又由于她们接受过教育，她们又比未受过教育的老年人更容易接受新鲜事物。在中国女性老年知识分子身上，人们既可以看到源自儒家思想中的"传统"，又能够看到现代中国社会的"开放"。中国女性老年知识分子的语言通常有以下几个特点。

1. 更多地使用赞扬、鼓励语

中国女性老年知识分子在赞扬语及鼓励语的使用上要高于其他群体。笔者在大学校园内随机采访20名学生，有17名学生表示在上课时得到中老年女老师的鼓励更多一些，并且这些鼓励使他们感到非常有满足感。

1995年，《报刊之友》上刊登了一篇一位记者与冰心（时年95岁）对话的文章。记者名为纪一，是生命文学的创始人，博学好问，十分崇拜冰心、巴金、夏衍等人。以下是他们对话的一段原文——

冰心边说边点头，转向在座的陈大姐问："他多大岁数？""你看他多大？"陈大姐笑着反问。

"看不出来。说十几岁可以，说二十几岁也可以。""我38岁！"纪一自报年纪。

"他是显得年轻，真年轻！"冰心感叹着对在座的说。

"可是我在30岁时，身体基本垮了，是风湿性心脏病。后来我一直研究气功和民间医术，还跟许多气功师学过气功，至今仍坚持练功，我坚信国宝可以救我，也可以救更多的被顽疾折磨的人们"。

"很好呀，你有经验了。"冰心笑道。"我的职业是记者，文学、影视方面的作品也不少，但我更爱的，还是生命文学，这类作品可以直接为大众的健康服务"。冰心说："这个好！社会越富有，人们越渴望健康长寿，你作品的读者就越多"。

从这段对话中不难看出，冰心在回答纪一的每一个问题时，在对话的开头都会加上一句或赞扬，或鼓励的话。比如，"显得年轻""很好呀""这个好"，这些赞扬、鼓励类的话语在整篇采访中一直出现在冰心的语言当中。

中国女性作家李黎在她的出版作品《半生书缘》一书中记录了她与中国知名女性作家、翻译家杨绛先生的对话。李黎女士在描述杨绛先生见她时，原文写到——

杨绛笑笑咪咪打量我，夸道："你还是这个样儿，一点都没变"！同时也周到地夸董秀玉也不老，说："你们啊，就像我们家乡话说的，年龄都到狗身上去了"！我告诉杨绛母亲的近况，她点点头叹道："你妈妈好福气"。

通过这段摘录的对话可以看出，杨绛先生从面部表情（面部语言）到所说的话语无一不透露着一种欢迎的姿态，并且刚见面就开始夸奖对方，给予对方一个良好愉悦的印象。作者在文章中使用了"周到"一词来说明杨绛先生为人处世周到通达，具有高超的交际技巧。

中国老年女性知识分子深知"礼"的重要性，她们似乎从不吝啬夸赞他人。年轻的后辈被年长的且地位较高的长辈夸赞之后，会感到充满自信，谈话内容也会越来越充实，年长者也就能够得到更多的未知信息，这有利于她们更加深入地去了解对话者，并对其进行判断。在与他人的交际中，以夸赞他人作为开端往往可以使谈话更加愉悦地进行下去。在上文的两个例子中，两位中国文学界顶尖女性作家在与年轻的采访者进行谈话时，时常夸赞对方的语言策略，这便有利于提高采访者的热情，保持对话的良好持续。

2. 委婉语的使用———得体准则

得体准则可被定义为①最小限度地使别人受损；②最大限度地使别人受益[2]。

中国女性老年知识分子在与他人的对话中会经常使用委婉语。研究表明，高语境国家委婉语的使用频率要高于低语境国家；在高语境国家中，女性使用委婉语的频率要高于男性；在高语境国家女性中，知识分子使用委婉语的频率要高于非知识分子群体[3]。

关于委婉语的定义有两种比较流行的说法。一是"用一种不明说的，能使人感到愉快的含糊说法，代替令人不悦的含义和不够尊重的表达方法。"（来源：《语言与语言学词典》Stock；Hartman）。二是"委婉语就是用婉转或温和的方式来表达某些事实或思想，以减轻其粗俗的程度。"（来源：《语言学词典》法文版）。那么，中国女性老年知识分子是如何使用委婉语的呢？

女性老年知识分子在和他人的谈话中，用词会十分考究得体，极力避免使用过于直白的词语，以免伤到他人。中国著名艺术家李明启老师（1936年出生）在一次采访中被问到与一位当红年轻演员合作的感想。她回答"小孩儿又好看，人气又高，我们拍戏时她的粉丝把剧组围的水泄不通，可把我这个老演员羡慕坏了。我当时演完《还珠格格》之后，大家看见我都是想冲我扔鸡蛋的……" 李明启老师的这段话，虽然违背了合作原则，答不对题，但读者都明白她的言外之意。

3. 自谦语的使用

在语言学对话原则中，谦虚准则与字面意思相符，即"最小限度的赞誉自己"。此准则以说话人为出发点，也就是中国人常说的做人要"低调"，保持一种谦逊的心态是为人处世的准则，也是言语交际的准则。作为高语境国家，中国人在日常人际交往的过程中使用谦虚准则的频率最高。中国有句老话"满招损,谦受益",即自夸往往不被认可,而自谦可以得到益处。中国女性老年知识分子既拥有大部分女性所拥有的言语低调特点,又受儒家思想熏陶,以"谦"为"礼",因此她们在生活中自谦语的使用格外频繁。

2015年12月7日下午,获得诺贝尔生理学奖或医学奖的85岁的屠呦呦女士用中文发表了名为《青蒿素的发现,传统中医献给世界的礼物》为题的演讲。在演讲中她感谢了诺贝尔评委会、她的父亲、毛主席、一个中国科学家——东晋时期有名的医生葛洪先生、世界预防医学的倡导者、数以百万的非洲人民,甚至一株植物。但是她说,她唯一不想感谢的人就是自己。事实上,屠呦呦女士的成功的的确确与外界的帮助有关,但是所有人都明白她的成功最终是来自她自己的努力。可以看出中国女性老年知识分子讲话注重"低调",绝不会夸耀自己的功绩。

这种谦逊低调在女性老年知识分子中广为体现。比如杨绛先生将自己定义为"我只是个写书的",李明启老师在颁奖典礼上说的"受之有愧",中国政坛"铁娘子"吴仪女士在拜访初中母校时对校长说的"我们是一家人,在这里我只是个学

生",等等。

（二）中国男性老年知识分子的语言特点

语言是一个民族文化最直观的反映,通过不同性别、不同年龄、不同身份的人所说的话就可以看出该国家的文化特点。

1. 谦逊

谦逊不止是中国女性老年知识分子独有的特点,中国男性老年知识分子在与他人对话时同样惯用谦逊语。"谦逊"特点的相似之处可以追溯到中国古代。中国是五千年的文明古国、礼仪之邦,所谓"礼仪",一个重要的体现就是对于尊卑关系的处理。《礼记·曲礼上》云:"夫礼者,自卑而尊人",即"礼"的表现是在别人面前要谦卑。如今的中国社会已不再同以往一样,将"尊"与"卑"划分人的社会地位。但"礼"还是传承下来了。

1999年,浙江工艺美术杂志刊登了一则采访五位"世纪老年人"的文章。他们分别是中国美术学院教授邓白老先生（1906年出生）;中国美术工艺大师、著名青田石雕艺术家林如奎老先生（1918年出生）;著名青田石雕工艺家林正清老先生（1912年出生）;著名民间雕刻工艺家郑祥奎老先生（1913年出生）;中国工艺

美术大师朱念慈老先生（1920年出生）。

在采访者与这五位老先生交谈的过程中，从五位老先生的言谈举止中就可看出中华五千年的文明是如何在他们身上体现的。五位老先生给人印象最深的不仅仅是他们的作品有多么优秀、他们的经历有多少挫折、磨难，而是谈话的始终，他们都保持着谦逊的态度，仿佛真的只是个普通的读书人或是艺术爱好者一样。现在有太多所谓的艺术家，他们恃才傲物认为艺术家就该有傲气，就该有个性，殊不知他们渐渐丢掉了中华民族流传下来的最为珍贵的美德——谦逊。五位老先生通过自己的谦逊有礼征服了采访者，也征服了读者，这样的品行值得后辈学习。

邓白老先生为了创作出好的作品，日夜不休，将自己的一生全部献给了美术事业。当记者夸赞他的勤奋与成就时，邓白老先生只是淡淡的说道"我只是一个教书匠"。

林如奎老先生自小就跟随父亲学习雕刻艺术，在他的一生中雕刻了数以百计的作品，尤其是他的高粱雕刻更是惟妙惟肖。在采访林老先生时，他的双手已经开始微微颤抖，拿不住刀了，但他仍旧不放弃自己的事业，自己拿不住刀就让儿子

来，父子二人联合创作了许多作品。记者问林老先生为何如此刻苦，他微笑着回答"我觉得我现在还没做到最好，还有很多想法没有实现，我还得继续努力下去"。

在采访中，与以上两位老先生相似，其他三位老先生在面对采访时也是十分谦逊低调，他们热衷自己的艺术创作，一心一意做好自己的工作，将自己的定位置于较低的位置。

2. 语言风趣幽默

在交际中，幽默的语言往往可以使对话顺利的进行下去，并使原本枯燥难懂的内容变得容易接受。男性老年知识分子的"幽默"不等同于现在人们常说的"搞笑"。他们不会故意使用一些笑话来逗他人发笑，其幽默体现在每一句日常对话中。没有强行用"梗"，也不会使用粗俗的语言，但是取得的交际效果却更胜一筹。他们在幽默风趣中体现的是深厚的语言功底。这种语言策略值得每一位中国当代青年去学习。

著名史学家王立群教授（1945年生）在2006年登上《百家讲坛》栏目，主讲《史记》。他的讲座经由电视播放后在全国各个地方取得非常热烈的反响，老老少少纷纷坐在电视机旁等候着王教授的讲

座。王教授的讲座能够取得成功的原因有很多，首先最重要的当然是他自身深厚的历史文化功底；其次就是在于他的讲课方式。在王教授讲《史记》的过程中，他并没有使用《史记》本身那种复杂难懂的文言文语言，而是将这些知识用大众都喜欢的幽默语言表达出来。

扎实的史学知识加上风趣易懂的语言，王教授将《百家讲坛》倡导的学术品位和大众口味有机地结合起来。在《百家讲坛》讲吕后、项羽时，他讲了匈奴单于给吕后写的言辞粗鲁的"求爱信"，还打趣说吕禄、吕产因缺少手机而联系不畅，又用公安部长、国防军等词语把观众逗得乐不可支。王教授说："其实《史记》中的很多原文我都能背下来，但我不能那么讲，必须转化成现代汉语"。王教授没有以高级知识分子的身份自居，而是将身段放下，站在与大众平等的位置上，把本身深奥晦涩的《史记》用幽默的语言讲述出来，这种讲课方式使得他的课受到广大观众的喜爱，将《史记》这部中国史书巨作传播给更多人。

与王教授有着相似语言交际策略的还有同样身为《百家讲坛》人气讲师的易中天教授（1947年生）。《百家讲坛》栏目要感谢易教授，因为易教授将这档原本在老百姓眼中"高大上"、又很"小众"的节目变成全民皆可看也看得懂的"大众"节目。在他主讲的《品三国》中，易中天教授操着一口平易近人且并不标准的普通话，使用风趣幽默的语言讲评着《三国志》中的每一个故事。他的语言生动通俗，不管听者受教育的程度高或低，基本都能听懂，而且常常会逗得他们捧腹大笑。比如，易教授在课上说道"诺，相当于现在的OK""袁绍整天在家里面大会宾客，用现在的话说就是办沙龙，开Party，车水马龙，门庭若市。这个事情当时就引起了当局的注意"等。

说到语言风趣幽默，以文章风趣著称的中国著名作家林语堂也是代表。第一个将"humor"译成"幽默"的人就是林语堂。愿意研究"幽默"的人自然也是个语言幽默的人。林语堂有很多幽默的经典语录，例如"我以为文人名士的讲话应该像姑娘夏天穿的裙子，越短越好""在中学、大学，我都是第二名毕业的，因为总有一个认真用功的傻瓜赢过我"等。

在中国的一些高校，许多学生抱怨老师讲课方式晦涩难懂，导致他们的听课效率不够高，课堂不够活跃。笔者认为，教师们在讲课过程中如果愿意学习以上几位男性老年知识分子，使用较为幽默的语言、更加"接地气"的表达方式来教授较为复杂的知识点，化繁为简、化难为易，不仅可以拉近与学生之间的距离，还会使学生的听课效率大大提高。

3. 语言直率

在跨文化交际学看来，说话直接是低语境国家的语言的特点。但这里要强调的是，"直率"是指语言坦诚，不转弯抹角。"直率"不等于"直接"，他们直率的话语对于听者来说绝对不会显得突兀，男性本身给人的印象就是有别于女性语言的婉转，要更加爽朗。如果男性尤其是年长的男性说话方式过于扭捏造作反而会起到负面作用。直率而不失礼貌的语言是男性老年知识子的语言特点，也是一种正确得体的交际策略。

中国人，尤其是知识分子，在讲话时非常讲究说话的艺术。中国代代相传的孔孟之道教会中国老年知识分子在讲一句"直率"的话语时能够非常精准地把握"度"与"质"，绝对不会使听者感到为难或是尴尬。

在宋朝苏辙在《御试制策》中写道"凡制策之所以问臣者，臣谨已直率愚意，窃揣而妄论之矣"，明朝李东阳在《宾山楼诗序》中写道"盖其风采修洁，如司马长卿之一坐尽倾，意度直率"。由此可见，早在中国古代，"直率"就受到文人推崇，说话"直率"绝不违反中国传统之道。

中国老年知识分子说话，有时会一针见血，尤其在许多电视节目中，作为评委的男性老年知识分子在评价选手时往往会直接点出选手的要害，但随即又会说一些鼓励的话以此来增加选手的积极性。这种直指要害但绝不伤人。老年知识分子经历岁月的洗礼与沉淀，他们更加智慧，他们明白有些时候说话拐弯抹角并不会对谈话有任何益处，反而直率地表达自己的想法会得到更多的益处。

被誉为中国"国宝级"语言大师的季羡林老先生就是这样一位十分真性情的人。在他撰写的《清华园日记》中，有这么一段"……这些混蛋教授，不但不知道自己泄气，还整天考，不是你考，就是我考，考他娘的什么东西？"。这一段话当时被一名网友在微博中发出，许多人看到时以为是某位在校学生的抱怨，但没想到，这段话竟然出自季老先生。季老先生这段话后来被网民评论转发近6万次，大家纷纷赞叹大师的"真性情"。据悉，《清华园日记》在出版时编辑曾征求季老先生的意见是否做适当删减，当时他的回答是"我考虑了一下，决定不删。我七十年前不是圣人，今天不是圣人，将来也不会成为圣人"。季老先生的这种做法非常恰当，在地位已经达到"国宝"级别时，任何扭捏矫情的措辞都失去意义。而季老先生将自己置于与普通大众一样的位置，让其他人明白原来文学大家也和普通人一样，会排斥普通人所排斥的东西。这使得季老先生变得有血有肉，平易近人。

（三）中国男性老年知识分子与中国女性老年知识分子的对比

1. 语言的相似之处

受中国传统儒家思想文化的影响及所受到的教育水平相当，中国男性老年知识分子与中国女性老年知识分子的语言特点有诸多相似之处。

首先，他们都拥有儒家文化熏陶下的语言特点，语言上都具有谦逊、礼貌等特点。

其次，在面对年轻人时，大多数的老年知识分子都会选择以更加宽容的、更加随和的语言来与年轻人对话。即使年轻人与自己的地位相差甚远，老年知识分子

也不会有意为难他们。中国老年知识分子对于年轻人的包容源自他们对于年轻人的爱护，他们认为年轻人身上拥有青春活力，有着无限的潜能，是国家未来的希望。年轻人身上承载着这些老一辈知识分子的心血与教诲。中国著名思想家、文学家鲁迅先生就曾在文章中公开说自己更喜欢年轻人。在中国诸多影视作品中也可以看出，老年知识分子对年轻人的耐心要比对其他同龄人多许多，并且中国老年知识分子为年轻人写了许许多多的名言以及书籍，或劝导，或告诫，或鼓励，或建议。比如冰心的《只求凡人的幸福》一书就是"写给年轻人的温暖散文"，刘墉的《创造自己》、著名教育家陈鹤琴的《写给青年》、贝聿铭写给年轻设计师的十点忠告，等等。

2. 语言的不同之处

从宏观的角度来说，男性与女性的语言特征有着明显的不同。男性往往更在意谈话的目的，为的是解决问题，以结果为导向进行谈话。而女性往往不注重谈话目的，而是更加注重谈话本身，以维持话题的延续与质量为导向进行谈话。同样的，在老年知识分子身上，这些特点也能得以体现。

在日常对话中，笔者提到男性老年知识分子的语言特点有直率、幽默等。而女性老年知识分子的语言特点为多用赞扬语、委婉语等。事实上，女性老年知识分子在语言上也会风趣幽默，有些女性老年知识分子也会说话直率。但这并不会经常发生，而且得到的评价也不一定会是正面的。例如，前文中提到过季老先生的早年日记，他的日记中写过"……这些混蛋教授，不但不知道自己泄气，还整天考，不是你考，就是我考，考他娘的什么东西？"。

这句话被广大网友称赞"直率""真性情"，尽是褒奖之词。但如果这句话不是季老先生写的，而是冰心、杨绛，或者其他任意一位女性老年知识分子，那么网友给出的评论恐怕就不再是"直率"了。在网络上曾经有这么一个案例，一个网友顶着女朋友的ID在网络上发表一些很"直接"的评论。在他的评论下方，大多数都是负面的留言，网友们纷纷指出一个女孩子怎么说话这么不懂礼貌。但是在该网友解释了自己其实是男性之后，其他的网民突然就变了态度，纷纷留言"感同身受""一针见血"等夸赞的评论。那

么，回到刚才的话题，如果一名女性老年知识分子当年说出季老先生日记中的话，那么即使是出于对女性老年知识分子的尊重，留言内容也应该会是"叛逆少女""女汉子"等评论，绝没有赞扬之意。

再例如，曾经网络上一度谣传一篇名为《杨澜采访屠呦呦——大实话引起掌声阵阵》的文章，之后杨澜澄清自己并未采访过屠呦呦。这段编造的采访稿部分内容如下。

杨澜开门见山问道："人们称您为三无科学家，请问您为什么没有当选院士？"屠呦呦回答"我如果当了院士，怎么还会搞科研获诺贝尔奖？！"现场爆发出会心的笑声。杨澜接着问："您的科研成果70年代就完成了，为什么40多年后才得奖"？屠回答"因为诺贝尔奖一直等着我！"现场为老年人家的机智幽默报以热烈的掌声。杨澜又问："您获得了诺贝尔奖，现在可直接晋级院士了，是吗？"屠呦呦摆摆手说"不，我现在当上院士，有人会说我是被诺贝尔奖推举上去的，我这样比院士轻松多了！"。

虽然这篇文章是假的，对话也是写文章的人自己编造的，但是网友在文章下的

评论却是真的。评论中，一些网友支持屠呦呦的风趣幽默，但也有相当大一部分人说屠呦呦的语言过于"直接"，听上去带着讽刺的意味，不符合她的"身份"等。这里的"身份"二字值得探讨。网友们究竟是认为这种语言表达方式不符合屠呦呦知识分子的"身份"，还是不符合她女性的"身份"？

事实上，很多中国男性老年知识分子在接受采访时语言同上文中编造的假文章相似，但并未遭到他人诟病。因此，笔者认为，影响中国男性老年知识分子与女性老年知识分子的语言差别最主要的因素就是传统文化中的封建因素。在中国传统文化中，男性占绝对的主导地位，即使是德高望重的女性老年知识分子，也很难会动摇男性的地位。比如，尽管吴仪女士被称为政坛"铁娘子"，但是单独强调"铁娘子"三个字就带着明显的性别差异。传统文化中男尊女卑的封建因素导致了女性老年知识分子的语言必须具备前文所提到的特征，因为这正是人们认为理所当然的，也是她们自己在思想中根深蒂固的东西。这一点，值得更深入的研究。

（四）与现代老年知识分子的交际策略

1. 与女性老年知识分子的交际策略

通过以上对中国现代老年知识分子语言特点的举例分析，大家不难看出中国现代女性老年知识分子的语言有维持话题的持续性、低调谦逊、语言婉转等特点。她们的用词及语言习惯充分运用了一系列交际准则，比如谦虚准则，一致准则，得体准则等。女性老年知识分子比起其他群体（年轻人、未受过教育的老年人、男性老年知识分子）对于他人的包容性更强。由于女性本身更擅长于聆听，容易在谈话时与他人产生共鸣，再加上老年知识分子自身丰富的经历与知识，在与她们谈话时年轻人会觉得非常舒服。

尽管与女性老年知识分子进行沟通并不困难，但是沟通者也必须遵循一些准则。

首先，谨记数量原则。虽然女性老年知识分子在扮演聆听者这一角色中十分出色，但是如果对话者因此一味的单方面说话而不给对方说话机会的话，谈话也很难愉快地进行。在对话中，尤其是向女性老年知识分子询问问题的时候，不可只是一味地阐述自己的观点，要时常询问对方"您怎么看？""您觉得我说的对吗""您有什么建议吗"诸如此类的问题，使谈话进行得更加顺利。一般情况下，经常询问会使对方感到被尊重、被重视，会大大提升对提问者的好感，对提问者来说是一件有利无弊的事。

其次，在与女性老年知识分子的对话中，要切忌打断对方的话。虽然女性老年知识分子会比其他群体更加宽容，但是她们的文化底蕴决定了她们在礼貌问题上会更加讲究。打断别人说话在中国人看来是一件极其不礼貌的行为，但是随着当今时代的生活节奏越来越快，很多年轻人会在不知不觉中犯这种错误。由于身体机能退化及老年知识分子的谨慎思维所致，他们说话的语速往往较慢，很多急性子的年轻人就有可能会忍不住插话或者打断他们。女性对于礼貌的要求往往要比男性高，女性老年知识分子对于礼貌的要求只会更高。女性老年知识分子在对自身语言的礼貌性要求严格的同时，必然也会下意识地希望对方也遵循礼貌原则，互相尊重。因此，在年轻人同女性老年知识分子沟通时，不管你的内心有多着急，或者是多不认同对方的观点，在与她们沟通时一定要耐心听完对方的话，这既是对她们的尊重也是对自身心性的锻炼。

最后，在与女性老年知识分子谈话时，不要忘记使用尊称。看过女性老年访问视频的观众会发现，女性老年知识分子在称呼同龄人甚至一些晚辈时都会使用敬语，比如"您""某某老师""某某专家"等。如果说受尊敬的程度可以用"链"排序的话，那毫无疑问老年知识分子必定位于"链"的顶端位置。在中国，女性老年知识分子的数量少于男性老年知识分子，因此她们相对会更加受人尊敬。这样的一个群体在对待其他人时都使用尊称，其他人没有理由不对她们使用尊称。很多女性老年知识分子对于尊称十分看重，在不了解一个人的时候，可以通过他第一句话说的是"你好"，还是"您好"来进行第一印象的判断，而第一印象往往很难改变。因此，若是想在与女性老年知识分子的沟通时取得良好的第一印象，一定要注意使用尊称。

2. 与男性老年知识分子的交际策略

同中国女性老年知识分子相比，中国男性老年知识分子的语言及说话方式具有直率、幽默、简洁等男性语言特征，同时也具有谦逊等知识分子的语言特征。

首先，与中国男性老年知识分子交流时，要切忌语言过于谄媚。中国男性老年知识分子在他们的工作及社会地位中均处于顶端，他们见过太多的客套话，比起听腻了的恭维，他们更喜欢年轻人的活力与坦诚，他们也愿意与年轻人交流。一位大学老教授曾表示自己十分喜欢自己的职业，一是因为工作本身带给他的快乐，二是教授这份职业可以令他接触到年轻人，接触到新思想，和这些年轻的学生在一起他感到十分开心，觉得自己也很"年轻"。因此，与中国男性老年知识分子交际时，年轻人要相信这些老年人的包容，他们不会因为一两句较为直接的话就对年轻人心生厌烦，反而他们会更加喜欢这些年轻人的坦率，也乐于与坦率的人谈话并帮助这些人。相反的，如果年纪轻轻就表现出一副世俗的面孔，言辞之间尽是讨好奉承之意，效果只会适得其反。

其次，一定要遵守礼貌原则。尽管中国男性老年知识分子不喜欢阿谀奉承之辈，但并不代表年轻人可以"放飞自我"，比如与男性老年知识分子勾肩搭背，不分长幼。无论是中国女性老年知识分子还是男性老年知识分子，他们自小受到最基本的教育思想大部分来自中国传统的儒家思想，即使他们有过海外留学的经历深受西方文化的影响，他们在内心深处还会保留最传统的文化，比如说中国传统礼仪。同中国女性老年知识分子相比，中国男性老年知识分子对于礼貌用语的要求稍微低一些，他们平时也会对其他人开一些无伤大雅的玩笑，以此来拉近与他人的距离。但是被誉为"礼仪之邦"的中华民族在任何时候都不能丢了"礼"，这一点老年知识分子早已熟记于心。男性老年知识分子喜欢用幽默的语言来与他人沟通，但他们的幽默绝对不会失去"度"，他们明白怎样的语言能取得最好的效果，而不是为了追求幽默的效果而失了"礼"。当今有很多自认为十分幽默的人在网上无止境地用低俗的话语编造各种笑话，这种笑话或许可以博得一些人的关注，但在老年知识分子眼中是不合"礼"的。

3.与中国老年知识分子的交际策略小结

首先，老年知识分子既历经岁月的洗礼，饱含人生经验，又拥有深厚的知识与文化底蕴，与他们进行交谈会使年轻人受益无穷。因此，年轻人要尽量抓住机会多与老年知识分子交谈，在交际中应时刻谨记一些交际技巧，切不可违背交际准则。

尽管当今年轻人的语言有时被赞"直率""真性情"，但这种语言特点并不适合作为与老年知识分子的交际策略。作为高语境文化的国家，中国人的讲话方式一向委婉低调，而作为高语境文化的代表——老年知识分子更是将这语言特点展露得淋漓尽致。由于老年人对于年轻人存在一种喜爱并包容的心态，对于一些年轻人的无意顶撞会采取一种"求和"心态，减少与其在言语情感上的对立。但这不意味着谈话可以持续并愉快地进行下去。在与其交际中，尤其是年轻人必须要将礼貌原则放在首位，其次是得体原则。在科技信息发达的今天，网络用语已经在年轻群体中成为一种潮流。不会说网络语言的年轻人会被其他人嘲笑"落伍"。因此，许许多多的年轻人在日常交际中会不自觉的使用网络语言，这本是无可厚非的事。但是这些网络语言并不适用于老年人。尽管老年知识分子拥有"活到老，学到老"的意识，但是他们所学习的知识和年轻人并不相同。他们浏览的网站多为学术性网站而非娱乐性网站，这些网站里自然不会出现太多时下最流行的"热词"。因此，年轻人与老年知识分子在交际时可以说一下新兴的概念，老年知识分子也会很感兴趣，但要尽量少使用时下最新流行的"热词"，避免交际障碍。

其次，年轻人与老年知识分子交际时应真诚坦率，不要过多地使用赞美之词。前文提到过，老年知识分子的语言特点是要尽量追求与年轻一辈人沟通上的平等，因此过多奉承的词语会违背老年知识分子的交际原则，使老年知识分子感觉不快。

第三，不要说一些不切实际，自知是虚假的话。前文中提到过老年知识分子在当电视节目的评审时，往往会一针见血指出选手的错误，这就足以说明绝大多数老年知识分子的阅历及眼力是年轻人所不及的。因此，年轻人与老年知识分子交际时要保持谦逊，切忌夸大自己，以免给老年知识分子留下不好的印象。

最后，需要强调的一点就是，中国老年知识分子同当代许许多多的年轻人一样，非常注重自己的隐私，在同他们进行交际时切忌询问较为私人的问题（除非你们之间的关系十分亲密）。由于身体较弱，很多老年人成为了医院的常客。例如，一位年轻人知道一位老年知识分子住院了，那他要不要打听那位老年人的医院及病房去看望他呢？最好的方法是要慎重打听这位老年人是不是特别注重隐私，会不会因为他人的打扰而不悦。如果打听到这位老年知识分子欢迎大家去看望他，那么探病者也应该同家属确认好老年人的休息时间、吃饭时间及检查时间，以免造成不便。

二、现代中国普通老年人语言特点

在中国，人口老龄化已经成为不可回避的话题。随着近几年由老年人引发的社会事件频频登上各大新闻媒体的热搜，怎样与老年人进行有效地沟通越来越受到重视。老年人，尤其是非老年知识分子这个群体，他们的生活节奏跟不上当今社会的步伐，与社会脱节的趋势日益明显。怎样与普通中国老年人沟通，了解他们的内心世界，帮助他们更好地融入到社会中，成为非老年人应该思考和解决的问题。要做到这一点，首先要了解他们具有怎样的语言特点。

（一）中国普通女性老年人的语言特点

在老年知识分子的语言特点中，笔者列举出一些女性语言特点的关键词，比如亲密、联系、社团等。对于以上几个特点，中国普通女性老年人也不例外。尽管她们并不如女性老年知识分子那样懂得一些交际技巧，也拿捏不准说话的分寸，但是她们依旧会无意识地遵循一些对话原则。

首先，中国普通女性老年人也会同女性老年知识分子一样喜欢夸赞他人，但她们与女性老年知识分子不同之处就在于她们还喜欢贬低自己的家人。例如，在小区里会经常看见喜欢抱着孙子孙女的老奶奶，她们互相见面的打招呼方式就是互相夸赞对方的孩子长得好看，而这时，被夸赞的一方往往会回答"哪里哪里，我家孩子长得可不好看，你看看你那孩子，长得多漂亮啊"。这段简单的对话其实包含了语言学中的两条对话原则，即赞誉准则（最大限度的称赞别人）及慷慨准则（最大限度的贬低自己）。大多数中国普通女性老年人并不知道什么对话原则，但是她们知道大家都喜欢听好听的，她们认为这样会使自己在谈话中最大程度的受益，比如和对方建立起良好的关系。

当然，这种会话方式存在缺点，当小孩的父母或其他家人和老年人在一起时，没完没了的贬低自己的家人会使他们产生反感。尽管他们知道这是老年人惯用的说话方式，但依旧会心生芥蒂。最近，网络上出现了许多反对家长一味的夸赞"别人家的孩子"，贬低自己家孩子的声音。年轻的网友们纷纷吐槽自己的父母总是打击自己的信心，令他们在日常生活中做事缺乏自信。专家表示，正确教育孩子的方式是在适当的环境下给予他们一定的鼓励与夸赞，使他们有着更多的自信面对压力。

其次，中国普通女性老年人在对话时喜欢打听他人隐私。在过去，由于中国密集的人口及经济不发达所导致，中国人往往一家几口人住在一间房子里。在这种生活环境下，每个人很难拥有隐私，他们的隐私观也较薄弱。随着时间的推移，中国发展迅速，成为世界第二大经济体，中国人的隐私观念逐渐增强，尤其是90后的年轻人，普遍一个人一间屋子，可以很好地保护自己的隐私。因此，当缺乏隐私观念的老年人与保护隐私的年轻人进行交际时很容易产生交际问题。最直观也是最常见的例子就是，每当过年，在外打拼的年轻人回到家里，家中的女性老年便会一个劲地问"有没有交往的对象啊？"或者"现在一个月能赚多少钱啊？"等隐私问题。普通女性老年人会觉得问这种问题是对晚辈的关心，但在年轻人看来这些问题侵犯了他们的隐私，这才有了每到新年必上热门搜索吐槽的话题——"你今年被长辈催婚了吗？"并且，中国普通女性老年人在与他人交流时会习惯缩短与对话者的距离。这么做的原因之一是由于身体原因导致的听力下降，她们便会下意识地离对话者更近一些，二是由于缺乏隐私观念，她们认为拉近与他人之间的距离会显得更加亲近。身体语言也是语言的组成部分，大部分年轻人往往不喜欢与他人距离过近，而老年人却恰好相反。在这一方面上也会导致交际障碍的发生。

（二）中国普通男性老年人的语言特点

中国传统文化属于男性主义倾向文化，即男性的社会地位比女性高。在这样的文化中，男性的语言特点往往比女性更加具有侵略性。女性偏喜欢讨论生活琐事，而男性偏喜欢讨论国家大事。在语言上男性要比女性稍显得更加自信。中国普通男性老年人也具有这些语言特点。

首先，绝大部分中国普通男性老年人喜欢打断别人说话。打断别人说话或者说使用命令句说话都是体现权威的一种表现。中国普通老年人由于未受过很好的教育，他们的封建思想根深蒂固，认为自己是主宰者。在一对普通老年夫妻的交谈中，话题经常是由不耐烦的丈夫以打断妻子的话来结束。中国普通男性老年人不会像普通女性老年人一样啰嗦，但是他们的话一旦说出口就不希望或者不允许他人质疑。例如，在日常生活中，经常唠叨提出建议的大多是女性，而最后做出决定的却往往是男性。

其次，比起中国普通女性老年人，中国普通男性老年人对日常事务似乎更加沉默寡言。在生活中，无论是公交车上还是在小区公园里，或者是在餐厅里，喜欢喋喋不休的大多是普通女性老年人。她们隐私观念薄弱而且喜欢聊天。相反地，中国普通男性老年人在这种场合会保持沉默，他们不喜欢多话。由于男性认为说出的话一定要具有"权威"性，因此他们认为没完没了的说一些琐事与"权威"相悖。观察中国普通男性老年人平时喜欢聚集的场所就会发现，他们的爱好是聚在一起下象棋，并且在下棋时也不会多说话，而是两个对手沉默地观察棋局，周围围观的老年人偶尔说一两句他们认为可以左右棋局胜负，具有"权威"的话。如果不下棋，三三两两几个老年人就会坐在一些比较暖和热闹的地方，他们有的习惯于沉默地看着过往行人，有时会交谈几句，大多数时间都不会说话；有的喜欢谈论时政新闻和国家大事，但一般不会谈论生活琐事。

最后，比起中国普通女性老年人，中国普通男性老年人似乎更加倔强，甚至是固执。中国自古以来就有"倔老头"的

说法。以中国经典文学作品《愚公移山》中的"愚公"为代表的"倔老头"们似乎成为了中国人公认的男性老年人特征。在许许多多的影视节目中，顽固不化，阻止年轻人做自己想做的事的角色大多由父亲扮演。为了展示自己的权威，男性比女性要更加在乎"面子"，他们认为对一件事情很快的妥协是一件丢掉权威（面子）的事，而老年人更甚。由于中国普通男性老年人未受过高等教育，他们的思想较为固化，认为自己是一家之主，自己说的话是最具权威的，他们有时会蔑视女性，认为她们"头发长见识短"，根本什么都不明白，提出的建议也没有用处。正是因为男性多年来位于家庭的核心地位，所以他们觉得自己的话是具有绝对权威的，不容他人质疑。如果有人质疑，那就是挑战了他们的权威，他们必然不会接受，这也就是为什么总有年轻人抱怨自己的父亲"顽固不化"。

（三）中国普通男性老年人与中国普通女性老年人的对比

1.语言的相似之处

（1）多用方言

为了确保谈话的持续性，受过教育的知识分子在与他人的对话过程中，他们会

尽量选择大众流行的语言，以此来确保对话者能够听懂、理解其所说内容。但是未受过教育的老年人往往在说话时并不会顾忌这些，由于他们未受过高等教育，对于一些当代流行语或者成语所知甚少，因此这些老年人在与他人的对话中会使用某一地区或者某一特定文化的俗语（有些人也称其为"土话"）。

中国共有八大方言语系，分别为官话方言（即北方话）、吴方言（苏州话及上海话等）、湘方言（以长沙话为代表）、赣方言（以南昌话为代表）、客家方言（以广东梅县话为代表）、闽方言（以福州话为代表）、粤方言（以广州话为代表）、晋方言（山西、陕西、河北等地区）。这八大方言的使用人数均达到千万，可以说掌握方言是与当地人沟通的绝佳途径。由于教育的普及，现在受过教育的年轻人大多会说一口流利的普通话，这使得年轻人之间的沟通并无太多障碍，同理，受过高等教育的老年人在语言上也并无太多需要担忧的地方。然而对于未受过教育的老年人来说，由于本身识字，对于汉字的发音大多是来自祖辈口口相传，而这些口口相传的语言又大多为某个特定的方言。

在东北，由于东北话与普通话发音非常相近，因此大多数的东北人与他人交流没有发音的障碍。尽管在发音上没有多少障碍，但是东北的一些土话也着实令其他地区的人摸不着头脑，这些说土话的人中，尤其以未受过教育的老年人为盛。一位东北老年人描述一个物体在什么地方时会说这件物品在"那嘎达"。"那嘎达"在东北话里面表达的意思为"那嘎达""在那个地方"。而一位不懂东北话的人听到这句话时，脑子里的第一个反映会认为"那嘎达"是一个特指地名，这样就会使交际产生障碍。

2006年一部名为《乡村爱情》的电视剧在央视一台播出，此剧播出后在各地反响不一。在剧中，大家可以明显感觉到受过教育的年轻人谢永强、王小蒙与他们未受过教育的父母之间的对话存在的差异。这两位年轻人的对话多用普通话，很少会掺杂东北话，而他们父母亲那一辈的对话使用了大量东北话，比如东北最常见的"干啥玩意儿""咋地了"，等等。《乡村爱情》这部电视剧在东北地区颇受欢迎，却在南方地区反响平平。这一现象的来源是由于语言导致的南北跨文化交际障碍，这种障碍在年轻人和受到过良好教育的老年人之间很少存在，而在未受过教育的老年人和非老年人之间却一直存在。

说完东北再说南方。对于很多东北人来说，南方某些地区的方言比一门外语还令人头疼。曾经有一位大学教授去南方某个小镇上游玩，由于镇子里大多是留守的老年人，他们并不会说普通话，于是这位大学教授在几经沟通无果后发出感慨："真希望他们说的是英语"！大多数南方的年轻人在自己家乡时会选择说方言，出门在外会选择说普通话。而对于只会说方言的老年人来说，离开家乡就会丧失与他人沟通的能力，因此在南方一些小城镇里有很多老年人一辈子都不曾离开家乡。

（2）语言重复

老年人由于身体机能下降，大脑认知能力也逐渐减弱，出现语言衰老现象。语言学家发现，受过高等教育的老年人由于其大脑的充分活动尤其是掌握第二语言会使他们的语言衰弱现象有所减少。而没有接受过高等教育的老年人，他们的语言衰退现象就相对明显，这一点无论是男性老年人还是女性老年人都无可避免。语言重复正是这一现象的特征之一。

由于老年人已经从工作岗位退休，因此日常生活中要操心的事情并不多。正因

如此，他们会一直抓着一件事不放。其中有两个原因：第一个是老年人希望以此突出事情的重要性，以催促他人尽快完成；第二个是老年人将其认为重要的事情挂在嘴边以防自己忘记。由于记忆力衰退，很多老年人会忘记自己说过的话，然后一遍又一遍地重复，因此很多年轻人会抱怨他们"啰嗦"。

另外，喜欢"忆旧"也是普通老年人的说话特点之一。某一年的春节晚会上，喜剧演员严顺开演过一个小品。其中有这样一幅场景，小孙子一闹，爷爷就给他讲故事，但爷爷的故事刚刚开个头，就立即被孙子打断，因为这个故事已经讲过很多遍了。老年人喜欢忆旧不是因为他们不喜欢现在的生活，而是由于记忆问题，最近发生过的事很容易忘记，曾经发生过的事却历历在目。但是需要注意的是，如果老年人突然说话变得"啰嗦"，总是不断重复一件事，这很有可能是他们患上帕金森或阿尔兹海默症的前兆，子女若发现这种现象，一定要多加留意及时治疗。

（3）多用命令句

在中国传统文化中，老年人在一个家庭甚至一个社会中都享有极高的地位，

拥有较大的权力。当然，在现代社会，家庭权力的核心已经转移到中年人与青年人手中。中年人与青年人头脑灵活，知识丰富，在当代社会中处于中心位置，是当代社会中正在工作的建设者。尽管这一权力中心已经移交到了年轻人的手中，由于很多老年人思想落后，很多老年人尤其是未受到教育的老年人，在家庭生活中依旧喜欢对子女发号施令，而子女鉴于对长辈的尊重也会听从他们的命令。但正是由于这一传统习惯导致很多老年人认为自己不仅在家庭生活中属于上位者，在社会生活中也该属于命令者的角色，这一思想观念成为了现代中国社会年轻一辈与年老一辈冲突矛盾的导火索。

年轻人由于接受了新思想、新教育，以及现代的文化价值观，尤其是社会主义核心价值观中的"平等"已深入年轻人的心中，因此他们在与人接触上讲究"平等"。而老年人由于思想陈腐，难以变通，因此更加喜欢以长者的姿态命令他人。近几年，各大新闻网站不断报道一起起由于"让座"导致的冲突事件。仔细阅读过这些报道之后人们不难发现，几乎所有的让座事件起因都有一个相似的地方，那就是老年人"命令"年轻人把座位让给

他们。这种命令式的强迫让座在现代中国年轻人眼中当然是不可接受的，但在一部分老年人眼中这是理所当然的。因为没有接受过教育，很多老年人说话会很"直接"，或者说蛮横，他们不认为自己说话的语气有任何不对的地方，所以理所当然的对年轻人采用命令式语气。中国大多数年轻人认为给老年人让座是出于对老年人的关爱，是美德，但是不能被蛮横要求。而一些老年人的观念却恰好相反，他们认为"因为我老，所以我说什么都有理"。这两种截然不同的观念导致了两辈人之间的跨文化交际冲突。在笔者看来，让座的矛盾在目前中国社会中依旧会存在一段时间，但并不是不可调和。如果子女教会家中的老年人将命令式的"把座位让给我！"换成礼貌的"能不能把座位让给我？"，那么听到这句话的年轻人内心一定会感觉得到了尊重，也愿意让座。与此同时，年轻人在听到老年人的命令句时理解一下老年人的语言习惯，心平气和地与之沟通（当然有极其蛮横者另当别论），中国社会的"让座风波"也许会渐渐平息下去。

（4）潜意识里使用语言交际技巧

在前几点中，中国未受过教育的老年

人似乎缺少社会交际技巧，与他人的交际存在障碍。但事实上，作为一个高语境文化中集体主义社会的一份子，即使是未受过教育的老年人也拥有一定的交际技巧。与老年知识分子不同之处在于，他们不是有意识地使用这些交际策略，而是在潜意识里施展一些交际技巧。

在日常生活中，中国普通老年人日常交际的对象大多是同龄人和子女。在面对不同身份、不同年龄的人群时，中国普通老年人有着自己的沟通技巧。

在对待子女方面，老年人希望子女经常回家探望他们，但又害怕自己过于啰嗦让子女心生厌烦，因此他们与子女沟通时往往不会直接说"你什么时候回家看看我啊？""我想你了"，这类话。而是会选择说"我今天买了什么什么菜""家里什么什么电器坏掉了，你有时间回来看一下啊"这类委婉的话。这种通过暗示来表达自己目的的交际策略在普通老年人身上十分常见，子女听多了之后也自然心领神会知道父母想念自己。通过暗示及婉转语的使用，子女不会觉得父母啰嗦，而是会心生感激与愧疚，觉得父母以这种方式来表达想念之情是不是自己平时做的不够好导致的。这一交际策略有利于父母与子女以

心平气和的方式沟通，并且往往会取得良好的效果。

在与同龄人交际中，普通老年人交往的圈子往往很固定，身边的朋友大多数是已经相处多年的老友。他们之间的熟悉程度不亚于父母与子女的熟悉程度。老年伙伴之间的交际甚至比与子女的交际更加亲密、放松。在与同龄人交际的过程中，普通老年人之间谈论的话题大多离不开养生、物价等方面。当一个女性老年人希望另一个老年人陪她去什么地方逛逛时，她不会直接开口请求对方陪同，而是会说"今天什么地方有东西打折降价，你要不要去看一看啊？"或者"什么地方的风景特别漂亮，要不我们一起去逛逛？"等之类的话来引起其他人的兴趣以达到自己的目的。普通男性老年人一般不喜欢逛街，而是喜欢几个熟悉的人聚在一起下象棋、打牌、聊天等。他们聊天的内容大多围绕一些时政新闻，在发表了自己的见解之后会觉得心满意足。这时聆听他们的谈话就是最好的沟通方式。

2.语言的不同之处

在前文中，笔者在列举中国普通男性老年人与女性老年人的语言特点时，已经提到过不同之处，接下来就这些不同之处

做一个总结。

一个人，或者说一类人语言的特征是他们所在群体或所属国家传统文化的缩影。

在过去，中国男性在家庭中位于绝对的领导地位，家中的女性及子女一定要服从家中年长男性的命令。如今，虽然中国已经进入男女平等的新社会，但是中国普通老年人头脑中根深蒂固的封建思想依旧很难撼动。这种男女地位的不平等，也是造成中国普通男性老年人与女性老年人语言特点不同的重要因素。

首先，尽管在生理层面来说由记忆力衰退导致的语言重复是老年人的普遍问题，但是在语言重复的程度上中国普通女性老年人要明显高于中国普通男性老年人。这是为什么呢？

笔者认为，中国普通女性老年人之所以会一直"啰嗦"，实际上是一种对自己说出的话缺乏自信的表现。她们渴望自己的话能够受到认同，得到反馈，又害怕自己是不是没有将这件事讲清楚，因此她们不断重复自己的话试图令听者接受自己的思想。与此相反，中国普通男性老年人却没有这方面的顾虑。作为发号施令者，他们已经习惯作为一个"权威"的角色，也

不会考虑他人是否赞同他们的观点。从中国普通老年人的这一不同的语言特点中可以看出，中国旧时期男女地位的差异，这种差异一直存留到现在，甚至影响了当今中国一部分年轻人的价值观。

其次，中国普通男性老年人与中国普通女性老年人相比，打听他人隐私的愿望稍弱。

中国传统文化是集体主义文化，具有重群体、轻个体的特征。这种传统观念在中国普通女性老年人身上尤为明显。

中国年轻人往往会抱怨自己的"七大姑八大姨"经常啰嗦，打听自己的隐私，但是很少听年轻人说自己的大叔大爷等男性亲人打听自己的隐私。在饭桌上，家中的女性老年人亲戚会不断地向年轻人打听近况，她们认为这是一种长辈关爱晚辈的体现，而家中男性老年人却不会多嘴，最多劝劝酒，表示"一切都在酒里"。或许是因为男性老年人作为一家之主，权威的象征，他们认为持续打听晚辈的私事与他们的身份或地位不符，所以才做出如此表现。

总之，无论是什么原因，大部分中国普通女性老年人更加喜欢打听年轻人的隐私已经成为社会共识。

第三，中国普通男性老年人比起中国普通女性老年人要更加在意"面子"。英国学者Brown和Levinson将"面子"定义为："每一个社会成员意欲为自己挣得的一种在公众中的个人形象[4]"。前文提到，中国普通男性老年人普遍将自己定位为"家中的主宰""社会的权威"，这种高高在上的形象不容他人破坏。由此可见，中国普通男性老年人要比中国普通女性老年人更加"倔"，也可以根据"面子原则"来解释。不仅如此，中国普通男性老年人为什么不愿意打听别人的隐私，除了为展示自己的权威外，他们还因为在乎面子不愿去放低姿态没完没了地询问他人隐私。

"面子原则"还解释了很多日常生活中的现象。例如，为什么在商场、菜市场砍价的往往都是中国普通女性老年人，真的是因为中国普通男性老年人不会砍价吗？为什么在外炫耀自家孙子或孙女的往往是中国普通女性老年人，难道作为爷爷或者姥爷的中国普通男性老年人不喜欢他们的（外）孙子或（外）孙女吗？当然不是，大部分的原因都是因为"面子"。事实上，很多不良商贩也正是看中了这一点，他们知道中国普通男性老年人好"面子"，因此将商品高价卖给他们的可能性要更高一点。如果更多的年轻人意识到这一点并悉心劝导家中老年人，诸如此类老年人被骗的案例或许会减少。

通过分析中国普通老年人的语言特点，以及比较中国普通男性老年人与女性老年人的语言特点可以发现，中国普通老年人身上既具有老年人的普遍特点，如语速慢、记忆力减退等，也具有未受过良好教育人群所拥有的语言特点，比如不会讲普通话、喜欢命令别人等。

目前，中国社会已经进入老龄化，不管年轻人对中国普通老年人的印象如何，都不可避免要与他们进行交际。交际得好自然皆大欢喜，交际得不好说不定就上了社会新闻。与长辈产生矛盾是年轻人不愿看到的，因此学会与老年人尤其是中国大多数未受过教育的普通老年人交际就显得格外重要。

（四）与现代中国普通老年人的交际策略

1.与中国普通女性老年人的交际策略

从前文中可知，绝大部分中国普通女性老年人的语言大概有以下几个特征：贬己尊人、打探他人隐私、语言重复等。

在以上几点中，最令当今年轻人头疼的莫过于第一点和第二点。"别人家的孩子"，以及"今天你被逼婚了吗""你的亲戚又询问你的隐私了吗"等话题时不时就会霸占微博热搜排行榜。面对家中长辈尤其是女性长辈的盘问，年轻人该如何是好？在这里，笔者有以下几条建议。

建议一，可以适当的转移话题。当家中女性老年人喋喋不休地询问年轻人隐私问题时，年轻人可以将话题巧地引开。举个例子：

长辈A：孩子啊，最近工作怎么样啊，薪水多少啊，有没有交往的对象啊……？

年轻人B：说到我们公司，您知道它附近开了一个新商场吗？里面衣服都打折呢，您有空可一定要去看看！

长辈A：哎呦，这什么时候的事儿啊，那我得去看看！

通过将话题引入到女性老年人喜欢的"商场""打折"上，可以有效地转移她们的注意力从而成功避免自己陷入"说还是不说"的尴尬境地。与此同时，由于年轻人为家中女性长辈提供了她们感兴趣的信息，她们也会觉得这次谈话十分愉快，达到"双赢"的局面。

建议二，当女性长辈询问交往象时，年轻人可以适当地夸大自己的工作强度。比如：

长辈A：孩子啊，你年纪也不小了，有没有交往的对象啊？

年轻人B：唉！您是不知道啊，我现在天天加班，连吃饭的时间都要挤出来，每天回到家里只想赶紧睡觉，真的是一点时间都没有啊！

长辈A：怎么这么辛苦啊，还是身体最重要啊，别太拼命了。

无论家中女性长辈有多么迫切地想知道自家年轻人的对象问题，在听到家中晚辈的诉苦之后难免会产生心疼的情绪（特殊情况除外），不愿再咄咄逼人般问下去，这一点既符合长辈心疼晚辈的特点，也符合女性心肠软的特点。

并且，建议二的好处还有一个，那就是假如长辈想顺着工作话题继续问年轻人的工作情况，那么年轻人就可以使用建议一来应对。

建议三：年轻人可以适当地贬低自己。

女性，尤其是女性老年人很容易对自己家中的晚辈产生怜悯、爱护之心，也就是中国成语中所谓的"舐犊情深"。举个例子：

长辈A：孩子啊，最近工作怎么样啊，薪水高吗？你年纪也不小了，有没有交往的对象啊？

年轻人B：唉！我都要愁死了。最近工作非常不顺，领导对我意见很大，我觉得工作都要保不住了！相对象也是，我着急有什么用，根本就没人能看得上我！我感觉自己的生活没什么希望了！

长辈A：你瞎说什么，谁说没人看得上你？你很优秀的！别愁啊，总发愁对身体也不好啊！找对象这事也不能太急不是，慢慢来啊。

在面对长辈的询问时，如果年轻人表现出比长辈还着急但又无可奈何的态度，那么家中女性长辈自然不会再继续追问下去，反倒会安慰年轻人。

通过以上三种交际建议，年轻人既没有泄露自己的隐私，又没有因为不愿告知长辈隐私而开罪长辈，谈话也可顺利进行下去。实际上，很多中国普通女性老年人打探晚辈隐私的目的并不是真的想知道他们的工作现状和感情生活。她们只是希望通过这种方式向年轻人传达自己的关切之情。不同于女性老年知识分子所拥有的知识储备和交际技巧，大部分中国普通女性老年人只会以这种并不受年轻人欢迎的方式来表达自己的关爱。因此，年轻人也不该过于排斥这种询问，只要适地使用交际技巧，那么矛盾就可迎刃而解。

2. 与中国普通男性老年人的交际策略

前文中提到中国普通男性老年人的语言结合了男性对权威的追求与未受过教育老年人语言的习惯。在日常生活中，中国普通男性老年人不会和中国普通女性老年人一样对晚辈喋喋不休。但是与中国普通女性老年人的不同之处在于，女性的"唠叨"通常是自己情绪的表达，并不一定要求对方接受自己的想法。但是男性老年人却恰恰相反，他们不会啰嗦，但是他们注重自己的权威，只要说出的话就要求对方一定采纳，也可以在一定程度上称之为"固执"。因此，年轻人与中国普通男性老年人的交际要注意这一点，绝对不要拿出让对方感觉你是敷衍的态度。由于中国普通男性老年人并未受过良好的教育，因此在思想上非常保守。他们从小就接受"男尊女卑""长者为大"的思想，认为自己身为男性和长者应该在家庭中处于主导支配地位，而身为晚辈的年轻人对于他们的意见是没有权利反驳的。

如果家中一位男性老年人以命令的姿态与家中晚辈对话（比如讨论晚辈的工作、婚姻等），这时候晚辈一定要注意自己的措辞。男性老年人不希望任何人挑战自己的权威，那么年轻人若是与家中男性老年人意见相左时应该怎么做?

首先,不要与其争辩是非。前文中提到,中国普通男性老年人是非常固执的,年轻人越是与他们争论往往越是得不到好的结果。因此,在这个时候年轻人应摆出退让的姿态,满足男性老年人希望得到的"权威"或者说"话语权利",让他们感到自己得到晚辈的敬畏,从而也会以宽容的态度来对待晚辈。这样,年轻人才能够为自己争取到协商的机会。

其次,用行动来表示自己的尊敬。很多时候,尤其是在饭桌上,家中长辈会拉年轻人到自己身边聊两句。在聊天的过程中,就会有一些男性长辈对晚辈"劝酒"的情况。这个时候,如果晚辈一直用自己不会喝酒来推脱,难免会使男性长辈感到不快。除非真的有特殊情况(酒精过敏、开车等),晚辈不要真的滴酒不沾。拿起酒杯象征性地喝一口,可以向长辈表达这样一种感觉——我真的不会喝酒,但是您要我喝我就一定给您面子喝一点。中国男性向来不如中国女性能言会道,比起"说",他们更加喜欢"做"。因此,晚辈要拿出一种"姿态"来向男性长辈展示自己对他们的尊敬。不仅在长辈劝酒方面,在其他方面,比如经常为长辈跑跑腿

等,也是很有效的交际方法。

3. 与中国普通老年人交际策略小结

通过对中国普通男性老年人与中国普通女性老年人的交际策略分析,我们可以看到,尽管未受过教育的老年人在说话方式、词语使用、表达习惯等方面与老年知识分子有所不同,但与他们的交际策略却有许多相似之处。

首先,必须遵守礼貌原则。无论对话者是老年知识分子或未受过教育的老年人,作为长辈,他们都值得晚辈的尊重和礼貌。礼貌原则要求对话者要给予老年人足够的尊重,任何一位老年人在得到尊重后内心都会觉得满足,会对与其对话的年轻人感到欣赏,有利于对话的质量与持续性。

其次,在礼貌原则的基础上要注意得体原则。即使与之对话的老年人文化水平不高,语言较为粗俗,但非老年人对话者也不能使用同样的语言来与老年人进行对话。老年人不会说不代表他们不会判断。根据中国人的语言习惯,在对长辈用指称代词时要用"您""您老",来表示对老年人的尊重。现在社会有很多学者提出长辈要与晚辈做朋友,要平等相处。这一说法旨在为老年人与年轻人之间搭建一

个互相理解、互相聆听的桥梁，减少"代沟"。但是很多年轻人误解了这句话的含义。平等相处不代表晚辈可以随意称呼长辈，与长辈勾肩搭背、称兄道弟。平等相处是指长辈与晚辈之间要互相尊重，站在对方的角度上去思考问题。长辈不要强迫晚辈做一些他们不情愿的事，晚辈也要体谅长辈由于阅历、年龄、教育等问题所造成的思想上的狭隘。长辈与晚辈要互相沟通，互相理解方可成为"朋友"。因此，在对长辈说话时一定要把握好"质"与"量"，要注意说话得体，符合自己的身份。

最后，在前面的让座事件中，笔者提到的老年人将命令的句式换成礼貌的句式的策略也同样适用于与老年人交际的各个方面。当前一些社会热点，比如"婆媳矛盾""父母逼婚"等社会问题中，应用以上交际策略，双方在语言上都给予对方足够的尊重，将极有利于中国社会的和谐。

三、教育因素影响下中国老年知识分子与中国普通老年人语言特点总结

在以上论述中，笔者对中国老年知识分子与中国普通老年人的语言特征进行了具体的分析。可以看出，由于中国老年知识分子受到了良好的教育及儒家思想的熏陶，他们的语言符合一些交际策略，比如，礼貌原则、谦虚原则、一致原则等。与他们交际会使晚辈感到舒服、放松，并且还能学到知识。

而中国普通老年人由于早年未受过良好的教育，因此在语言表达上很难同中国老年知识分子一样使用语言交际策略。但是中国普通老年人毕竟经历过社会的磨练，即使不懂得交际技巧，他们也会下意识地去使用。比如，前文中提到的中国普通老年人喜欢夸赞对方等特点。

中国老年知识分子与中国普通老年人语言的不同点有很多，但是相似处也有很多。除去因为年龄增长所导致的身体器官衰弱、记忆力减退等生理特征，他们在很多方面，诸如男性语言特征中对权威的要求及女性特征中时刻保持话题延续、喜欢夸奖、鼓励等特征也有许多相似之处。

无论是中国老年知识分子还是中国普通老年人在当今社会中都是处于较为弱势的一方。他们穷尽毕生精力建设国家，他们的健康、幸福等养老问题需要全社会的关注，尤其是年轻人更要懂得与老年人的沟通技巧，以便更好地孝顺自己家中的老年人，以及避免与老年人产生不必要的摩擦。

第四节　中国老年人对于"爱"的表达

在日本有一个流传很广的说法，当一个男人向自己喜欢的女人表达爱意时，他会说"今天天气真好啊……"当然，当代的日本人已经不再委婉到这个地步，但依旧不会和西方国家一样很大方地直接表达爱意。同日本人相似，同为高语境国家的中国人在表达"爱"这一概念时也相对含蓄，中国老年人当然就更加含蓄，无论是表达男女之爱、朋友之爱、家人之爱，中国老年人都有其特有的方式。

一、对子女之爱

通常，当人们提到老年人的"爱"时，说得最多的就是老年人对晚辈的爱。中国是集体主义社会，父母与子女的关系非常亲密，也是这种亲密导致很多父母会过多干涉子女的隐私，也是这种亲密使得中国人不善于表达对子女的关爱。中国人尤其是中国老年人受儒家思想文化及封建礼仪影响，大多性情内敛，不会像西方人那样很直接地说"我爱你"，这一点无

论受过高等教育的老年人或是未受过教育的老年人大多相似。虽然中国老年人不会很直白地去向子女表达他们的爱，但事实上，他们早已将自己的爱融入日常生活的一言一行之中。

中国著名作家史铁生在他的散文《秋天的怀念》中描写了他的母亲在他双腿瘫痪后是如何陪伴他的。文章中母亲说道："还记得那回我带你去北海吗？你偏说那杨树花是毛毛虫，跑着，一脚踩扁一个……她忽然不说了。对于'跑'和'踩'一类的字眼儿，她比我还敏感。她又悄悄地出去了"。这段描写细致入微，将母亲那种小心翼翼地行动与发自内心的担心写到极致。母亲的爱是"笨拙"的，她不知如何安慰自己遭遇极大精神打击的儿子，因此她对儿子爱得小心翼翼，而这种"小心"正是母亲的一种爱的表达。

在后面的文章中，史铁生描写了母亲病逝的过程："她出去了。就再也没回来。邻居们把她抬上车时，她还在大口大口地吐着鲜血。我没想到她已经病成了那样。看着三轮车远去，也绝没有想到那竟是永远的诀别。邻居的小伙子背着我去看她的时候，她正艰难地呼吸着，像她那一生艰辛的生活。别人告诉我，她昏迷前

的最后一句话是：'我那个有病的儿子和我那个还未成年的女儿……'"这段文字似乎字字泣血，将一位母亲对子女的爱表达得淋漓尽致。作家后来才知道，母亲早已是身患肺癌晚期，但是为了安慰残疾的儿子，她硬是忍着病痛在儿子面前强颜欢笑。这种"忍耐"也是母亲对于子女的一种爱的表达，而这种一心只为子女考虑的"忍耐"，在中国老年人中不占少数。

看过母爱之后，再来看看父爱。中国著名作家朱自清在他的代表作《背影》中描写了他的父亲是怎样"笨拙"地表达对儿子的爱。在《背影》里，朱自清写道："他嘱我路上小心，夜里要警醒些，不要受凉。又嘱托茶房好好照应我。我心里暗笑他的迂；他们只认得钱，托他们只是白托！而且我这样大年纪的人，难道还不能料理自己么？我现在想想，我那时真是太聪明了"。为何作家要在本段的最后一句加上一句"我那时真是太聪明了"？那是因为在后来，作家才明白当时父亲的这些嘱托一来或许是真的担心儿子的安全，但实际上父亲想表达的是对儿子的爱，因此作家才会以讽刺的口吻说自己"真是太聪明了"。前文中，笔者分析过中国男性老年人的语言特点，他们往往喜

欢主导话题，追求"权威"。在本段摘录的描写中，父亲也同样去嘱咐儿子，但这里的嘱咐已丝毫不见"权威"。虽然中国男性老年人在生活中是一家之主的地位，但是他们在表达对子女的"爱"时，却和中国女性老年人一样，变得内敛、含蓄。本段摘录中，父亲并未使用男性所惯用的直白的语言或命令语句，而是使用了女性惯用的"暗示"，通过对一些小事的看似"说教"一般的叮嘱，实际上表达的却是"爱"的内涵。

在《背影》中有一段十分有名的动作描写："我看见他戴着黑布小帽，穿着黑布大马褂，深青布棉袍，蹒跚地走到铁道边，慢慢探身下去，尚不大难。可是他穿过铁道，要爬上那边月台，就不容易了。他用两手攀着上面，两脚再向上缩；他肥胖的身子向左微倾，显出努力的样子。这时我看见他的背影，我的泪很快地流下来了。我赶紧拭干了泪，怕他看见，也怕别人看见。我再向外看时，他已抱了朱红的橘子往回走了。过铁道时，他先将橘子散放在地上，自己慢慢爬下，再抱起橘子走。到这边时，我赶紧去搀他。他和我走到车上，将橘子一股脑儿放在我的皮大衣上。于是扑扑衣上的泥土，心里很轻松似的。"这段描写并未有任

何对话，但是这种肢体语言信息却足以传达一个父亲对儿子的爱。不同于中国女性老年人喜欢"唠叨"，中国男性老年人不仅在平时生活中不愿多说，在向子女表达爱的时候也鲜少说话。在中国的很多广告及影视作品中，向子女电话询问的往往是母亲，而父亲是那个默默站在电话旁听子女声音的角色，他们对子女的爱拥有相同的分量。正如文章中的细节描写，父亲慢慢"探"下身、双手"攀"、两脚向上"缩"……这几个动词细致地描写了一个身体不再灵活的父亲为了儿子所做出的努力。尽管这篇文章对有关"爱"的文字只字未提，但读过这段文字的人都会为其中父亲真挚的爱所感染。

对子女之爱的表达方式多种多样，在中国老年人身上，我们可以看到"忍耐的爱""小心翼翼的爱""暗示的爱"和"无言的爱"。

二、夫妻之爱

2015年，海淀法院通过两年多的抽样调查，在对600对离婚夫妇进行调查后完成了一份近三万字的调查报告。报告显示，截止2015年，中国老年人离婚率全面赶超青年人。根据法院的调查结果，由于性格不合原因导致的老年人离婚率正逐年

上升。那么究竟是什么原因导致老年人在结婚多年之后突然"性格不合"。

江西卫视有一档栏目叫作《金牌调解》，其中有一个案例是说一对结婚多年的夫妻闹矛盾要离婚。结果经过调解发现，这对夫妻的矛盾其实都是一些小矛盾，按理说不会伤及感情的根本，但就是这些小矛盾慢慢积攒，多年之后终于爆发，直接影响两个人的感情。事实上，这对夫妻的矛盾根源在于他们两个人没有充分理解对方说话的含义。如前所述，在女性的言语交际中，诉说和倾听是主旋律，女性说话并不会像男性一样直白，她们通常较婉转，喜欢"暗示"。而男性则刚好相反，他们说话比较直接，喜欢"明示"。因此，当女性向男性表示暗示的时候，男性往往理解不了女性话中的真实含义，从而误解了女性的意思，导致双方都感到不愉快。而男性有时过于直白的话也有可能会伤及女性的自尊心，导致矛盾产生。如果类似矛盾在婚姻生活中持续多年不断累积，多年之后必定会在一个时间点爆发，这也就解释了为什么老年人的离婚率越来越高。当然，由于中国多年以前的包办婚姻，很多夫妻并不是因为爱情才走到一起，这也是悲剧诞生的源头之一。那

么老年人之间要怎么表达爱意才会消除隔阂，正确表达出自己的想法呢？

中国人在提到夫妻之间最好的关系时，头脑中反映的第一个词应该就是"相敬如宾"或"举案齐眉"。相敬如宾的意思即字面含义，夫妻二人互相尊敬，如同对待客人一般。当然，这里的"客人"并不是疏远的意思，而是一种礼节与爱护。"相敬如宾"一词出自《左传·僖位公三十三年》，记述了一对普通农民夫妇之间以礼相待的真实故事。而根据唐朝房玄龄的《晋书·何曾传》记载，何曾"年老之后，与妻相见，皆正衣冠，相待如宾"。"举案齐眉"一词出自《后汉书·梁鸿传》，书中写到梁鸿的妻子每次给梁鸿递饭时，都要双手高举至与眉毛平齐，以示尊重，即"举案齐眉"。通过这两个从古至今被无数中国人认可的成语，可以看出中国人对于夫妻之间关系的看法，互相尊敬是前提。而互相尊重的前提，就是互相理解。老年人表达爱的方式与年轻人大相径庭，他们不会把"爱"挂在嘴边，但事实上，他们却又把"爱"挂在嘴边。在老年人"啰嗦"的去叮嘱自己老伴的时候，他们表达的就是自己的

爱。很多男性老年人抱怨老伴太啰嗦，但其实，这种啰嗦正是一种爱的表达，在互相陪伴了几十年之后，最初的激情早已褪去，剩下的就是平平淡淡的生活，用无数的"啰嗦"来表达的爱。虽然男性老年人不爱说话，但是他们会默默为家庭付出，这种默默付出也是一种爱的表达。老年人要学会互相理解表达爱的不同方式，才能以理解为前提做到互相尊重，最后做到"相敬如宾"。

三、朋友之间的爱

很多时候，友情带给一个人的幸福感甚至会超过爱情和亲情。微博上有过这样一个获得点赞数量很多的故事——两位老奶奶在火车上告别，其中一位说"老姐姐啊，你我这一次离别，不知是生离还是死别，不知道我们还能不能活着再见一面"。老年人的友情是很赤诚的，在经历了年轻时的风风雨雨，分分合合，最后到老还能在一起做朋友的人，必定是真正的朋友。这条微博底下同样有个点赞很多的评论，评论说：我的奶奶每天都会和她的朋友打电话、发消息，这样她们才能确定对方今天是否还活着。老年人经历了风雨之后，对于

大多事早已看淡。她们希望经受了一辈子的束缚能够活的洒脱自在，牵挂真正对自己好的人是无可厚非的。他们对朋友的牵挂和对子女的爱与对伴侣的爱不同，老年人对朋友的友爱的表达是最直接的。他们可以毫无顾忌地去向朋友倾诉一切，可以非常直接地去表达对朋友的关爱，因为他们知道，朋友是可以完全理解他们的，甚至比家人更能理解。

为什么老年人对友爱的表达方式与其他的"爱"如此不同呢？答案就是，朋友是可以选择的。老年人在经历了几十年的风雨之后，他们明白谁才是他们的朋友，谁和他们拥有共同经历、共同话题、共同语言、共同文化价值观，谁和他们曾经同甘共苦过，只有这样的朋友才可以互相理解。

正如前文所说，互相理解是互相尊重的前提，因此我们经常可以看到在家中沉默寡言的男性老年人与朋友在一起时也可以喋喋不休说个没完，在家里经常唠叨的女性老年人与朋友在一起时也可以一起去看个电影，安安静静喝一杯茶，互相心照不宣的笑一笑。

许多老年人是孤独的，他们缺少在现代社会中的社交能力与机会，因此友情对于他们而言就显得格外珍贵，他们愿意付出很多来维系友情，这也是他们表达友爱的方式。

第五节　目前中国老年人身上的社会问题

一、婆媳关系问题

婆媳关系是指一家之中婆婆和儿媳之间的关系。从古至今，在中国婆媳关系都是令人感到紧张又头疼的问题。老年人在为自己的事业打拼了一辈子终于可以休息之后，心里想得最多的就是子孙后代的事，也正是这种对后代的过度关心，会导致与儿媳产生矛盾。

中国文学史上第一部长篇叙事诗《孔雀东南飞》就是讲由于婆婆与儿媳不合，一对恩爱夫妻被迫分开，但是由于彼此都惦记对方，因此双双殉情的悲剧。《孔雀东南飞》一诗取材于东汉时期，距今已有近两千年的历史。由此可见，婆媳关系问题根植于中国人民的历史之中并且从未断绝。

那么婆媳关系到底是如何产生的呢？在古代，婆婆的地位必定凌驾于儿媳之上，她们认为儿媳照顾自己是理所应当的，所以对其颐指气使。在那个时候，儿媳也认为自己照顾婆婆是应当的，因此默默承受下来，在自己成为婆婆之后也同样对待自己的儿媳，就这样一代传一代。中国有句俗语叫作"多年的儿媳熬成婆"，同样也反映了上述的情况。在该诗中，婆婆的形象代表着"恶"。事实上，在中国发生的诸多婆媳纠纷中，往往那个"坏人"都是由婆婆扮演的。那么很多婆婆就会觉得委屈，她们明明没有做什么过分的事情，但是就是和儿媳关系相处不好，她们自己也感到很烦恼。婆媳关系处理得好自然皆大欢喜，但处理不好就会成为一个家庭的阴霾。婆媳不合的新闻屡见不鲜，更有甚者直接对簿公堂。那么当今时代婆媳之间的矛盾又是来自哪里呢？在这里笔者列举出一些主要原因。

（一）互相接纳不良

2017年12月，河南新网报道了一则因婆媳关系不合，婆婆逼迫儿子与妻子离婚的新闻。丈夫从小家境殷实，吃穿不愁；而妻子虽然独立开了一家公司，但是由于年幼时父母双亡，因此小时候过的并不是很富足。在结婚后，婆婆不满儿媳工作太忙顾及不到家庭，因此与其产生矛盾逼迫儿子与儿媳离婚。

通过以上背景信息我们可以看出，妻子与丈夫、婆婆来自两个完全不同的家庭，婆婆由于家境殷实，因此不理解为什么儿媳这么拼命工作，在她的眼中女人本就该以家庭为中心，是典型的男权主义与集体主义思维。而儿媳由于独立长大，思想上偏向于个体主义，又由于接受了现代的新思想，不再服从于"男权"，而是认为男女平等。因此，由于思想上的隔阂，她们产生了不可调解的矛盾。

婆婆与儿媳的这两代人的沟通属于跨文化交际。一般来说，发生婆媳矛盾最多的家庭都是夫妻与婆婆共同生活在一个屋檐下的家庭。虽然媳妇嫁进家门，但是对于婆婆而言，她并不能在儿媳嫁进门之前就对她了解很深。儿媳来自不同的家庭，有着和婆婆不同的背景、思想及生活习惯。因此，这就需要婆媳双方都要习惯对方，一旦双方无法接纳对方的习惯，那么矛盾就会自然而然地产生。

（二）经济因素

中国家庭的传统是"男主外，女主内"，因此家庭中的男性成员往往会把自己的工资交给家庭中的女性成员，结婚之前是交给母亲，结婚之后就是交给妻子。但是，很多婆婆无法接受儿子的工资全部交给儿媳，她们早已习惯了掌握一家的经济，突然丧失了这个权力会导致她们对儿媳抱有敌意的态度。而很多儿媳同样不甘示弱，因此导致矛盾产生。除此之外，由于生活观念的不同，婆婆和儿媳的消费观自然也不一样。前些时候，微博上关于儿媳经常吃外卖，婆婆认为儿媳偷懒浪费钱，因此闹得不可开交。类似这种矛盾在当今社会并不少见，由于现代女性不再认为自己在家庭中的角色是全职主妇，她们同丈夫一样拥有自己的事业与追求。在这种情况下，很多妻子就无法做到家务与事业兼顾，所以为了节省时间与精力，她们会选择订餐或者网购。但是有很多女性老年人并不理解这一点，她们头脑中有着根深蒂固的思维，认为女人就应该做家务，事业是男人的事，女人要把丈夫和家庭放在第一位。简单来说，就是婆婆与儿媳的价值观念相差甚远，因此产生了跨文化交际障碍。

（三）其他家庭成员因素

在一个家庭中不止有婆婆和儿媳这两个角色，作为一个家庭的中心，"丈夫"或者是"儿子"这个角色是非常重要的。在婆媳关系中，儿子是她们之间的调和剂，如果儿子做得好，那么婆媳关系就会比较和谐，如果儿子不能起到他应有的作用，那么婆媳之间发生矛盾就在所难免。由于儿子与儿媳是同一辈人，他们拥有共同的价值观与生活方式，因此他们日常的活动与聊天内容，婆婆很有可能完全听不懂。由于这种"代沟"的出现，婆婆往往会对儿子有一种"娶了媳妇忘了娘"的抱怨，但她们却又不会直接去抱怨儿子，更多的时候她们会迁怒于儿媳，致使婆媳关系紧张。另外一个重要的家庭成员就是孩子。孩子是家庭中最受关注的存在，是家中得到关爱最多的一位成员。也正是由于这种关爱，孩子往往会成为家庭矛盾的导火索。在孩子的教育方面，由于"隔辈亲"，婆婆往往是最惯着孩子的成员，她会想尽一切办法去满足孙子或孙女的愿望。而父母对自己的孩子往往会严格要求，因此孩子常常会去和奶奶诉苦说妈妈爸爸对自己太严厉，这个时候婆婆就会训斥儿媳，虽然并不是真的生气，但是在儿媳眼里或许就会认为是婆婆故意制造矛盾，或者认为婆婆在误导自己的孩子，因此产生矛盾。

该如何解决这些矛盾呢？

在跨文化交际学看来，任何人与人之间交际失败的原因都是由于文化的差异从而曲解了对方的意思所导致。婆婆与儿媳的家庭背景、生活经历、成长环境、教育水平、思想认知等诸多方面存在明显差别，让她们进行良好交际确实困难。但是下面依旧有一些跨文化交际技巧可以用来缓和婆媳关系。

美国语言哲学家格赖斯（Herbert Paul Grice）在1967年提出了"合作原则"（cooperative principle），他认为进行交际的双方都要相互合作，实现交际成功的愿望。为此双方会下意识地遵守以下规则，比如"质量准则""关系准则""方式准则"；而英国语言学家利奇（Leech）在他的著作《语用学原则》中提出了"礼貌原则"用来补充"合作原则"[2]。那么在婆媳相处中，这些技巧要如何使用呢？

首先，礼貌原则一定要遵守。尽管生活在同一个屋檐下，但是长辈毕竟是长辈，儿媳对待自己的婆婆时一定要有礼貌，在称呼上要用"您"。由于婆婆的成长环境并未像今天一样开放自由，因此她们十分在意儿媳对自己的礼貌与态度，认为这是体现儿媳对自己"尊重"的方式。所以儿媳遵守礼貌原则可以使婆婆产生被尊重的感觉。同样，婆婆对自己的儿媳也要有礼貌，不要颐指气使，要让儿媳感到舒服与温暖。

其次，在"质量准则"方面婆媳也应善于把握。婆婆可能对儿媳在某些地方做的事情觉得不妥当而提点几句，这本是无可厚非的，但是一旦说得过多，就可能使儿媳产生不舒服的情绪，产生误解。另外，在孩子的教育方面儿媳可以运用"移情"与婆婆进行交谈，来引起婆婆的共鸣与互相理解。在前文的例子中，由于妻子忙于工作而少有时间照顾家庭的时候，妻子应与婆婆进行心平气和地语言沟通，要让婆婆知道爱一个家庭的方式有很多种，她这么努力工作也是为家庭贡献爱的一种方式。同时，丈夫也应该与母亲沟通，让其明白对儿子的爱不应该成为他的一种负担、一种束缚，要给他自己做选择的权利。

二、老年人容易上当受骗

近些年，有关老年人被骗取财物的新闻报道层出不穷，从电话诈骗到保健品诈骗再到网络诈骗，老年人似乎成为了诈骗团伙的首要目标。

2017年12月22日，中国社会科学院、社会科学文献出版社联合发布的《社会蓝皮书》指出，中国老年人在网络安全方面防范能力仍相对薄弱，在老年人遭遇的互联网骗局中，中等收入、有经济自主性的老年人受骗比例更高，此外老年人发觉受骗之后寻求帮助和维权的比例较低。调查显示，在生活应用方面，老年人应用网络的比例相对较低，约40%的老年人会在网上缴纳手机话费，约30%的老年人会网上购物、手机导航，约25%的老年人会用打车软件或网上缴纳水、电、煤气等生活费用，有超过50%的老年人表示会用手机支付。报告称，这表明时下流行的移动互联网支付在老年人群体中也有一定的流行度。《社会蓝皮书》中指出，老年人在使用互联网的诸多功能方面进步明显，但是在网络安全方面防范能力仍相对薄弱。不仅在网络方面，老年人喜欢花大价钱购买并没有用处的"保健品"也成为较为严重的问题。那么，为什么老年人会成为诈骗团伙的首选？

因为针对老年人的诈骗案件多发，相关部门早就总结过主要的诈骗类型，比如以健康为诱饵，采用免费体检、会诊为幌子，诱骗老年人购买各种"神药"；以亲情为诱饵，打电话给老年人谎称亲人发生车祸、欠债等紧急情况，欺骗老年人转账；以权威部门威吓，冒充政府部门骗取

老年人信任；还有在路上假装捡到值钱物品，让老年人参与"分赃"，拿现金换取假的贵重物品等。这些常见的诈骗套路虽然屡屡被揭穿、曝光，但是用到不同的老年人身上，往往还是会奏效。这就说明，一方面，防诈骗的宣传推广不够，相关部门应该针对老年人接触媒体尤其是新媒体少的特征，采用"送知识进家门"，提高他们的防骗能力；另一方面，是对不同类型诈骗的针对性打击力度不够。这些诈骗套路不仅是让老年人提高警惕的教材，而且还应该成为警方办案、相关部门强化管理的指引。

从语言学角度看，老年人的语言接受度较高。所谓语言接受度是指人们对于某一种语言的接受程度。一般来说，小孩与老年人的语言接受程度要高于青年人及中年人。由于小孩对这个世界充满未知与好奇，通常是父母和老师教给他们什么他们就相信什么，随着年纪和阅历的增长，这种盲目的信赖感会变得越来越低。那么历经风霜的老年人为什么也会容易相信诈骗团伙？原因是老年人的认知已经跟不上社会发展的节奏，他们的知识量与社会脱轨，因此才会对于犯罪团伙的花言巧语深信不疑。《社会蓝皮书》中还指出，大多

数容易上当受骗的老年人是拥有中等经济收入且有经济自主性的老年人。与老年知识分子不同，中等收入的老年人虽然受到一些教育，但他们对于很多事情都是一知半解，他们无法判断诈骗分子口中的话是不是真的。同时，拥有经济自主性的老年人通常不会过于依赖子女，什么事情都找子女商量，由于他们"不差钱"，因此常常抱着侥幸的心理幻想自己真的可以延年益寿，殊不知已落入了骗子的圈套。此外，由于老年人对互联网的了解并不深入，因此他们无法想象当今的一些诈骗手段，在他们的认知中这是不可能发生的，因此上当受骗的概率大很多。

该如何帮助老年人远离诈骗呢？

首先，"治根"为主，相关部门加大打击诈骗力度，从根本上杜绝老年人被诈骗的可能。其次，子女要负起相应的责任，很多被诈骗的老年人就是缺少子女的关爱而感到寂寞，这个时候犯罪分子趁虚而入，用花言巧语去给老年人送去"关爱"，使老年人觉得自己被"关爱"，因此掏钱买他们的产品。所以子女要时常与自己的父母沟通，及时了解他们的情况，如发现不良矛头一定要及时制止。很多骗子之所以会屡屡得手，就是因为他们了解

老年人内心最大的需求——健康。他们善于使用会话技巧去欺骗老年人。他们懂得说一些违反合作原则的话，举个例子：

A：大爷，我们这个药吃完之后绝对能让你提高免疫力，预防各种疾病。

B：那我现在这病能治好吗？

A：您想想啊，您这病是怎么来的？那是因为您年纪大了，免疫力不强了才来的，您想想要是把免疫力提上去了，身体还能不好吗？

B：你说的也是。

在这里，骗子没有直接回答老年人的问题，因为他知道这个药根本不能治疗老年人身上的疾病，但是骗子巧用会话原则，利用语言漏洞使老年人产生理解歧义，再加上老年人通常治病心切，不会仔细琢磨骗子话中的真正意思，才导致上当受骗。那么这个时候，就需要年轻人来教会老年人一些辨别语言的能力，比如告诉老年人不要轻易相信模棱两可的话，这个世界上每一种药都有其针对性，"包治百病"本身就是一种欺骗，要教给老年人这种防范意识。另外，很多老年人会误解年轻人不让他们买药是不想为他们花钱，这个时候年轻人应拿出一些权威新闻网或者电视台的新闻给老年人看，因为老年人大

多相信权威的话，让他们明白这种针对他们的骗局无时无刻都在发生，提醒他们注意警惕。

第六节 结 语

语言是反映不同民族不同群体的文化、价值观、世界观、伦理观念的重要载体。通过语言，人们可以了解无穷无尽的信息。老年人的问题已经成为当今中国令人瞩目的焦点，目前社会上存在相当多的问题就是与老年人的沟通交际问题。本章分析了不同社会层级及不同性别老年人的语言特征，并根据各个群体的语言特点列举了相对应的交际技巧，希望可以为解决目前中国社会存在的一些老年人问题贡献一份绵薄之力。

参 考 文 献

［1］穆光宗，王志成，颜廷健，等.中国老年人口的受教育水平［J］.市场与人口分析，2005，（03）：60-67.

［2］雷淑娟.跨文化言语交际教程［M］.上海：学林出版社，2012.

［3］林莉.高语境文化与低语境文化的差异及其成因［J］.武夷学院学报，2008，（04）：59-62.

［4］何自然.语用学概论［M］.长沙：湖南教育出版社，1988.

［5］杨辉.汉西女性语言共同点探究［D］.上海：上海外国语大学，2007.

［6］陈海蓉.从"感知母爱"到"自我救赎"：我读史铁生散文《秋天的怀念》［J］.语文知识，2016，（16）：57-59.

［7］史铁生.史铁生作品集卷［M］.北京：中国社会科学出版社，1995.

［8］王荔.五位世纪老年人近访［J］.浙江工艺美术，1999，（03）：16-18.

［9］周健强.一个记者与冰心老年人的对话［J］.报刊之友，1995，（05）：47-48.

［10］朱自清.背影［M］.北京：人民文学出版社，1983.

第三章
中国老年人的文化价值观

第一节 引 言

任何一个国家、一个民族要想有序发展和保持稳定，除了要建立各种组织制度来确保社会成员间的各种社会关系外，还必须要形成自身的核心价值观。一个社会的核心价值观，积淀和浓缩了人们对该社会本质与基本利益关系的认知成果，是这个时代和社会特有的精神标志。受历史文化、政治、经济等因素的影响，不同的国家和民族往往形成不同的核心价值观[1]。中国的核心价值观主要源于中国传统文化价值观。目前，我国有大量学者对中国传统文化价值观进行了深入研究。比如，欧阳军喜与崔春雪分析了为何社会主义核心价值观必须植根于中国传统文化，除此外他们还认为中国传统文化是社会主义核心价值观的重要思想资源，我们应该积极弘扬优秀传统文化[2]；再比如，赵玉华从中国人重伦理政治、重和谐、重整体、重直觉、重实用、重人格追求等这些总体特征去分析中国传统文化与价值观，认为我们对中国传统文化应取其精华，去其糟粕[3]。

但是，还没有人从Hofstede的文化维度理论对中国老年人的文化价值观进行分析，因此本章基于Hofstede的四个文化维度，即权力距离、不确定性回避、集体主义与个体主义、男性主义倾向与女性主义倾向，对中国老年人的文化价值观进行分析，以期得出其价值观的特点。

第二节　Hofstede的文化维度理论

Hofstede把文化维度划分为权力距离、不确定性回避、集体主义与个体主义、男性主义倾向与女性主义倾向，以及长期取向与短期取向，本章用到的是前四个文化维度。

首先，"权力距离"指的是组织结构中处于弱势地位的成员对于权力分布不平等的接受度和预期度。这里涉及的基本问题实质上就是人与人的不平等程度，这是每个社会都存在的现象。不同国家的文化在这个维度上有高低之分。高权力距离通常意味着在该社会对于权力或财富引起的层级差异有较高认同度，这些社会一般倾向于维持层级制度体系，自上而下的交流受到限制。而低权力距离则指一个社会不看重人与人之间由权力或财富引起的层级差异，而更强调地位和机会平等[4]。中国传统文化属于高权力距离的文化。

其次，"不确定性回避"指的是特定文化中的成员在那些新奇的、未知的、异常的和令人吃惊的情景中感觉舒服（或不舒服）的程度。这其中涉及的基本问题是一个社会尝试对不可控情况进行控制的程度。不同国家的文化在这一维度上有强弱之分。具有较强避免不确定性回避倾向的文化更注重寻求有序的社会系统，总是设法通过种种手段和措施来减少不确定因素。而具有较弱不确定性回避倾向的文化对不确定情况具有较高的容忍度及适应力，灵活性较大，通常更欢迎变化和新事物的出现，愿意面对来自未知领域的风险和挑战[4]。中国传统文化属于对不确定因素回避程度较大的文化。

第三，"集体主义与个体主义"指的是个体在诸如家庭这样的群体中保持个人独立或融入集体的程度，即在某一特定社会中个人与集体的关系[4]。保持个人独立的是个体主义，反之，则是集体主义。在个体主义文化中，价值观和道德观都鼓励追求个人成就、个人权力以及自我独立性，人们倾向于对自己负责，不需要在情感等方面依赖群体。与此相反，在集体主义文化里，人们更关心群体利益而不是个人利益，群体较个人有优先权，个人身份是建立在群体成员的基础上，群体负责保护个人，个人要对群体保持忠诚[4]。中国传统文化属于集体主义文化。

最后，"男性主义倾向与女性主义倾向"指的是性别间情感角色的分布，这也是任何一个社会中都有的基本问题，各种文化处理方式各有不同。在男性主义倾向社会中，性别角色区分明显，男性通常占支配地位，凡事有决定权，一般认为工作责任比其他责任（家庭责任）更重要，看重进步、成功和金钱；而在女性主义倾向社会中，性别角色没有非常明显的区分，人们谦虚、温和且有教养，注重保持良好人际关系，关心生活品质，强调工作保障，对弱者有较多关怀[4]。中国传统文化属于男性主义倾向的文化。

中国的老年人群体深受中国传统文化影响，他们的文化价值观基本上符合Hofstede的理论对中国文化价值观的描述，而与受到现代文化影响更多的非老年人相差较多。下面根据Hofstede文化维度理论中阐述的各个文化价值观维度的分类特点来分析中国老年人的文化价值观。

第三节　从四个文化维度角度分析中国老年人文化价值观

一、集体主义与个体主义

（一）家庭中的表现

1. 从"老年人大家庭式聚居生活方式"的角度分析

在中国，人们自古以来的生活方式就是大家庭式聚居生活。形成这种生活方式的原因主要有三点：第一点是因为中国传统社会生产主要是农业的生产，社会生产生活的各个层面都脱离不了农业[5]，而农业经济基础决定了农民只有依靠土地为生，土地的固定性决定了一家几代人都要生活在一起[5]；第二点是因为中国的社会组织关系是以血缘关系为基础，在父子、夫妇、君臣之间的宗法原则指导下建立起来的。宗法社会的基础是父权，由此产生了与此相适应的孝道观念[5]。"孝"，即子女孝顺和孝敬父母，具有多重含义，其中，人们认为不分家是对父母的孝顺[6]；第三点是因为人类最初定居生活的组织形式，是以血缘家族为单位的。最初是以母系血缘，后来又以父系血缘为纽带，将属于同血缘的人们组合在一起，维系成一个整体，结成一个血缘家族，即所谓的"聚族而居"。一个血缘家族长期居住在一个地方,从事农业生产劳动和生活,组成家族聚落。在我国从古至今的地理行政区划中,最基层行政区划的"村"或"庄"的形成,即与此有直接关系[7]。

目前,中国大多数80岁以上的老年人都与子女居住在一起,首先这主要是因为"孝"的观念对他们的影响最为深刻,他们认为若是子女不愿意和自己一起住,则是他们不孝顺;其次是因为很多80岁以上的老年人无法照顾好自己,需要子女的照顾。但对于大多数60岁及70岁以上的老年人来说,他们中的很多人比较倾向与子女们分开居住,这主要是因为可以享受自己的晚年生活。自1840年以后,西方殖民列强的入侵使中国传统文化在明清时期陷于孤立发展的格局被打破了。之后的一些历史事件更是使中国传统文化由浅到深、由表及里地发生了深刻的变化[6],这些变化使得还能够照顾自己的老年人更倾向于与子女分开居住。

例如,国内一家大型门户网站曾做过一项调查,调查的问题是"你愿意和老年人同住吗?",在参加调查的6 000多人中,有七成表示,只要条件允许,愿意与父母同住;但在参与调查的老年人中,只

有不足两成愿意与子女同住,不愿意同住的理由很简单,在希望自己健康的同时,他们更希望能自由自在地生活[8]。从这项调查中,我们可以发现不愿意与子女同住的老年人基本是80岁以下的老年人,这表明80岁以下的老年人更倾向于与子女分开居住,而80岁以上的老年人则更愿意与子女同住。

在笔者近期做的对来自不同省份的关于老年人文化价值观的调查的200份问卷里,有57位是60岁以上的老年人,他们中只有28.07%的人是与子女同住;有78位是70岁以上的老年人,他们中也只有23.08%的人是与子女同住;有65位是80岁以上的老年人,他们中则有61.54%是与子女同住。从这些数据中我们可以发现,80岁以上的老年人超过一半与子女同住,而60岁、70岁以上的老年人则只有不到1/3与子女同住,这在一定程度上反映了中国大多数80岁以上的老年人与子女同住,而60岁及70岁以上的老年人则相对较少。

2. 从"老年人'养儿防老'"观念的角度分析

早在中国古代,人们的"养儿防老"观念就已形成。形成"养儿防老"观念的原因主要有三点:首先,由于宗法社会

是男性的社会，女性自一出生就处于不平等地位。并且，她们出嫁后成为男性家族传宗接代的工具，丈夫对妻子有支配权即"夫权"[5]。其次，由于在农业社会里，劳动力与人们的温饱问题息息相关，因此人们很重视劳动力。然而在农业生产中，由于儿子的劳动力明显比女儿的劳动力大，且儿子这个劳动力不像女儿一样会因为出嫁而消失，因此人们慢慢地形成了"养儿防老"观念。最后，由于宗法制的重要影响之一是政治权力和经济产权的继承，普遍遵循父系单系世袭原则，完全排斥女性成员的地位，以确保权力和财富不致流入异性他族[5]。因此人们形成了"养儿防老"观念，这不仅仅是为了自己的晚年生活，更是为了不让自己的权力和财富流入异性他族。

即使到了今天，人们"养儿防老"观念有淡化的趋势，但大多数60岁、70岁及80岁以上的中国老年人仍持有这种观念。这主要是因为儿子养老与否的故事在我国农村地区广为流传，这些故事不自觉地构建着'儿子养老'的观念，形成了传统的'养儿防老'思想[9]。例如，王一笑以2014年中国老年社会追踪调查数据（CLASS）为依托，运用多项Logistic回归

模型对老年人是否同意"养儿防老"观点的现状及影响因素进行分析，最终得出老年人仍倾向于"养儿防老"观念，越是年老的，这种倾向越大的结论[10]。这在一定程度上反映了我国大多数60岁、70岁及80岁以上的老年人仍持有"养儿防老"观念的现况。

在笔者近期做的对来自不同省份的老年人的文化价值观的调查的200份问卷里，60岁以上的老年人有31.58%的人认为生男孩好，70岁以上的老年人有38.46%的人认为生男孩好，而80岁以上的老年人则有49.23%的人认为生男孩好。从这些数据中我们可以发现，岁数越大的老年人越倾向于生男孩，这表明越是年老的老年人，"养儿防老"的观念越深。

3. 从"老年人与亲人间联系频繁"的角度分析

在中国，人们自古就与亲人间的联系比较频繁。首先是因为农业经济是中国传统经济的主干，它的最显著的特点是"靠天"，对自然及土地的依赖容不得人们有过分的举措和非分的想法，所以人们活动空间相对狭小，交流、交往较多的限于宗族亲情之间[5]。其次是因为宗法制度是建立在血缘关系基础上的，所以早在西周

人们就格外强调亲缘关系，认为在同一个血缘宗族里的人应该相互亲近[6]，也就是应该保持频繁的联系以加强彼此之间的关系。最后是因为对中国人来说，最重要的集体是家庭，儒家思想中的'修身、齐家、治国、平天下'就把个人修养及家庭和谐放在重要的位置。中国人强调骨肉亲情和血浓于水，把家庭关系看得比其他社会关系更加重要[11]。

在当今的中国，人们仍然重视亲缘关系，尤其是中国的老年人，因为他们最提倡"孝道"，而"孝道"最初提出的目的就是为了维护亲缘关系，所以大多数老年人与亲人间的联系较频繁，尤其是80岁以上的老年人，因为他们的孝文化观念比60岁及70岁以上的老年人更重。例如，河南省一调查显示，1949—1965年间亲属关系交往程度较密切和很密切的比例为98%，1966—1976年为96%，1977—1992年为95%，1993—2000年为93%[12]，从这些数据中我们可以发现，人们与亲属间的关系大多密切，侧面地反映了老年人与亲人间的联系频繁，并且从略有下降趋势的数据中，我们可以发现越是年老的老年人，与亲人间的关系越密切，联系越频繁。

在笔者近期做的对来自不同省份的

关于老年人文化价值观的调查的200份问卷里，数据表明有52.5%的老年人与亲人间的联系较频繁，尤其是80岁以上的老年人，超过53.85%与亲人联系地较频繁。这些数据表明在参与调查的老年人中，超过一半的老年人与亲人间联系频繁，在一定程度上反映了中国大多数老年人与亲人间的联系频繁。

4. 从"老年人'传宗接代'观念"的角度分析

在中国，很多人持有"传宗接代"的观念。首先是因为孝敬父母是中国传统美德，孝的最基本含义是繁衍子孙，为家庭和家族传宗接代，所谓"不孝有三，无后为大"[6]，所以很多人认同"传宗接代"的观念，尤其是重"孝"的老年人。其次是因为家族本位观念在中国人的思想意识中根深蒂固，家在中国人心中，具有超常的凝聚力和向心力[5]，所以人们十分重视家族的传承。例如，早在中国古代，很多家族都有自己的族谱，但由于宗法制起源于父系氏族公社[5]，因此只有男性才能被记入族谱，女性不能上族谱，这使得人们将儿子看作是家族的延续，认为只有儿子才能将家族延续下去。正如张晓龙曾说过的，由于人们对血缘延续的重视和欲使家族兴盛，所以他们认为孩子生的越多越好，且他们重男轻女以保证传宗接代、香火不断[5]。

目前，中国大多数80岁以上的老年人仍有很重的"传宗接代"的观念，这主要是因为他们重"孝"，重视血脉的延续与家族的传承。相比较于80岁以上的老年人，70岁以上的老年人的"传宗接代"观念相对较弱，这主要是因为抗日战争使得中国很多家庭失去了传承，且新中国经济的发展使得除农业以外的其他行业在飞速发展，所以人们不再像以前那样重视"传宗接代"。而对于那些大部分接受过教育的60岁以上的老年人来说，他们"传宗接代"的观念是所有年龄段老年人中最浅的，这主要是因为他们接受了男女平等的教育思想及国家推行的"生男生女都一样"的生育政策，这使得他们不会像其他两个年龄段的老年人那样重男轻女。

在笔者近期做的对来自不同省份的关于老年人文化价值观的调查的200份问卷里，数据表明有52.5%的老年人会干涉子女接受新兴思想，比如丁克，也就是说参加调查问卷的老年人超过一半是无法接受子女不生育的。其中80岁以上的老年人有60%的人是不接受丁克思想，70岁以

上及60岁以上的老年人分别有48.72%和49.12%的人是不接受丁克思想的，这些数据表明，80岁以上的老年人比其他两个年龄段的老年人更看重"传宗接代"，但总体上，大多数老年人还是赞同"传宗接代"的这个观念。

再比如，根据2008年在北京市、上海市、广东省三地进行的"中国家庭动态跟踪调查"的调查数据显示，三地老年组（60～94岁）认为传宗接代重要的人数比例均是所有年龄组中最高的[13]，这表明老年人比其他年龄段的人更加认可"传宗接代"这个观念。也就是说，很多老年人持有"传宗接代"这个传统观念。

5. 从"老年人认为子女必须无条件地顺从父母"的角度分析

在中国，很多老年人对子女必须无条件地顺从父母"这点表示赞同，这主要是因为"孝顺"的观念决定了中国传统家庭中父母与子女的关系大多是命令与服从的关系[11]，这使得人们一切以长辈的意志为意志，以长辈的是非为是非[5]。直到今天，很多老年人仍认为子女必须无条件地顺从自己。其次是因为儒家思想是我国的主流文化思想，"孝"不仅是儒家思想的重要内容之一，还是中国的传统美德之一，这

使得人们具有浓烈的"孝亲"情感，这种情感不仅体现为对先祖的隆重祭奠，而且更体现在对活着的长辈的绝对顺从、孝敬。"百善孝为先"，在中国文化系统内，孝道被视为一切道德规范的核心和母体[5]。也就是说，孝道是一个铁律，子女必须无条件地顺从父母。鲁迅也曾说过："父对于子，有绝对的权利和威严，若是老子说话，当然无所不可，儿子有话却未说之前早已错了"[14]。

随着时间的流逝，时代的变迁，中国传统文化价值观逐渐发生了变化。首先，对于我国大多数80岁以上的老年人来说，他们的思想仍是子女必须顺从父母，不能对长辈做出的决定产生质疑。例如，他们的子女一些是包办婚姻，只要父母觉得对方可以就作主结亲。父母的决定权是至高的。其次，对于中国大多数70岁以上的老年人来说，他们也认为子女是应该顺从他们的，但他们中的部分人可以接受自己的子女是通过自由恋爱而结婚的。最后，对于中国大多数60岁以上的老年人来说，相较于70岁、80岁以上的老年人，他们大多能接受自己的子女们自由恋爱，且他们不要求子女们要无条件地顺从自己。

在笔者近期做的对来自不同省份的关于老年人文化价值观的调查的200份问卷里，有36%的老年人认为子女应该无条件地顺从他们。其中，60岁以上的老年人只有28.07%的人赞同这种观点，70岁以上的老年人也只有35.9%的人赞同这种观点，而80岁以上的老年人则有高达43.08%的人赞同这种观点。数据表明目前大多数老年人对"子女必须无条件地顺从他们"的观点表示不赞同，但是年龄越大的老年人却越倾向于这个观点。

虽然现在大多数的中国老年人不要求子女必须无条件地顺从他们，但是在一些重要决定上他们还是希望子女能顺从他们，所以也会对子女的决定进行干涉。例如，2012年中国青年报社会调查中心通过互联网对3 328人进行的一项调查显示，76.5%的人表示身边过度干涉子女的父母很多，32.4%的人认为"非常多"[15]，数据表明超过四分之三的老年人会对子女的决定进行干涉，这在一定程度上反映了大多数老年人希望子女在一些重要决定上听从他们的意见。

6.从"老年人认为孙辈必须尊敬长辈"的角度分析

首先在中国，"尊敬长辈"是中华传统美德之一，大多数60岁、70岁及80岁以上的老年人都要求孙辈必须尊敬长辈，这主要是因为中国素有礼仪之邦、文明古国的赞誉。在中国传统文化中，传统伦理道德是重要的组成部分，甚至从一定意义上说，它是中国传统文化的核心。在古代，中国传统伦理道德文化主要指的是儒家道德。儒家的仁爱观念源于家庭血缘亲情而又超越了血缘亲情，它要求在尊亲敬长的自然道德情感的基础上，由己推人，由内而外，由近及远，层层向外递推，最终达到"仁者与天地万物为一体"（《孟子·梁惠王》）的境界[5]。也就是说，儒家认为"尊亲敬长"是做人的根本。并且"三纲"非常明确地表明了宗法制度之下尊卑长幼的伦常关系[6]，因此，大多数老年人要求孙辈必须尊敬长辈。其次是因为"礼"作为一种传统道德规范，在提高个人道德素质、保持人际关系的和谐、维系社会秩序的安定等方面发挥了重要作用[5]，而"尊敬长辈"是"礼"的重要一部分内容，所以大多数老年人要求孙辈必须尊敬长辈。最后是因为对传统的尊重可表现为对老年人和长辈的尊重。在中国人看来，年长意味着智慧和经验，值得受到尊重。汉语的俗语"姜还是老的辣""嘴上无毛，办事不牢"就说明了经验和年龄的重要[11]，所以大多数老年人要求孙辈必须尊敬长辈。

例如，在一调查中，数据显示老年人受尊敬的占60.6%，较受尊敬的占31.7%，不受尊敬的仅占5.6%[12]，数据表明超过90%的老年人都是受尊敬的，反映了人们对于老年人的尊敬，同时在一定程度上体现了老年人要求孙辈必须尊敬长辈的这一观点。

再例如，孙辈在称呼长辈时应使用尊称，不能直呼其名，因为直呼其名既是对长辈的不礼貌，也是对长辈的不尊敬。孙辈对长辈的尊称很好地体现了人们要求孙辈必须尊敬长辈的这一观点。

再例如，在中国，人们倡导给老年人让座，这一点也很好地体现了人们对于老年人的尊重与礼让，在一定程度上反映了人们要求孙辈尊敬长辈的这一观点。

7. 从"老年人认为子女应供养家人"的角度分析

在中国，很多老年人都认为"子女应供养家人"，这里的"家人"指的不仅是父母还包括兄弟姐妹。这些老年人之所以会赞同"子女应供养家人"这个观点主要是因为中国文化强调血缘关系的目的不仅是为了识别亲属之间地位的尊卑亲疏，更重要的是要把具有共同血缘的人纳入同一个宗法家族的共同体之中。在这个共同体之中，人们具有基本一致的经济利益，人们可以靠家族的力量来谋生和保护本家族成员等[6]，所以很多老年人认为自家的儿女就是一个共同体，有出息的子女应供养其他的子女。例如，早在中国古代科举制度盛行之时，人们举全家之力供养读书人的事情就数不胜数。这是因为他们希望能集家族之力供养出一个读书人，然后这个人在有能力后又能反过来供养家族，这就很好地体现了人们认为家族就是一个整体，应互帮互助，有出息的应供养其他家人这一观点。

直到今天，我国大多数80岁以上的老年人对于子女应供养家人的这一观点还是比较赞同的，因为他们很看重家族在心中的地位，认为一个家族就是一个共同体，有出息的子女有义务去帮助其他兄弟姐妹，甚至是供养他们。然而随着时代的变迁，很多60岁及70岁以上的老年人不是很赞同这个观点，首先主要是因为改革开放后，人们的生活水平显著提高，正常情况下，子女是可以自力更生的，不需要其他子女来供养。其次是因为很多60岁及70岁以上的老年人的家族本位观念相较于80岁以上的老年人比较薄弱，所以他们可能会要求子女在一定程度上帮助其他家人，但并不是直接供养他们。

在笔者近期做的对来自不同省份的关于老年人的文化价值观的调查的200份问卷里，数据显示认为有出息的子女有义务帮助其他兄弟姐妹的老年人占了61.5%。其中，80岁以上的老年人有69.23%的人同意这一观点，70岁及60岁以上的老年人分别有56.41%和59.65%同意这观点。数据表明超过一半的老年人都赞同供养家人这观点，尤其是80岁以上的老年人，他们相较于其他两个年龄段的老年人更赞同这一观点。

例如，过去20年关于子女是否应代替父母供养弟妹的话题一直都是热议的话题。在20世纪50年代、60年代的时候，夫妻供养弟弟妹妹是非常常见的，因为在当时整个家庭就是一个利益共同体，每个人都有责任和义务去维护好这个利益共同体。但随着经济的发展，大家庭变成了一个一个的小家庭，尤其是计划生育后，中国的家庭规模越来越小，人口普查显示1982年的时候，每户家庭人口数是4.41，到2000年时，每户家庭人口数则是3.44[16]，人口的减少加上城镇化的发展使得人们从重视大家庭的利益共同体转移到了小家庭的利益共同体。因此,80岁以上的老年人比其他年龄段的老年人更赞同"子女应供养家人"这一观点。

8. 从"老年人认为犯罪丢家族脸"的角度分析

在中国,人们常常认为一个人犯罪丢的不仅是他自己的脸,更是整个家族的脸,老年人更是赞同这一观点。首先主要是因为中国人的"自我"概念比西方大。中国人的"自我",除了自己,还包括关系亲密的家庭成员,比如配偶和孩子。这就是为什么中国人听到别人称赞家人时会表示谦虚与否定,因为他们把家人看成"自我"的一部分[11],这也是为什么中国人认为一个人犯罪丢的不仅是他自己的脸,更是家族的脸面。其次是因为中国人崇尚德治,道德的作用始终被看得比法律更有效[5]。人们自古就十分看重家族的名誉。例如,在古代,若是一个人做了大奸大恶的事或是有辱门面的事,他会被剔除族谱,以免使整个家族蒙羞。

即使到了21世纪的今天,人们仍然很看重家族的名誉,他们会以族谱上的祖先为荣,同样地,他们也以因个人行为而给

家族丢脸的人为耻,尤其是我国大多数60岁、70岁及80岁的老年人,因为他们比其他年龄段的人更重视家族荣誉感,重视家族的名誉。

例如,2010年的时候,贵州赤水市发生一起家庭惨剧——一名6旬老太砍死了睡梦中的孙女。这名老太之所以砍死年仅8岁的孙女,只因为孩子有偷钱经历,她担心将来给家人丢脸,故决定将其杀害[17]。这起案件的发生在一定程度上反映了老年人对脸面的看重,表明了他们认为犯罪丢家族脸的态度。

再例如,对于制造了震惊全国的"1.18"案的主犯张显光,其母亲在记者面前表示自己不会接受任何记者的采访,自己没有犯罪,不能像儿子那样丢人现眼[18],从张显光母亲的话中,我们可以明显地感受到其认为儿子犯罪丢脸的态度,她的态度在一定程度上反映了人们认为"犯罪丢家族脸"的观点,尤其是家族观念重的老年人。

9. 从"老年人的圈内与圈外"的角度分析

"追求"团体内和谐是中国人集体主义价值观的另一个重要特点。中国人有比较严格的圈内和圈外的界限[11]。这

点对于不同年龄段的老年人来说也同样是如此。这主要是因为早在西周，只要大家处在同一个血缘宗族体内，人们便彼此认亲，团结一致，以确保血缘宗族体内每个人的根本利益[6]。中国人的圈内人包括家人、朋友、同学、同事、同乡和相识的人，人们追求与圈内人关系的和谐。为了达到与圈内人的和谐，中国人不愿意与圈内人发生正面冲突，一般不直接批评他们或表达反对意见。而且中国人对于圈内人和圈外人往往采取不同的交际态度和方式[11]。例如，对于一个家族里的人，人们会无条件互帮互助，然而对于周围的邻居，人们则会分情况帮助。

老年人的圈内与圈外之分影响了他们的交友圈，因为我国大部分80岁以上的老年人把自己的交友圈局限在了跟自己有共同血缘关系的圈内，他们不喜欢外出，只喜欢待自己家里或者是去亲戚家串门；而大部分70岁以上的老年人虽然交友圈主要局限在了跟自己有共同血缘关系的圈内，但是他们的交友圈还包括了邻居，他们除了待在家里，还会找邻居下下棋，聊聊天；至于大部分60岁以上的老年人，他们的交友圈就比较广，他们中的很多人还去跳广场舞，参加书法协会等一些老年人

社团。例如，一份调查研究中发现老年人的兴趣爱好主要是看电视，其次是散步和锻炼。大部分老年人的第一活动场所是家庭，第二场所是社区[19]。从"大部分老年人的第一活动场所是家庭"这点我们可以发现，大部分老年人的活动范围比较小，这在一定程度上反映了大部分老年人的交友圈比较小，所以他们的第一活动场所才会是家庭，然后才是社区，这也在一定程度上反映了他们圈内与圈外之分的特点。

再例如，一调查显示家庭成员是老年人退休后互动对象的第一位，亲友是第二位，邻居及同事则是最后一位[12]。调查结果表明老年人在与他人互动时，首要的选择就是家人，也就是说他们首要的交友圈就是自己的家庭，这在一定程度上反映了老年人的交友圈受其圈内与圈外之分的观点的影响。

10. 从"老年人对自己婚姻的态度"的角度分析

在中国，大多数80岁及70岁以上的老年人对待婚姻的态度是听从父母的安排。他们之所以会是这样的态度主要是因为宗法制下形成的忠君顺上的价值取向造就了中华民族的双重性格。一方面，顺上的心态，与祖先崇拜互为表里，造成了中华民

族尊老、讲究孝道的社会风尚，使得大多数80岁及70岁以上的老年人认为听从父母的安排是孝道的一种体现。另一方面，这种价值取向使得子女在家庭中没有行动自由，一切听从长辈的，所以大多数80岁及70岁以上的老年人的婚姻都是由父母安排的[5]。至于我国大多数60岁以上的老年人，他们对婚姻的态度不再只是听从父母的安排，他们更倾向于通过自我选择婚姻，这主要是因为随着社会的进步，人们的思想也在发生着改变，人们不再只是一味地听从父母的安排，开始学会自我选择。

我们可以从离婚率这点来发现不同年龄阶段老年人对婚姻的态度，例如，2010年我国60岁及以上老年人的离婚率为0.78%，而2000年我国60岁及以上老年人的离婚率仅为0.66%[20]，从数据中我们可以发现，虽然我国老年人的离婚率极低，但近年来，我国老年人的离婚率在逐年上升，且根据2000—2010年中国老年人婚姻状况的队列变化，我们可以发现随着老年人年龄的增长，离婚率在降低，这表明年龄越大的老年人越不易离婚。也就是说，60岁以上的老年人相较于其他两个年龄阶段的老年人更易选择结束自己的婚

姻，这在一定程度上反映了他们对于自己婚姻的态度是倾向于自我选择的。

再例如，据第五次全国人口普查数据，我国老年人离婚者只有84万人，占老年人口的0.7%。从发展趋势看，虽然离婚人数在上升，但比例却在下降，如老年人离婚率从80年代的69.7万（占0.91%），到90年代的78.6万（占0.81%），再到2000年的84万（占0.7%）[12]，这数据表明，随着年龄的增长，老年人的离婚率在下降，也就是说，目前中国大多数80岁以上及70岁以上的老年人不易离婚，这在一定程度上表明了他们对于婚姻的态度，这使得他们不会轻易结束婚姻，然后去重新选择。

（二）学校中的表现

1.从"老年人读书目的"的角度分析

我国很多60岁、70岁及80岁以上的老年人都没有接受过很多教育，而那些年轻时能够在学校里读书的老年人，他们当年大多都勤奋、刻苦学习，以振兴中华为己任。这主要是因为中国传统伦理道德文化的核心是公忠。公忠强调的是国家利益、民族利益至上[6]。

如今随着国家的发展，社会的进步，老年人读书的目的不再是为了大的目标，

他们中的部分人是为了圆自己年轻时的读书梦，部分人是为了提高自己，还有些人是为了充实自己的业余生活，总之，他们中的大多数人的读书目的由为国、为集体转变到了自己身上，读书是为了自己。例如，2010年全国六城市老年大学学员学习诉求的调查中，老年学员的学习目的，为了"丰富生活"的最多，占75%；第二是为了"增长知识"的占71.1%；第三是为了"生活快乐"的占61.7%；第四是为了"陶冶情操"的占48.2%；第五是为了"完善人生"占19.9%。涉及就业谋生的微乎其微。说明老年学员的学习目的以丰富生活为前提，以增长知识为基础，以陶冶情操为内涵[22]。

老年大学的诞生满足了那些想读书的老年人的读书目的。据教育部日前发布的统计数字，目前，有700多万老年人在老年大学等机构学习，4 560多万人次群众参与各类学习活动，且中国老年大学已经发展到约6万多所[23]。这数据表明现在越来越多的老年人想要去读书并且很多老年人已经付诸了实际行动。

今年国庆前夕，江苏省常州市的记者走访了常州市多家老年大学，发现在刚刚过去的秋季招生报名中，不仅各个专业席位紧俏，而且很多学员更是'赖'在学校，不愿意毕业，年纪最大的已经有94岁了。记者采访了一些老年人。其中，一位叫黄家珠的老年人，今年74岁，她表示自己之所以上老年大学是因为觉得老年人精神生活要丰富一点，希望自己做一个生活比较充实的人[24]。像黄家珠这样的老年人在老年大学很常见，可以说，现在在老年大学读书的老年人，他们读书的目的已经从为了集体转变到为了个体。

2. 从"老年人课堂表现"的角度分析

在中国，由于"尊老爱幼"不仅是儒家思想的重要内容之一，更是中华传统美德之一，因此即使是在老年大学里，那些教师们也本着敬老的原则，对老年学员都保持着一种体贴、谅解的态度，耐心细致地给老年学员讲解课本知识。同样的，因为"尊师"是儒家思想里重要的一部分，所以这些老年学员们很尊敬老师。

由于老年人上老年大学的目的与普通学生上学的目的不同，因此老年大学课堂的学习是在一种轻松愉快的氛围中展开的，老师与学生之间也没有普通大学那样严肃和分明的等级秩序和课堂纪律。例如，书法老师在上课时是先讲解一些知识，再拿出名家书法作品与老年学员一起探讨，而老年学员也会根据自己积累的知识畅谈自己对某个字甚至是某一笔画的书写技巧和看法。老年学员们还会拿出平时练习的作品，请老师指导[25]。因此，跟普通的大学课堂相比，老师与老年学员间的互动更多，老年学员在课堂上也比较活跃，会说出自己的看法。在这点上，大多数60岁、70岁及80岁的老年人没有太大区别，因为他们所接受的主流文化思想是一样的，都赞同要"尊师"。

3. 从"老年人受到的教育方式"的角度分析

当前老年大学在教学过程中采用最多的教学方式是"讲授接受式"和"示范模仿式"。一般书面系统知识的讲授和学习大多采用"讲授接受式"教学方式，而技能技巧类知识的教授和学习则多数采用"示范模仿式"教学方式[22]。也就是说，不管是60岁、70岁及80岁以上的老年人，他们在老年大学所受到的教育方式主要是"讲授接受式"与"示范模仿式"教学。

例如，老年大学的舞蹈课分类很详细，有民族舞、拉丁舞和健身舞、交谊舞等。一般都是掌握了一个动作再接着学下一个动作，然后再把一系列动作连起来反复练习。考虑到老年人的身体特点，老师教的比较慢，而且教的舞蹈动作也都是简单易做的[25]。舞蹈老师采用的就是典型的"示范模仿式"教学方式，因为大多数老年人的记忆力不好，身体素质也不如其他年龄段的学习者，所以老师在教学时是一个动作接一个动作慢慢教。并且老师在教学时是根据大多数人学习的进度来安排教学进度，不会因为某个老年学员跟不上就让所有人都陪着一起反复练习一个动作，只要大部分人学会了就继续教下一个动作。

再例如，中医保健教授的都是一些很实用的知识，课堂上，老师会结合实际的病例和医学挂图给学员详细地讲解病理过程及特征，学员们都听得非常认真，并且做好笔记。老年学员在平时的生活中发现身体不适也可以对照课堂学到的知识，进行初步判断，及时就医[25]。中医保健老师采用的就是"教授接受式"教学方法，老师每节课有他自己的教学目标，通过结合实例给学员们进行讲解，而学员们则认真听讲并做好笔记。老年学员们在老师上课时不会轻易提出问题或者打断老师的教学。

4. 从"受教育老年人间的圈内与圈外"的角度分析

老年人不仅在家庭表现方面会划分圈内与圈外，同样的，那些受教育的老年人在老年大学里也会划分圈内与圈外，他们把与自己在一个班集体的同学划分为圈内，而班级以外的同学划分为圈外。一个班集体的同学们会互帮互助，一起为班级做贡献，而圈外的同学，则以竞争为主。这样的划分与年龄无关，也就是说，所有不同年龄阶段的老年人在学校里都是这样划分圈内与圈外的。

在老年大学里，当班级某个老年学员跟不上老师的教学进度时，班级的其他学员例如学习委员会在课后帮助其学习直到跟上老师的进度。课间休息的时候，一个班级的老年学员们会坐在一起聊天。当他们遇到有相同兴趣爱好和相似生活方式和习惯的老年人时，他们会成为朋友，然后在空闲时间经常聚在一起。例如吴阿姨说："我跟我们班的刘老师最要好，我们家也住的很近，经常一起去超市里买菜，天气好的时候就一起到广场去散散步"[25]。

为了激发老年学员的学习兴趣，老年大学时常会组织一些校内比赛或鼓励学员们去参加一些社会上的比赛，为自己及班级争光。例如张阿姨说："去年老年大学60周年校庆，老师要求我们回家去自己想一副对联，要有新意，班里要评比出好的作品去参加比赛。那时候我回家每天都在想，总是想啊想，最后想了三对，写好了以后问了我们家老头子，又问我孙女，把觉得比较好的交上去了，最后还得了三等奖，好开心的"[25]。

5. 从"老年人受教育机会"的角度分析

数据显示1982年中国老年人口未受教育的比率达79.39%，而到了2010年，中国老年人口未受教育的比率已下降到22.5%。并且年龄越高的老年人口受教育程度越低，随着年龄的升高，未上过学的比例在上升，80岁以上的老年人口中接近一半的人没有上过学。但随着时间的推移，中国未受教育的老年人数量在下降[26]。从1983年中国拥有第一所老年大学起，中国目前已有6万多所老年大学，这为老年人提供了更多的教育机会。

2015年底我国60岁以上老年人口已经达到2.22亿，占总人口的16.1%，未来20年我国人口老龄化形势将更加严峻。因此，老年教育是我国教育事业和老龄事业的重要组成部分。《老年教育发展规划（2016—2020）》提出到2020年，全国县级以上城市原则上至少应有一所老年大学，50%的乡镇（街道）建有老年学校，30%的行政村（居委会）建有老年学习点，各省（区、市）选取若干个养老服务机构，开展养教结合试点，力争全国50%的县（市、区）可通过远程教育开展老年教育工作，争取每个老年大学培育1～2支老年志愿者队伍，老年学校普遍建有志愿者服务组织[27]。也就是说，未来中国会有越来越多的老年人接受各种类型的教育。

（三）社会中的表现

1. 从"老年人对集体决定的态度"的角度分析

在集体主义文化中，群体较个人有优先权[4]，也就是说，集体决定高于个人决定。对于集体决定，我国大多数60岁、70岁及80岁以上的老年人都是支持的态度。例如，广州一个小区因老宅加装电梯官司打了六年，广东省高院2015年审理了这起相邻关系纠纷再审案件并做出终审裁定：已获得专有部分占建筑物总面积三分之二以上，且占总人数三分之二以上的业主同意，并有广州市规划局核发的《建设工程规划许可证》，

则符合法律规定，因此而签订的施工合同受法律保护，相邻各方业主不能擅自阻挠安装施工[28]。在这起事件中，过半数的业主是70多岁的老年人，老年人们由于腿脚不便，便提出加建电梯的申请，申请有2/3以上业主同意，说明大多数老年人对这个集体决定是没有异议的，于是广州市规划局核发了《建设工程规划许可证》。虽然有个别老年人对此提出异议，并提起行政诉讼，但法院最终支持"少数服从多数"，支持大多数老年人做出的集体决定，裁定相邻各方业主不能擅自阻挠安装施工。

再例如，现在中国农村的村干部大多都是由村民们投票选举出来的，也就是说，村干部人选的确定是由村民们的集体投票所决定的，大多数老年人对集体投票的结果不会有异义，他们赞同通过集体投票所确定下来的村干部人选，因为集体的选择比个人的选择更有优先权。

2. 从"老年人对集体活动的态度"的角度分析

中国的老年人很乐于参与到集体活动中。这主要是因为早在古代，人们除了耕作和劳作以外，日常生活中没有什么娱乐活动，所以一旦村里有什么活动或

表演，人们都会积极参与到其中。即使到了今天，人们还是如此，只要村里有活动或者表演，人们都很乐于参与到其中。例如，2017年9月2日，在文水县文化局主办下乡慰问演出中，1 000多名村民观看了演出[29]。

再例如，广场舞是近年来兴起的一项活动，尤其受中老年人的追捧。发展到如今，一到晚上，全国各地的公园或广场就可以看到他们在跳广场舞。像广场舞这样的集体活动近年来深受老年人的喜爱，参与到其中的老年人也越来越多。

3. 从"老年人对'铁饭碗'的态度"的角度分析

在中国，大多数老年人都喜欢像"铁饭碗"这样稳定的工作。首先主要是因为农业社会养成了中国人民勤劳务实的精神和民族性格。朴实、勤劳、埋头苦干一直是我们民族优良的传统，人们脚踏实地、兢兢业业[5]。因此，大多数人都喜欢稳定的工作，尤其是老年人。其次是因为从新中国建立到改革开放初期，中国人民的生活水平一直在逐渐提高，但大部分人民还是以农业为主，只有少部分人从事其他的职业，如在国有企业工作。在当时，国有企业会给它的员工提供非常好的福利，并且一旦进入国有企业后，只要不犯大错误，这份工作就可以一直做到退休为止，人们不用担心失业，因此大多数人都喜欢"铁饭碗"。

对于我国大多数70岁及80岁以上的老年人来说，"铁饭碗"是份好工作，因为稳定的工作就意味着他们能有收入来养活家人，他们希望自己的子女们能从事这样的工作。而对于大多数60岁以上的老年人来说，改革开放后，他们所拥有的工作机遇更多，因此他们对在国有企业工作的想法并没有那么强烈。但同样的，他们也希望自己的子女能从事像"铁饭碗"这样稳定的工作，因此近年来，考公务员、教师等这些职业的人越来越多。例如在今年的云南省的省公务员考试中，报考的考生共有28.9万人，创报考人数达到了新记录[30]。

4. 从"科技加强老年人与亲人间的联系"的角度分析

人们自古以来就与亲人间联系频繁，随着科技的发展，人们与亲人之间的联系更密切。例如，科技的发展使得手机更新换代的速度越来越快，手机使用的普及率也越来越高。尤其是市面上还有专门针对老年人发明的老年人手机，即使是不识字的老年人也能使用老年人手机进行正常的电话联系。甚至有的老年人还去学习如何使用智能手机。有了手机以后，这些老年人就可以更加方便地与自己的子女们、孙子女们、亲戚们联系，通过时不时地联系加强相互间的亲情。

再例如，科技的发展也促进了交通的发达，这不仅方便了人们的出行，还方便了人们的走亲访友。在过去，由于距离与交通的限制，很多人与亲戚的联系并不频繁，但现在便利的交通使得即使相隔数千里的人们也能轻松见面，大大地方便了老年人与亲人之间的联系，也使得老年人的走亲访友更加容易。

总之，对于我国大多数60岁、70岁以及80岁以上的老年人来说，科技加强60岁以上的老年人与亲人间联系的程度是最高的，因为他们的学习能力相较于其他两个年龄段的老年人更强，更容易学会使用高科技产品，且他们的身体状况也比其他两个年龄段的老年人要好，允许他们出门走亲访友。同样的，科技加强80岁以上的老年人与亲人间联系的程度最弱，因为他们的学习能力、记忆都是这三个年龄段老年人中最差的，且他们中的很多人由于身体状况差无法出行。

5. 从"老年人工作中的圈内与圈外"的角度分析

在中国，人们不仅在家庭与学校中划分圈内与圈外，还在工作中划分圈内与圈外。他们将工作中与自己同个团队的或接触比较频繁的同事划分为圈内，而不是同个团队的或接触少的同事划分为圈外，这点对于我国大多数60岁、70岁及80岁以上的老年人也是如此。

例如，我国大多数以前有正式工作的老年人将与自己负责同一工作并且接触比较频繁的同事归为圈内，而负责其他工作且接触少的同事归为圈外人。平时他们主要都是跟圈内人打交道，除非是工作上的事才会和圈外人打交道。比如一个车间的工人，他们会根据负责不同工作的小组来划分，负责同样工作的小组成员就属于圈内人，而负责其他工作的小组就属于圈外人。同个小组的人以合作为主，不同小组的人以竞争为主。至于那些没有工作在家务农的老年人，他们大多数把自己同村的划分为圈内，其他村的划分为圈外，同村的人大多都是互帮互助，其他村的人则联系较少。

6. 从"老年人工作中的内部升职"的角度分析

在中国，一般企业在给员工升职时不仅考虑员工的个人能力还要考虑他的资历，也就是他在企业的工作年限。这主要是因为企业很看重忠诚度，认为员工在企业待得时间越久越能说明他对公司的忠诚度，并且工作多年的员工要比其他人更了解工作内容，因此一般企业更愿意从内部提拔员工。

不仅现在很多企业是如此，早在我国大多数老年人参加工作的时候也是如此。他们的升职基本上也是靠能力与资历从内部提拔的，这种提拔会使人们更有集体归属感，员工与领导之间的关系也比较融洽，可以更好地一起工作。

7. 从"老年人'攒钱'观念"的角度分析

在中国，大多数老年人都有"攒钱"观念。这主要是因为古代先哲们认为民生在勤，不勤则寡入，不俭则妄费。勤俭质朴的生活习惯能够涵养人的心性，陶冶人的道德情操[31]，因此形成了人们勤俭节约的习惯。现在"勤俭节约"是中国的传统美德之一，而人们在金钱方面的勤俭节约形成了他们的"攒钱"观念，尤其是

70、80岁以上的老年人，他们比60岁以上的老年人更加重视这个观念。他们攒钱不但是为了自己，更是为了在子女们或者是在亲人们需要金钱帮助时能给予帮助。

例如，在河南洛阳栾川县海坡两千多米的老君山上，有一位60多岁的老年人，为给小儿子攒结婚彩礼钱，自2012年开始，就和妻子一起到山上的景区应聘清洁工[32]。像这位老年人本应处于在家养老的状态，但是他为了自己的儿子，还在外工作及攒钱，这在个体主义国家里是比较少见的。

再例如，在合肥长江西路105医院附近，常常有一位头发花白、左脚有残疾的老年人艰难地推着烤炉卖红薯。老年人名叫祝逢亮，已经68岁。之所以如此付出，他是想尽可能攒钱给孙女小飞燕治病[33]。像祝逢亮这样的老年人在中国很常见，他们不会因为一些经济上的问题就不理睬亲人，而是会通过自己的努力赚钱，从而再攒钱给家里人金钱上的帮助。

8. 从"老年人道德问题"的角度分析

儒家思想是中国的主流文化思想，"德"不仅是儒家思想的重要一部分，更是现在中国社会核心价值观的重要内

容之一。

我国大多数的老年人比较注重自己在道德这方面的培养，但也有例外的。例如，这几年关于"老年人摔倒该不该扶"这样的道德问题人们有非常多不同的看法。有的人认为尊老爱幼是中国的传统美德，我们应该扶，就如《孟子》中所言"老吾老以及人之老，幼吾幼以及人之幼"，我们对待老年人应该像对待自己的父母一样，在他们需要的时候帮助他们，这样在我们的父母需要别人帮助时也能得到别人的帮助。但是也有人持反对意见，因为现在社会中好心扶起老年人后惨遭讹钱的事件屡见不鲜。有些人甚至极端地认为如今的老年人变坏了。

其实，如果我们深入了解，可以发现，这些讹人钱的老年人大多都没有受过传统文化的教育，有的思想甚至是十分的愚昧无知，他们所持有的文化价值观都是不正确的。而那些拥有中华传统美德的老年人，他们是不会踩在道德的底线上去说假话、诬陷别人。他们中有很多人是大爱无私的，自己过着贫苦的生活，却资助了很多贫困的孩子们上学。例如，白方礼老年人，他从1987年起，连续十多年靠自己蹬三轮的收入帮助贫困的孩子实现上学的梦想，直到他将近90岁，他圆了300个贫困孩子的上学梦。可能很多人无法理解这类行为，但是在这些老年人们的心中，能为社会做贡献是非常光荣的事，能帮助这些贫困的孩子是件很幸福的事。

再例如，现在中国的志愿者不仅有青少年，还有老年人。这些老年人虽然年纪大了，但是他们仍愿意为社会的发展贡献出自己的一份力量。叶海标就是其中的一员，他带头成立了明珠社区电影志愿者队伍，除了每天志愿在广场放映电影，他还去福利院为残疾儿童播放动画片[34]，这样的活动他坚持了11年，他之所以这么做只是为了给他人带来快乐，像他这样品德高尚的老年人在社会中数不胜数。

总之，涉及老年人的一些道德问题不能以个例来概括总体，我国大多数60岁、70岁及80岁以上的老年人都有着正确的文化价值观，他们以优秀的中华传统美德严格要求自己平时的一言一行，如果他们摔倒需要别人搀扶时，他们表达出来的一定是谢意而不是恶意讹人。

二、权力距离

（一）家庭中的表现

1.从"父母教子女顺从"的角度分析

在中国，大多数家长都教育子女要听从父母的话。大多数70、80岁以上的老年人认为在家庭中，父亲居主要地位，子女必须听从父母的话，顺从父母的意志做事，不能对父母的话有意见。直到他们的子女成家立业后，他们还是比较倾向于子女听从及顺从自己的意见。相较于这两个年龄段的老年人，60岁以上的老年人虽然也教子女要顺从，但他们在一定程度上尊重子女的选择，不要求他们凡事听从父母的决定。

孝顺是中华传统美德，这主要是因为中国古代社会被称为"宗法社会"。宗法制度是一种以血缘关系为基础，遵从共同祖先以维系亲情，并且由此区分尊卑长幼，确定继承秩序以及家族成员各自的权利和义务的法则与制度。宗法制度起源于严格的父系家长制[5]。

例如，温州龙湾区永中街道寺西村的村民朱道森，他之所以被评为最美孝星是因为他几十年如一日，不辞辛苦孝敬父母，尽量顺从他父亲的心意，将"顺"看得比"孝"更为重要[35]。秦海璐认为孝与顺是两回事，做到顺也许不容易，但是如果顺都做不到，那么需要百倍用心的孝就更难了[36]，也就是说，她认为顺从排在孝顺之前，我们只有先顺才能有孝。

2.从"子女必须努力学习"的角度分析

我国大多数老年人都认为自己的后辈们必须努力学习，这主要是因为中国是一个有着悠久文明的国家，我国古代的考试制度，从西周开始，历经汉代的察举制，魏晋南北朝的九品中正制，隋唐以后的科举考试制度，都对我国古代的教育产生了深远的影响。科举考试制度开辟了一个人人平等竞争向上流动的社会通道。因而"十年窗下无人问，一举成名天下知"的金榜题名的刺激，对当时知识分子极具诱惑力[5]，人们渴望读书改变命运，渴望通过科举提高整个家族的地位。并且古代的人们十分尊敬读书人，认为"万般皆下品，唯有读书高"，因此从古至今，人们都十分重视教育，认为读书能改变命运，认为可以通过读书提升自己和家族的地位，尤其是农村的孩子，他们希望通过读书改变命运。

例如，济南一位70多岁的老年人程桂芳，她拾荒多年只为能攒钱给孙子孙女买课外书和补贴辅导班费用[37]，从程桂芳老年人的这一举动中，我们可以看出她希望孙子、孙女读书的想法，且从"辅导班"这个词，我们也可以看出他们一家人对孩子教育的重视。

再例如，现在的很多老年人都会接送孙子或孙女上下学，监督他们按时完成作业，并经常教育他们必须努力学习，因为他们坚信读书能给孩子们更好的未来，能提高他们在社会中的地位和家族在其他人眼里的地位。总之，不管是60岁、70岁以上还是80岁的老年人，他们中的大部分人都重视教育，认为子女必须努力学习。

3. 从"老年人对不生育的态度"的角度分析

我国大多数老年人都比较重视生育，他们中的很多人对于不生育的态度就是离婚。这主要是因为在中国古代，宗法社会是男性的社会，女性自一出生就处于不平等地位。她们出嫁后成为男性家族传宗接代的工具[5]，"传宗接代"的观念自古就在人们头脑中根深蒂固，这使得老年人相对于其他年龄阶段的人更重视生育。虽然现在随着社会的发展，女性的地位在逐渐提高，但总体上还是不如男性。

例如，现在社会上有很多新闻关于夫妻不生育的，若是妻子的原因导致不生育，丈夫较大可能会离婚再娶，但若是丈夫的原因导致不生育，妻子会离婚的则较少，这主要是因为女性在社会中的地位比男性低，人们对女性的要求多，使得女性的再嫁要比男性的再娶难，所以女性因丈夫不生育的情况离婚的较少。

再比如，在天涯论坛里，对于"你身边是否有人因不能生育而离婚"这个问题，有不少网友表示自己身边有这样的真实例子，甚至自己也遇到过这样的事。例如，一网友说我结婚六年才生了孩子，还是试管生的，婆婆说了好几次离婚[38]，从这句话中我们可以看出，这位网友的婆婆因怀疑她无法生育就希望她与自己的儿子离婚，也就是说，婆婆对于不生育的态度就是离婚，像她这样的老年人在中国并不少见，因为"传宗接代"的观念深入人心，人们很重视后代的延续。但相较于70岁、80岁以上的老年人，大多数60岁以上的老年人虽然也重视生育，但他们的态度相对好些，他们比较能接受子女领养孩子，这主要是因为随着社会的发展，人口的流动，女性地位的提高，他们中的很多人能接受子女领养非血缘关系的孩子，将其抚养长大，而不是以离婚收场。

4. 从"老年人对子女的态度"的角度分析

我国大多数老年人对子女的态度是子女必须听从自己的话，他们中的很多人都重男轻女。这主要是因为宗法社会是父系家长制社会，父亲在家中居统治地位，实行"一言堂"[5]，且按血缘关系的身份等级划分，父母的等级在子女之上，因此大多数父母认为子女必须听从他们，并且由于自古以来女性的地位就不如男性以及老年人较重的"养儿防老"观念与"传宗接代"观念，因此很多老年人都重男轻女，甚至对孙辈也重男轻女。

例如，据人民法院12月2日报道，在2015年11月，江苏南通有一名奶奶因为重男轻女杀死了出生仅4天的孙女[39]。在这个事件中，这名奶奶之所以杀死自己的孙女主要是因为她觉得孙子才能给家里传宗接代，认为如果没有这个孙女，那么儿媳就还能继续生，直到生出孙子为止。

总之，对于我国大多数70岁、80岁以上老年人来说，他们会因为血缘关系的身份等级，要求子女必须事事听从自己；会因为他们较重的"养儿防老"与"传宗接代"观念，对子女及后辈重男轻女。对于我国大多数60岁以上的老年人来说，他们比较不会因为血缘关系的身份等级而要求子女必须事事听从自己，因为随着思想解放浪潮的席卷，人们的人生观、价值观都在发生重大的变化[40]，以及随着社会主义核心价值观的弘扬，他们比较能接受人人平等的思想观点，比较能接受一些事情由子女自己做决定，也比较不会重男轻女，他们的"养儿防老"观念与"传宗接代观念"逐渐在淡化。

5. 从"老年人的安全感来源"的角度分析

Hofstede认为在权力距离大的社会中，儿童是老年人安全感的来源之一[4]，也就是说，子女是父母安全感的来源之一。这点在中国也同样是如此，因为中国古代的宗法制度是一种以血缘关系为基础，尊崇共同祖先以维系亲情，并且由此区分尊卑长幼，确定继承秩序以及家族成员各自的权利和义务的法则与制度[5]。在宗法制度下，父母养育了子女，子女就应该照顾父母的晚年，子女是父母晚年生活安全感的来源之一。

虽然现在中国已经没有宗法制度了，但是从血缘关系的身份等级与孝道来说，子女都有义务赡养父母，孝敬父母、赡养老年人是我们每个人都应该有的中华传统美德，并且，中国的法律也明确规定子女应该赡养父母。

对于我国大多数70岁、80岁以上的老年人来说，他们的安全感主要来源子女，因为他们中的很多人退休金或养老保险很少，所以子女们对他们的赡养很重要，子女们对他们的照顾是他们主要的安全感来源。但对于我国大多数60岁以上的老年人来说，子女只是他们安全感的来源之一，因为他们中的很多人退休金或养老保险较多，即使子女没有经济能力赡养他们，他们也能依靠退休金或养老保险度过自己的晚年。

（二）学校中的表现

1. 从"老师是课堂的主导者"的角度分析

在大学里，老师是课堂的主导者，课堂上的大多数时间是教师在讲解，学生往往只是被动地听讲，教师"一言堂"的现象比较普遍[13]，这主要是因为老师的地位比较高，就如荀子说过的"天地者，生之本也；先祖者，类之本也；君师者，治之本也（《荀子·礼论》）"，他将老师的地位与天、地、先祖、君相提并论，由此可见在儒家文化圈里老师的地位肯定比学生高，因此课堂上由地位比较高的老师

为主导者，引导着学生们学习。

对大多数老年大学里60岁、70岁及80岁以上的老年人来说，虽然年龄使他们的社会等级在年轻人之上，年轻人应尊敬他们，但在教学中，由于老师的地位要比学生高，且"尊师重道"是中国的传统美德，因此课堂上还是以老师为主导，老师的说话权比学生的说话权高。例如，老年大学里的老师在授课时，授课的内容都是由老师决定的，并且采用哪种的授课方式也是由老师决定的。老师有权决定教学的目标、教学的进度及其他教学方面上的问题。

2. 从"老年人依赖老师"的角度分析

目前，中国老年大学的主要教学方式是"讲授接受式"和"示范模仿式"，这两种教学方法都对老师的依赖性很大，也就是说，如果没有老师，教学就很难进行，而对老师的依赖性大就意味着老师与学生之间地位是不平等的，因为只有老师的学识在学生之上，老师才能够教给学生很多知识，学生才会对老师产生依赖性。

对于大多数60岁、70岁及80岁以上的老年人来说，虽然他们也可以通过其他的方式进行学习，但是这些方式都不如老师的亲身教学效果好，因为老师的亲身教学

能根据他们实际的学习情况为他们指出不足的地方及其改进方法。

总之，大多数老年人在老年大学里都能从老师那学到很多新知识，能在老师的教学与指导中提高自己的能力，老年人在课堂上比较依赖老师。

3. 从"老年人不会质疑老师的权威"的角度分析

在权力距离大的文化的学校里，大多数学生都不会在课堂上质疑老师的权威，比如质疑老师所讲内容的正确性，首先主要是因为老师的地位比学生高，使得他们不敢当面质疑老师的权威；其次是因为忠君顺上的价值取向导致人们严重的服从性格，迷信权威[5]，大多数学生认为老师讲的都是正确的，因此学生一般不会去质疑老师的权威，更不敢挑战老师的权威。

对于老年大学里60岁、70岁及80岁以上的老年人们来说，虽然他们由于年龄大，比年轻的学生拥有更高的社会地位，虽然他们比有些老师人生阅历丰富，但是他们一样不会去质疑老师的权威，因为他们的学生身份比老师的地位低，在儒家文化里，地位低的人不敢去质疑地位高的人，因为地位高的人拥有的权利更大。

例如，老年大学的教师在上课时，

大多数老年人不会轻易打断老师的教学，就算他们发现老师在教学过程中说错了什么，他们也不会当场立即打断老师的教学，挑战老师的权威，而是课后找到老师，委婉地指出老师的错误。

4. 从"老师优秀程度决定学生学习质量"的角度分析

在权力距离大的文化里，老师的优秀程度能决定学生的学习质量，这主要是因为老师与学生地位的不平等，使得学生对老师的依赖性大。好的老师能教给学生很多知识，懂得如何选用适合学生的教学方法以提高学生的教学质量。反之，如果一个老师只懂得把书上的知识生搬硬套教给学生，那么他的大多数学生是学不好这些知识的，因为老师的作用主要是引导学生学习并给学生扩展知识面，把知识融会贯通在实际运用中，让学生学有所得，直接的生搬硬套将导致具有依赖性的学生得不到什么学习效果。

同样的，对老年大学里60岁、70岁及80岁以上的老年人来说，老师的优秀程度也决定了老年人的学习质量。例如，老师在教老年人跳舞时，如果按照教非老年人跳舞的步骤教老年人，不考虑老年人的实际情况，那么可能基本上没有几个人能学好，因为老年人的记忆与身体素质跟非老年人是不一样的，老师应该因材施教，根据大家的总体实际情况教学，好的老师才能引导学生学得更好。

（三）社会中的表现

1.从"老年人的社会地位"的角度分析

在中国，自古以来老年人的社会地位高。这主要是因为中国古代的生产方式落后，社会知识量的增长缓慢，老年人的经验和技术对整个社会来说是一笔巨大的财富。在这样的历史文化背景下，他们有着举足轻重的作用，具有绝对权威[41]；其次是因为中国古代封建社会在政治上肯定会维护家长制及老年人的社会价值与社会地位。比如说，统治者把孝亲与忠君结合起来，那么他必然要肯定和维护家长制和老年人的地位，并且宗法制度也起到了确立和维护老年人社会价值与社会地位的效应[42]，因此老年人自古以来社会地位高。

目前，我国大多数60岁、70岁及80岁以上的老年人的社会地位虽然仍然较高，却较之从前有所下降。首先主要是因为在宗法制度灭亡后，随着经济的发展和社会的变迁，我国的封建家长制度退出了历史舞台，使得老年人的社会地位不如以

前高；其次是因为现在越来越多的子女与父母分开居住，很多重要的事情和日常家务事都由子女自己做主，他们不再事事请父母决策，因此父母对子女的影响不如以前深，可以说，他们的地位有所下降。例如，以前人们常说"家有一老如有一宝"，想表达的是老年人丰富的社会经验和生活阅历是很宝贵的，它能给后辈带来很多帮助。但现在，随着科学技术的发展，老年人积累的知识和经验很多都不再适用于现在的社会，他们的生活阅历也不能给后辈提供借鉴，因此他们的社会地位被影响了，不再像以前那样高。

2.从"社会对老年人的仁慈在道德规范之上"的角度分析

虽然中国是法治国家，但在不违法的情况下，社会对所有年龄段的老年人的仁慈在道德规范之上。例如，近年来，"暴走团"在国内大中城市持续走热，成为一种常见的集体活动形式，但'暴走团'里的老年人占用机动车道甚至破坏交通秩序的事屡屡发生。在这样的情况下，青岛交警为"暴走团"禁止车辆通行[43]。在这件事里，暴走团违反交通规则，应按照规定对他们进行批评与教育，但令人惊讶的是青岛交警竟为了暴走团的老年人禁止车

辆通行，这主要是因为交警顾及他们是老年人，顾及他们的安危及他们的社会地位才做出禁止车辆通行这样不合规定的事。

三、对不确定因素的回避程度

（一）家庭中的表现

1. 从"老年人与子女代沟大"的角度分析

在中国，大多数老年人与子女的代沟大，这主要是因为他们对不确定因素的回避程度大，他们不愿意子女尝试一些新事物或他们没有经历过的事，并且思想上也与子女有所冲突从而产生代沟。例如，中国有个成语叫"子承父业"，指的是父亲是从事什么职业，则儿子也从事这个职业，儿子继承父亲的事业。在古代，中国有很多手艺人或是农民的子子孙孙都是子承父业，安安稳稳地过着生活。但是在中国的今天，很多过去的手艺已无用武之处，于是人们开始换职业，但有的手艺人家里长辈不同意，于是就产生冲突，然后慢慢形成代沟。另外，随着经济的发展，人们身边出现很多新事物，年轻人愿意去接触这些新事物，愿意去尝试，但老年人不乐意子女去接触这些新事物，担心有风险，这也使得双方之间的矛盾越来越深，

代沟越来越大。

再例如，老年人习惯长衣长裤的穿着，当看到晚辈穿一些新潮但他们无法接受的衣物，如破洞牛仔裤时，他们可能会斥责或禁止晚辈穿这样太新潮的衣物。相较于70岁及80岁以上的老年人，大多数60岁以上的老年人与子女间的代沟比较小，这主要是因为他们更能接受不常见的新事物。

2. 从"子女必须遵守规则"的角度分析

在中国，大多数老年人认为子女必须遵守规则，这主要是因为儒家思想的核心之一是"秩序"。孔子提出"君君臣臣父父子子"，他认为如果每个人清楚自己在社会中的位置和角色，并按照相应的规则行事，社会就是一个和谐安宁的社会[13]，也就是说，遵守规则能促进社会的和谐；其次是因为自古以来，人们就循规蹈矩，生活在各种规则的条条框框之下，遵守规则可避免一些不必要的风险。例如，古人云："食不言饭不语"，认为就餐时不说话可以避免在就餐过程出现一些意外情况。但这一点在现代中国社会中已经不适用了，因为现在人们喜欢在饭桌上聊天，通过聊天增进彼此感情。很多老年人对此看不惯，因为他们觉得边说话边吃饭容易

噎到，且不利于食物的消化。

3. 从"老年人满足现状"的角度分析

在中国，大多数老年人满足现状，首先主要是因为在中国古代的农业社会里，由于农业对自然的依赖，一旦遇上自然灾害，农业生产就会遭受致命打击，久而久之就养成了中国人乐天知命的性格。反映到现实生活中，则多取向知足常乐，过淡泊宁静的生活[5]，这使得各个年龄段的大多数老年人都满足现状。另外，乡土观念、乡亲观念在一定程度上限制了人们交往的范围。浓郁的乡土、乡亲观念，使人们习惯于接受熟悉的事物：见老面孔倍感熟悉，听乡音倍感亲切，走老路倍感安全，而往往拒绝陌生的事物。同时"聚族而居"的定居生活，使人们安于现状[7]。

例如，刘吉通过调查研究发现，我国高达86.19%的老年人对生活感到满意[44]，从数据可以看出我国大部分老年人对现在的生活状况充满满足感。

再例如，路明、张耀华等人采用自行设计的老年人生活满意调查表对上海市安亭镇60岁以上的居民做了随机抽样调查，调查数据显示该地区老年人生活满意度为86.98%[45]，这些数据充分说明该地区的大部分老年人都生活舒适并且满足于现状。

4. 从"老年人认为不同是危险"的角度分析

在中国，大多数老年人认为和自己熟悉的、已经存在的事物不同的新事物是让人感到焦虑和担心的，这其中的原因主要有两点。首先，由于从原始社会时期开始，我国就进入了漫长的农业生产的历史进程，在种植业和定居生活所具有的稳定性和群体性等特性的作用下，决定了每个人在这个社会中，是不可能孤立存在的，人与人之间必须是一种相需共存的关系。所以我国的传统社会观念及道德，就突出强调整体性的原则。整体性原则在中国的传统文化中，也有具体的表现，即共性特性和原则。如儒家学说和古代的哲学思想，就不提倡突出个性，而视共性为一条基本原则。正因如此，在中国历史上，对人的培养也不会允许突出个性[7]，因此大多数老年人受传统思想的影响，认为在社会中我们应该求同，不同让人焦虑和担心，或导致危险。

其次是因为"中庸"之道是一种理想道德观念，它认为合理的道德行为和品德，合理的法律和法规都要适中，恰到好处，不能偏向一面，不能走极端，不能打破人与自然相互依存的关系[5]，它与老年人认为不同是危险的观点不谋而合，也就是要保持跟大家一致。例如"枪打出头鸟"指的是做人不要太过显露。再例如"树大招风"这个词的意思也差不多是如此。

5. 从"父母对子女对他人称呼的严格要求"的角度分析

在中国，大多数老年人对子女对他人的称呼有着严格的要求，这主要是因为称呼他人是一种重要的社交礼仪。称呼用语即称谓语。称谓具有重要的社交功能，它是称呼者对被称呼者的身份、地位、角色和相互关系的认定，起着保持和加强各种人际关系的作用。中国人特别重视亲属的称谓，辈分、性别指代清楚，本家族成员与外姓亲戚从称谓上就可以区分得一清二楚。中国传统的称谓，既表现出家族式生活的特点，也反映了中国传统的文化和伦理道德，如长幼有序、尊卑、亲疏等[7]，也就是说，在中国，人们可以根据称谓判断出人与人之间的亲疏关系，例如"姨母"是对母亲的姐妹的称呼，而"姑姑"则是对父亲的姐妹的称呼，二者不可乱用，因此我国大

多数老年人都严格要求子女对他人的称呼，以免造成对被称呼者身份、地位、角色和相互关系的错误认定。

其次是因为对他人称呼的错误使用可能会使被称呼者不开心，从而容易得罪人。例如，将属于远亲的称呼误用于近亲身上，可能会让近亲觉得你不懂礼貌，让其觉得尴尬，因此我国各个年龄段的老年人都对子女在对他人的称呼上严格要求。

（二）学校中的表现

1. 从"老年人自信心低"的角度分析

在中国的老年大学里，大多数老年人的自信心低。这主要是因为中国人非常重视自己的面子，特别在意自己在公众中的形象，在意舆论的评价和周围人对自己的看法[13]，这使得他们不够自信，不敢参加一些比赛，也不敢在一些集体活动中表现突出，害怕表现不好，害怕丢脸。

另外，在中国教育传统中，教师被认为是传道、授业和解惑者，往往被塑造成学生顶礼膜拜、不可平视的对象。在这种师道尊严的文化氛围里，学生的批判性和独特性、自尊心和自制力逐渐被销蚀，他们变得卑微、盲从、胆怯[7]。

例如，2017年武汉共有各级各类老年大学、老年学校1 500余所，在校学员达

22万多人[46]，但在由武汉市老年协会、长江日报退休者学堂联合举办的"2017年武汉地区老年大学摄影大赛"中，只有近500人报名参赛[47]，参赛率极低，从中我们可以发现大部分老年人不敢参与到比赛中，因为他们对自己不够自信，害怕比赛中无法取得名次。

2. 从"老年人受到的教育模式固定"的角度分析

在中国的老年大学里，老年人受到的教育模式固定，这主要是因为"中国历史文化"求久""拒变"的特性压制了国人的独立性和创造性，反映在教育上，就是经世济用的教育观和学术价值观[7]，这使得老师在教学时所采用的教学模式比较固定，不具灵活性。

另外，中国传统一向强调求同性，这种求同的群体文化意识内在地决定了中国教育天然排斥多样性，注重同一性，即教学内容相同、教学方法相同、教学进度相同、教学评价机制相同[7]。例如，目前，老年大学的老师在教学过程中采用最多的教学方式是"讲授接受式"和"示范模仿式"，这使得老年人获取知识的主要方法是上课认真听讲，记住教师讲授的要点或模仿教师做出的示范，教师按照自己的教学安排进行授课，不会因为个别学生而调整自己的教学安排。

在教育部强调高等教育创新的大背景下，老年大学的教育模式会不会也跟着有所创新呢？也许会的，不过老年人的文化价值观都固定了，他们会接受新的教学模式吗？这值得进一步探讨。

3. 从"老年人对他人观点的态度"的角度分析

在老年大学里，大多数老年人不会对老师或同学的观点表达不同的意见，这主要是因为来自集体主义文化的学生更希望'融入'课堂环境中，不希望大家将注意力放在自己身上，且受面子观念的影响，有的同学担心自己在课堂上说错了会在别人面前丢面子，而反驳别人的观点也会伤害别人的面子，因此较少对老师和同学的观点直接表达不同意见[13]。

例如，在书法课上，当老师对老年人的作品做出点评后，大多数学生都赞同老师的点评，极少有学生会反驳老师的点评，因为他们害怕伤害老师的面子，也害怕自己说的不对使自己丢脸，为了避免此类的情况出现，大多数各年龄阶层的老年人不会对老师或同学的观点表达不同意见。

（三）社会中的表现

1. 从"老年人对职业的忠诚度"的角度分析

在中国，大多数老年人在当年工作时对职业的忠诚度高，这主要是因为居安思危的思维使得人们在考虑、审视问题时，不是拘泥于眼前，而是着眼全局和长远利益[7]，使得他们不敢轻易换工作，怕未来的工作不如现在的好与稳定。即使他们在这个行业里攒够了经验，他们也不敢跳槽到另一个待遇更好的地方，因为他们害怕接触不熟悉的人或者害怕发生不如意的事。

另外，中国古代早期的农业生产需要有稳定的社会秩序和生活环境，以保证各种生产劳动不误农时，由此形成了"稳定"的社会意识，以及"求稳"的社会心态[7]，这使得老年人当年一旦有了一份安稳的工作，他们就不会想着换工作的事，很多老年人一辈子就从事了一份工作。这对我国各个年龄段的老年人来说都是如此，他们不喜欢冒险换工作，他们对职业的忠诚度高，他们也会这样教育他们的子女和孙辈，然而喜欢挑战和创新的年轻一代却无法理解这样的观点。

例如，上海浦东新场镇老街铁店的陈师傅，他从17岁开始跟人学敲铅皮，后来下岗后自己做，做这个手艺50多年了[48]，像陈师傅此类的手艺人在中国还有很多，他们都是一辈子就从事一个行业，然而，现在他们想找个接班人却很难。

2. 从"老年人相信经验"的角度分析

在中国，大多数老年人相信他们自己的经验，这主要是因为在中国人看来，年长意味着智慧和经验[7]，例如，俗话说"不听老人言，吃亏在眼前"，之所以有这么一句话是因为人认为老年人们经过的事多，走过的路多，接受过的历练多，对这个世界的认识也就比较深刻，他们告诉年轻人的事值得年轻人去领会。

但是现在一味地相信经验是不行的，因为时代在变，环境在变。例如，以前人们可以根据节气判断什么时候该播种和收割，但是近年来，受温室气体影响，全球在变暖，温度的变化越来越不一样，如果只凭人们以前的经验，不考虑实际的天气气候会导致粮食减产。但大多数老年人还是相信他们自己的经验，因为他们认为自己的经验是自己亲身体验过的，没有风险存在，可以相信，而年轻人说得可能有风险存在，他们宁愿相信自己的经验也不相信年轻人说的，不愿去冒这个风险，有时，代沟就是这样形成的。

3. 从"老年人抵制创新"的角度分析

在中国，大多数老年人是守旧的，他们不喜欢创新，甚至会抵制创新，这主要是因为长期"聚族而居"的生活方式，对中华民族素质的影响，是十分深刻的。由于自保自护、自给自足，家族与外界处于隔绝的状态，因此具有极强的封闭性和排外性[7]，这使得很多老年人难以接受一些创新性的事物，他们不愿意改变自己身边熟悉的一些事物。

另外，由于浓郁的乡土、乡亲观念，使得人们习惯于接受熟悉的事物[7]，很多老年人之所以抵制创新是因为他们认为创新必定会改变一些东西，而新东西谁也不知道是好还是坏，但如果不创新，那么现在的状况就不会改变，就不用担心未来的生活会被影响，也不用冒着风险去尝试新东西，因此他们会抵制创新，觉得一切照旧就好，没有必要冒风险去尝试新东西。在这点上，我国大多数80岁以上的老年人感受最深，因为他们相较于其他两个年龄段的老年人来说，思想比较守旧，接触的新事物少；而大多数60岁以上的老年人则感受最浅，这主要是因为他们接受过更多的教育，接触的新事物较多，比较能接受创新。

例如余秋雨在"世界背景下的中国文化"的专题演讲中提到中国人不喜欢创新，他们过于重视过去，在收集、整理、校订过去文化成果的同时，别的国家已经在不断地进行科技、文化创新。很好的一个例子就是乾隆时期人们花了9年时间修订《四库全书》，全在整理、修订。而同时期的9年，资本主义国家却突飞猛进，水分子被分解、第一根铁轨建成、美国科学院成立等[49]，现在中国在各方面都提倡创新，很多年轻人也朝着这方面努力，就是因为他们头脑中传统的条条框框比老年人少得多。

4. 从"老年人对人口的焦虑程度高"的角度分析

Hofstede认为在对不确定因素回避程度高的国家里，人们对人口的焦虑程度高[4]。在中国，人们自古十分重视生育，认为多子多福，这主要是因为多一个人口就意味着多一个劳动力，这在古代农业社会中具有极其重要的意义；其次是因为中国古代十分重视家族的传承，人口的增加有利于家族的繁衍与传承。

在当今的中国，人们对人口的焦虑程

度仍旧高，尤其是老年人，这主要是因为现在越来越多的年轻人晚婚晚育，且很多人因为工作或其他原因只能生一个孩子，这使得老年人对人口的焦虑程度较高。例如，据民政部的数据，2016年各级民政部门和婚姻登记机构共依法办理结婚登记1 142.8万对，比上年下降6.7%。此外，2013—2016年，中国的结婚率连年下降，从2013年的9.92‰下降到2016年的8.3‰[50]，结婚率的下降不利于人口的出生，这使得有着"传宗接代"观念的老年人对人口的焦虑程度比年轻人与中年人高，且年龄越大的老年人其"传宗接代"观念越深，他们对人口的焦虑程度也越高，也就是说，80岁以上的老年人对人口的焦虑程度最高，而60岁以上的老年人则相对较低。

再例如，中国在2017年实行"全面二孩"政策后，据国家统计局人口和就业司司长李希如介绍，2017年全年，二孩数量进一步上升至883万人，比2016年增加了162万人[51]，二孩数量的明显增加也有老年人的功劳，因为很多老年人都积极催促晚辈响应国家的"全面二孩"政策。

四、男性主义倾向与女性主义倾向

（一）家庭中的表现

1. 从"儿童社会化明显性别不同"的角度分析

Hofstede认为在男性主义倾向的国家里，儿童社会化明显性别不同[4]，例如在中国，人们从孩子小时就根据性别来教育孩子，他们认为如果是女孩就应该给她灌输什么是女孩应该做的，女孩应该是怎样的性格等一些涉及生活方方面面的事物。同样的，如果是男孩就应该给他灌输什么是男孩应该做的，男孩应该是怎样的性格等一些涉及生活方方面面的事物。

除此之外，在中国，人们认为男性要承担养家糊口的责任，而女性则应成为贤妻良母，在家相夫教子，这种观念自古以来就有。目前，我国大部分的老年人从小就被这么教育，他们也是这么教育下一代的。例如老年人在给晚辈买礼物时，给男性晚辈送的大多是汽车模型、手枪模型等一些人们认为适合男孩玩的玩具，而给女性晚辈送的大多是芭比娃娃、玩偶等一些人们认为适合女孩玩的玩具，老年人在带孙辈时，会从生活的各方面对儿童进行社会化的性别不同的教育。例如，女孩可以哭，而男孩则不能哭，因为他们认为男儿有泪不轻弹；男孩可以打架，因为他们认为这是男子汉的体现，而女孩则不可以，因为他们认为女孩要文雅，不能动手。

2. 从"老年人传统家庭观念"的角度分析

在传统家庭观念方面，大多数中国老年人认为女性应负责家庭事务，男性应负责养家，这主要是因为在传统的中国婚姻中，夫妻关系是丈夫处于主导地位，而妻子处于从属地位。有"男主外、女主内"的分工。丈夫是一家之主，是全家的顶梁柱，承担着家庭生活的主要经济责任；妻子的任务是管理家务，侍奉公婆，相夫教子[7]。例如《易·家人·彖》云："家人，女正位乎内，男正位乎外，男女正，天地之大仪也"。其次是因为自古女性的地位低，在宗法社会中，人们把女性看作是自己的私有"物品"，他们不允许女性在外抛头露面，认为女性的职责就是管好家，这使得很多老年人的家庭观念仍然是"男主外，女主内"。其中，我国大多数80岁与70岁以上的老年人此观念较深，这主要是因为他们的婚姻是传统中国婚姻，丈夫在夫妻关系中占主导地位，使得他

们比较认同"男主外，女主内"的传统家庭观念；至于我国大多数60岁以上的老年人，他们的传统家庭观念不如其他两个年龄段的老年人牢固，这主要是因为当中国改革和经济腾飞时，这个年龄段的老年人当时还年轻，更容易接受新思想，更容易接受女性地位的提升。

例如，2015年5月15日，中国老龄科学研究中心与社会科学文献出版社共同发布的《老龄蓝皮书：中国城乡老年人生活状况调查报告（2018）》指出，在老年就业人口中，性别差异不断缩小，1990年，男性老年人口的在业率是21.1%，女性老年人口的在业率是7.5%；到2015年，男性老年人口的在业率下降为16.5%，女性老年人口的在业率上升为10.4%[53]，但总体上男性老年人口的在业率还是比女性老年人口的高，数据表明大多数老年人的家庭观念仍是"男主外，女主内"，但年龄越大的观念越牢固。

3. 从"父母角色分工不同"的角度分析

男性文化强调严格的性别角色和分工[13]，例如在中国，一般子女有事需要帮忙的时候都是找父亲，而在情感方面有问题时则是找母亲诉说，这主要是因为大多数父亲在家庭中占主导地位，他们认为

自己是做大事的人，像情感这类的事物应由母亲帮助子女解决，他们没必要在这上面浪费时间。其次是因为在中国，自古父亲与母亲的角色分工就不同，父亲负责养家，母亲负责管家，即父亲将重心放在工作上，而母亲将重心放在家庭上。这点对于我国各年龄阶段的老年人来说，大多是如此，老年人的传统家庭观念影响了他们在家庭角色分工上的不同，他们自己在家庭里是这样分工的，他们也这样教育他们的子女。

4. 从"父亲决定家庭规模"的角度分析

在中国，一般家庭规模由父亲决定，即该家庭想要有几口人这件事由父亲决定，这主要是因为早在中国古代，女性的社会地位低，她们作为父系社会里传宗接代的"工具"无权参与决定想要生几个孩子这件事。对于我国大多数各年龄阶段的老年人来说，虽然建国后提倡男女平等，那时他们还年轻，但是很多人的传统观念在短时间内并不容易改变，很多家里还是丈夫在家中占主要地位，因此家庭规模仍由父亲决定。

对于我国大多数70岁与80岁以上的老年人来说，他们生育的子女相对于60岁以上的老年人多，这主要是因为70岁与80

岁以上的老年人的"传宗接代"观念深，使得他们希望家里多几个孩子，尤其是男孩子，以便家族的传承，例如，四川宜宾市的一位八旬老年人生育了10个子女，养活了7个[56]。而对于我国很大一部分60岁以上的老年人来说，他们生育的子女相对比较少，甚至是独生子女，这主要是因为中国在20世纪80年代初开始实施"一对夫妇一个孩子"的计划生育政策，以控制中国的总人口数，这使得很多中国家庭只有一个孩子，但仍有很多老年人生育了不止一个，因为他们仍持有"传宗接代"的观念。

5. 从"老年人相信父亲的个人决定"的角度分析

男性文化崇尚决断、自信等特质[13]，在中国家庭里，一般家里的重要决定都由父亲决定，家里的其他成员大多都相信父亲的个人决定，这主要是因为长期的"家长制""一言堂"，在家族内部形成了"一人做主，众人随和"的局面。对于绝大多数的成员来说，他们在家族中只能处于听命于家长、被支配、受摆布的境地。由此导致人们缺乏个人的主见，容易随波逐流，盲目从众，具有很强的依赖性[7]。对于我国大多数70岁与80岁以上的男性老年人来说，他们相信自己的个人决定，因为他们认为自己是一家之主，有权决定家庭中的大事，家里的其他人应听从他们的决定，至于我国大多数70岁与80岁以上的女性老年人来说，由于她们依赖丈夫，因此她们听从丈夫的个人决定；对于我国大多数60岁以上的老年人来说，他们相信自己的决定，女性老年人不再只是一味地听从丈夫的决定，这主要是因为她们当中工作的人数更多，社会地位相对于其他年龄段的女性老年人高，对丈夫的依赖性没有那么大，且由于建国后男女平等的思想到了她们年轻时，已经持续了很多年，她们在一定程度上比较自信，不再只是一味地听从丈夫的决定，也有自己的个人决定。

例如，对于我国大多数70岁及80岁以上的老年人来说，买房卖房都由男性老年人独自决定，女性老年人较少干涉他们的决定，但对于我国大多数60岁以上的老年人来说，买房卖房是家庭大事，女性老年人能参与其中，虽然最终做决定的也许不一定是她们，但是她们能与丈夫一起探讨此事。

（二）学校中的表现

1. 从"老年人选课不同"的角度分析

在老年大学里，大多数男性老年人与女性老年人的选课不同，一般选择像烹饪、跳舞、音乐、插花此类科目的大多是女性，而选择像书法、下棋、电脑、摄影此类科目的大多是男性。这主要是因为在中国，人们都潜意识地认为女性需要持家，所以选择插花或烹饪等很正常，而如果男性选择插花会让人觉得奇怪。

2. 从"老年人喜欢哪类的老师"的角度分析

在男性主义倾向文化的学校里，学生更崇拜威严而学识渊博的老师[13]，例如在中国的老年大学里，大多数老年人更喜欢学识渊博的老师，这主要是因为老年人对老师的依赖性大，他们指望从老师那多学习到一些东西，老师的学识越是渊博，他们越是能多学习到一些知识。

例如，滕州市老年大学书法班的教师孙井泉是一位深受学员爱戴的老师，这主要是因为孙井泉老师长期从事文化、历史、民俗研究，他总能将文、学、史、地、民俗融会贯通，由浅入深，让老年人不仅学会写字，还能知晓文字背后博大精深的文化[61]，孙井泉老师渊博的学识吸引了前来学习的老年人，使得这些老年人学习到了很多除书法以外的知识，得到了老年人对他的爱戴。

再例如，毕节市老年大学的一名老

师高君儒，他的一生投身教书育人事业。现在他每天没事的时候就在家看书、练习书法，他的家中堆满了各类书籍柜，除文学书籍外，史哲等其他各类书籍也应有尽有[62]，高君儒老师每天都在不断地提高自己的学识，因为他在老年大学里见到很多老年人对古文学的追求和喜爱，觉得深受感动，老年人对知识的渴求坚定了他"活到老学到老"的信念，希望自己能多教给老年学员一些知识。

（三）社会中的表现

1. 从"工作机会不平等"的角度分析

在中国，女性老年人的工作机会与男性老年人的工作机会不平等，这主要是因为早在中国古代农业社会，女性的劳动力就低于男性的劳动力，这使得人们倾向于让女性负责生活起居而不是出去劳作。其次是因为在宗法社会里，女性嫁人后被视为男性的所有物，她们几乎不出门，负责照顾家庭，相夫教子，这使得很多老年人从其年轻时开始就不赞同女性出来工作，认为她们只要把家庭照顾好就可以。

对于我国大多数70岁与80岁以上的老年人来说，女性的工作机会比男性少很多，因为改革开放之前，受限于当时的经济发展水平，社会中大多数的工作还是偏重于体力工作，不利于女性参加工作。但对于我国大多数60岁以上的老年人来说，由于经济的发展与女性社会地位的不断提高，女性的工作机会有所增加，虽然还是比男性少。即使到了今天，女性的工作机会仍与男性不平等。例如，一项中国妇女地位抽样调查数据显示，从事纯农业劳动的农村妇女比例为82.1%，比男性高17.4%，而从事非农业生产经营活动的男性为35.3%，比女性高近一倍[63]，由此可见女性与男性的工作机会仍然不够平等。

2. 从"幼教应是女性"的角度分析

在男性主义倾向的国家里，大多数女性从事传统上女性较多的职业如教师、护士、文员等[13]，在中国幼教基本上都是女性老师。对于我国大多数各年龄阶段老年人来说，幼教就是属于女性的工作，男性不适合从事该职业，因为他们认为幼教的社会地位并不高，像要照顾孩子这样的职业不适合男性，男性应从事社会地位高的职业，男性来从事幼教是大材小用，且幼教不能满足男性在工作方面的野心。中国的男性老年在其年轻时几乎没有从事幼教工作的。

直到近些年来，才偶尔在经济更发达

的南方出现了男性幼教老师，这体现了年轻一代在这个问题上与老年人的不同，当然，这样的年轻人也是少数，比如江苏幼儿园男女老师性别比达1∶99，男幼师的比例只有国外的十分之一[64]。再例如，据中山市教育局2011年统计数据显示，全市幼儿园共有423家，专业教师6 000多人，但男幼教只有近20人，男女比例约为1∶300[65]。即使是这样稀缺的男幼师，他们一些人的长辈还是对其从事这样的职业持反对或保留态度。

3. 从"担任高级管理职务的女性比例"的角度分析

在男性主义倾向国家里，女性在社会上担任高级职位的比例很低[13]。对于我国大多数女性老年人来说，她们担任高级管理职务的比例是极低的。这首先是因为在建国初期，女性接受高等教育的人数比男性少。其次是因为在改革开放之前，很多女性都没有要外出打工的意图，因为她们要照顾家庭和孩子。

我国大多数70岁及80岁以上的女性老年人当年从事的职业大都是农民、工人、服务员等此类的低岗位工作，较少有女性担任高级管理职务，因为这些老年人没有学历，且她们还要把大部分时间与精力花在家庭上。相对于其他两个年龄阶段的女性老年人，60岁以上的女性老年人相对好些，有较多的女性老年人担任高级管理职务，但从整体上看，其比例还是很低。随着国家经济的崛起与改革开放进一步向纵深发展，越来越多的女性由于有了更多的机会，以及接受了更好的教育，走上了领导岗位，实现了她们的前辈的梦想。

第四节　结　语

本章基于Hofstede的四个文化维度：集体主义与个体主义、权力距离、对不确定性的回避程度，以及男性主义倾向与女性主义倾向，分别详细地从家庭、学校及社会这三大方面对中国老年人文化价值观进行分析研究。从研究中可以看到，中国老年人共文化群体受中国传统文化影响最深，因此他们的文化价值观深深地打下了中国传统文化的烙印，显得与中国非老年人，尤其是年轻人的文化价值观有些格格不入。

参 考 文 献

［1］贾然然. 当代中西方核心价值观差异分析［D］. 石家庄：河北师范大学，2012.

［2］欧阳军喜，崔春雪. 中国传统文化与社会主义核心价值观的培育［J］. 山东社会科学，2013（03）：11–15.

［3］赵玉华. 中国传统文化及其价值观的总体特征解析［J］. 山东大学学报（哲学社会科学版），2000（01）：61–66.

［4］霍夫斯坦德. 文化之重：价值、行为、体制和组织间的跨国比较［M］. 上海：上海外语教育出版社，2008.

［5］陈晓龙. 中国传统文化概论［M］. 西安：陕西师范大学出版总社有限总公司，2014.

［6］颜吾芟. 中国历史文化概论［M］. 北京：清华大学出版社，2006.

［7］李军，朱筱新. 中西文化比较［M］. 北京：中国人民大学出版社，2009.

［8］八成老年人嫌不自由不喜欢与子女同住［N］. 生活日报，2015–08–16（15）.

［9］张德元，李静. "养儿防老"及其检验：基于安徽的经验研究［J］. 宿州学院学报，2013（10）：1–5.

［10］王一笑. 老年人"养儿防老"观念的影响因素分析：基于中国老年社会追踪调查数据［J］. 调研世界，2017（01）：11–17.

［11］祖新梅. 跨文化交际［M］. 北京：外语教学与研究出版社，2015.

［12］张仙桥，李德滨. 中国老年人社会学［M］. 北京：社会科学文献出版社，2011.

［13］北京大学中国社会科学调查中心. 中国报告 2009·民生［M］. 北京：北京大学出版社，2009.

［14］鲁迅. 我们现在怎样做父亲［J］. 新青年月刊，1919（11）：6.

［15］周易.“中国式”父母过度干涉子女［EB/OL］.（2012-12-11）［2018-05-16］.
http：//www. dzwww. com/xinwen/shehuixinwen/201212/t20121211_7780792. htm

［16］身为哥哥姐姐，应不应该供养弟弟妹妹［EB/OL］.（2018-08-22）［2018-12-10］. https：//baijiahao. baidu. com/s?id=1609480774839466521&wfr=spider&for=pc

［17］6旬老太砍死偷钱的孙女［EB/OL］.（2010-05-05）［2018-12-11］. http：//news. sina. com. cn/c/2010-05-05/051717462658s. shtml

［18］多些如果，也许不会有后来的张显光［EB/OL］.（2006-08-15）［2018-12-11］. http：//news. sina. com. cn/o/2006-08-15/04409748852s. shtml.

［19］大雾. 老年人爱好大调查和数据分析［EB/OL］.（2015-06-15）［2018-12-12］. http：//www. 360doc. com/content/15/0615/21/20625683_478368874. shtml.

［20］孙鹃娟. 中国老年人的婚姻状况与变化趋势：基于第六次人口普查数据的分析［J］. 人口学刊，2015，37（04）：77-85.

［22］岳瑛. 分析当前老年学员的学习特点，尝试改进老年大学的教学方法［EB/OL］.（2016-11-16）［2018-05-16］. http：//www. caua1988. com/nzcms_show_news. asp?id=6131.

［23］段留芳. 我国目前有700多万老年人正就读老年大学［EB/OL］.（2017-10-10）［2018-05-16］. http：//www. china. com. cn/education/2017-10/10/content_41709311. htm.

［24］阳湖网. 老年大学：为何对你爱不够［EB/OL］.（2015-10-10）［2018-05-16］. http：//www. wjyanghu. com/yhw/hotspot/shlx/2015-10-10/956. html.

［25］晏菲. 老年大学这样上课［N］. 彭城晚报. 2017-2-27（B02）.

［26］张航空. 中国老年人口受教育水平现状及其变动［J］. 中国老年学杂志，2016，36（05）：1215-1216.

［27］开创中国特色老年教育发展新格局［EB/OL］.（2016-10-25）［2018-05-16］. http：//www. moe. edu. cn/jyb_xwfb/s271/201610/t20161024_286100. html.

［28］董柳. 高院一锤定音旧楼加装电梯少数服从多数［EB/OL］.（2015-10-14）［2018-05-16］. http：//news. 163. com/15/1014/14/B5T4JP8400014AED. html.

［29］文化下乡演出惠民［EB/OL］.（2017-09-04）［2018-05-16］. http：//news. youth. cn/jsxw/201709/t20170904_10644197. htm.

［30］李海球. 云南省28.9万人参加公务员笔试，创报考人数新记录［EB/OL］.（2018-04-24）［2018-05-6］. http：//society. yunnan. cn/html/2018-04/24/content_5176465. htm.

［31］刘文文，吴连勇. 勤俭文化认同的德育路向［J］. 唐山师范学院学报，2015，37（03）：128-130.

［32］6旬老年人山里捡垃圾6年，成功攒钱给两儿子娶媳妇［EB/OL］.（2017-09-10）［2018-5-16］. http：//sh. qihoo. com/pc/detail?check=bb16bd6665d87ef8&sign=360_e39369d1&url=http：//zm. news. so. com/a7d2fbc3fc15e8cfdbb22c296290310f.

［33］本报记者明晨和老年人一起卖红薯：攒钱给小孙女治病［EB/OL］.（2015-03-28）［2018-5-16］. http：//www. ahwang. cn/hefei/20150328/1416268. shtml.

［34］许炎辉，方乐. 明珠社区：社区老年志愿者的故事［EB/OL］.（2013-08-05）［2018-5-16］. http：//www. jdnews. com. cn/jdpd/sq/content/2013-08/05/content_5348238. htm.

［35］最美孝星龙湾朱道森，孝顺得先顺从父母［EB/OL］.（2015-11-16）［2018-5-16］. http：//www. lwnews. net/system/2015/11/16/012188579. shtml.

［36］孟祥菊. 秦海璐：顺从父母意愿，体现父母价值［EB/OL］.（2011-01-24）［2018-5-16］. http：//tv. sohu. com/20110124/n279058935. shtml.

［37］老年人拾荒为孙女报补习班，10年仅买3身衣服［EB/OL］. 2018-03-29. http：//gongyi. ifeng. com/a/20180329/44923509_0. shtml#p=1.

［38］身边有多少夫妻是因为一方不能生孩子离婚的［EB/OL］.（2015-10-25）［2018-5-16］. http：//bbs. tianya. cn/post-1095-145695-1. shtml.

［39］江苏南通奶奶重男轻女杀死出生仅4天孙女，被判10年［EB/OL］.（2015-12-02）［2018-5-16］. http：//news. china. com. cn/2016-12/02/content_39837802. htm.

［40］许明. 当代中国的文化发展［M］. 北京：中国大百科全书出版社，2008.4.

［41］王德军. 老年人的社会地位、作用与老有所为［J］. 胜利油田师范专科学校学

报，2003（02）：67-68.

［42］臧秀娟. 老年人地位变迁的社会学思考［J］. 江苏经贸职业技术学院学报，2012
（02）：22-24.

［43］王煜. 青岛交警为"暴走团"让路卑职滥权，回应称合法［N］. 新京报，2017-
08-28. http：//news. xinhuanet. com/legal/2017-08/28/c_1121552452. htm.

［44］刘吉. 我国老年人生活满意度及其影响因素研究——基于2011年"中国健康与养
老追踪调查"（CHARLS）全国基线数据的分析［J］. 老龄科学研究，2015，3
（01）：69-78.

［45］路明，张耀华，龚岳良，等. 上海市安亭镇老人生活满意度现状及其关联因素
［J］. 职业与健康，2017，33（06）：777-779.

［46］2017年武汉地区老年大学摄影大赛正式启动［EB/OL］.（2017-12-05）［2018-
06-20］. http：//www. sohu. com/a/208614710_712476.

［47］今晚投票截止！武汉地区老年大学摄影大赛近500人报名、累计投票超
170万［EB/OL］.（2018-02-28）［2018-06-20］. http：//www. sohu. com/
a/224519118_712476.

［48］留住手艺：6位上海老手艺人的故事［EB/OL］.（2016-08-112018-06-20］.
https：//item. btime. com/37qt9v472ql8qvbbqmhcdrf3s62.

［49］余秋雨：中国人缺公德心，不喜欢创新［EB/OL］.（2009-06-17）［2018-06-
20］. http：//news. 163. com/09/0617/09/5C0JBPV60001124J. html.

［50］晚婚族越发庞大引发讨论，原来越来越多的人晚婚晚育真相在这里［EB/OL］.（2018-
01-11）［2018-06-20］. http：//news. e23. cn/guonei/2018-01-11/2018011100186. html.

［51］2017年中国出生人口和出生率双降，二孩数量首超一孩［EB/OL］.（2018-01-22）
［2018-06-20］. http：//money. 163. com/18/0122/00/D8NCCKK9002580S6. html.

［52］66. 7%福建人自嘲是屌丝，福州比上海还排外［EB/OL］.（2015-07-23）
［2018-06-20］. http：//fj. qq. com/a/20150723/054480. htm.

［53］子女"啃老"的城乡老年人口就业比例最高［EB/OL］.（2018-05-21）［2018-

06-20］. https：//www. pishu. cn/psgd/518174. shtml.

［54］王晓易. 近五成台湾女性婚后不再回职场［EB/OL］.（2017-05-27）［2018-06-16］. http：//news. 163. com/17/0527/07/CLE666SF00014AEE. html.

［55］父母课堂：初中生家庭教育七大误区，你中招了吗［EB/OL］.（2018-06-29）［2018-06-30］. http：//www. sohu. com/a/238506387_497708.

［56］罗敏. 8旬老年人育7子女却无人赡养，孙子替祖父母状告父亲［EB/OL］.（2018-04-18）［2018-06-30］. http：//news. 163. com/18/0418/08/DFLN9HCD0001875P. html.

［57］在老年大学里唱歌跳舞［EB/OL］.（2011-09-07）［2018-06-30］. http：//blog. sina. com. cn/s/blog_80d926160100uua6. html.

［58］老年大学交谊舞课男少女多［EB/OL］.（2006-05-25）［2018-06-30］. http：// news. sohu. com/20060525/n243399023. shtml.

［59］苏州市老年大学2017"中润杯"书法大赛颁奖典礼举行［EB/OL］.（2017-12-23）［2018-06-30］. https：//item. btime. com/41qoq0gprh8965rbormu0idakp8.

［60］西安老年大学举办第五届舞蹈大赛［EB/OL］.（2017-10-12）［2018-06-30］. http：//news. 163. com/17/1012/21/D0J1UULS00014AEE. html.

［61］滕州市老年大学教师孙井泉：倾心教学乐当学员良师益友［EB/OL］.（2015-6-3）［2018-06-30］. http：//zzllw. gov. cn/newsShow. asp?dataID=5028.

［62］"品读"岁月，"笑谈"人生：记毕节市老年大学老师高君儒［EB/OL］.（2017-03-08）［2018-06-30］. https：//www. toutiao. com/i6395034194845630978/

［63］社会性别视角下的农村家庭养老研究［EB/OL］.（2010-07-10）［2018-06-30］. http：// www. chinareform. org. cn/Economy/Agriculture/Forward/201007/t20100712_34940. htm.

［64］江苏幼儿园男女教师性别比达1：99需求缺口巨大［EB/OL］.（2012-04-21）［2018-06-30］. http：//blog. sina. com. cn/s/blog_5b15b10b0102dzfm. html.

［65］张力. 目前很多幼儿园里男女老师比例失调［EB/OL］.（2013-06-02）［2018-06-30］. http：//i. gaozhongwuli. com/resource/7420. html.

［66］探析城镇老年人收入年龄差异与性别差异［EB/OL］.（2018-02-13）［2018-06-30］. http：//www. women. org. cn/art/2018/2/13/art_25_154410. html.

第四章
中国老年人共文化群体的交际特点

第一节　引　言

世界上绝大多数文化都是在与其他文化相互交流、相互促进、相互碰撞之中发展壮大起来的。文化内部不同群体之间，特别是优势群体与弱势群体之间的互动关系，不仅影响到文化类型和模式的形成与发展，还关系到整个社会的稳定乃至人类的生存与发展。共文化（co-culture）理论就是在这样的背景下针对跨群体的跨文化交际而提出来的。所谓共文化，指的是未被充分代表的、共同存在于同一民族中的不同文化群体，如存在于美国文化之下的黑人群体、印第安人群体、亚裔移民群体，或指同一社会中的不同种群，例如女性群体、残疾人群体、老年人群体等[1]。共文化理论为文化内部各群体之间跨文化交际研究提供了重要的理论方法，也为探索文化、权力、交际之间的相互关系提供了新的视角[2]。

共文化理论虽然是以美国这一多民族聚居的大环境为背景提出来的，但由于社会内部文化的多样性和各文化群体之间权力不平等的广泛存在，共文化理论具有较强的适用性。我国当前正处于文化大发展阶段，各种文化思想层出不穷。共文化理论的运用有利于促进对文化多样性的保护，使各民族、种群、阶层的文化群体享有均等发展机会，实现文化的大发展、大繁荣，使不同文化群体实现自身的"中国梦"。

本章从跨文化交际角度出发，将老年人共文化群体和主流非老年人文化群体之间的交际视为跨文化交际的一种表现形式。围绕共文化理论，对老年人交际态度取向和交际策略进行分析，并针对这些交际态度取向，提出自己的观点和看法。

第二节 文献综述

一、共文化理论介绍

20世纪90年代后期，美国西密歇根大学传播学教授Mark Orbe运用现象学方法就非洲裔美国人的跨种族文化传播展开了研究，并在沉默群体和视角理论的基础上建立了共文化理论。虽然此前已有相关学者通过不同角度对跨群体和跨文化交际问题进行过探讨，但共文化理论开创性地把"习惯上被边缘化的"群体作为研究对象，为跨文化交际研究提供了一种独特的方法和视角。

在进一步探讨共文化理论之前，有必要梳理一下与之相关的几个概念：文

化内部交流、主流与非主流文化、交际态度取向。

（一）文化内部交流

共文化群体这一概念是建立在存在更大范围的文化的前提上的，因此共文化交际的实质是发生在某一文化内部的文化交流活动。传播学者Stellram和Cogdell认为，文化内部交流是发生在特定文化成员之间的现象，在主流文化中常有与主流文化有不同价值观的共文化群体，而他们的价值观与其他共文化群体也有所不同。这些不同虽不足以使该共文化群体另立门户，但可以将其与其他文化相区分[3]。社会语言学家Forbo指出，文化内部交流是在单一特点文化之中所存在的现象，并认为不同阶层的人在文化交流的形式和内容上会有所差异[4]。密歇根大学的Sabo则将文化内部交流视为文化间甚至国家间相似度的尺度，认为文化的相似度越多，相关交流就越容易视为文化内部交流。而在语言学家Bode看来，文化内部交流发生在"同一地缘政治系统"的居民中，这些居民拥有至少一个支流文化成员的身份。他还依据年龄、种族、性别等因素，对支流文化和主流文化进行了区分[5]。

关于文化内部交流虽然尚未形成一致

表述，但学者们普遍认识到特定文化群体的内部差异使文化群体内成员的文化交流存在复杂性。

（二）主流文化与非主流文化

共文化理论研究的是在同一民族文化下，不同文化群体之间的交流问题，因而不能回避的是同一民族文化下存在着主流文化与非主流文化。

在一个社会中，一般情况下会因为权力、身份、财产等因素的不同，而划分出不同的阶级或者阶层，各阶级或阶层共处在一个大的社会背景之下。不同阶级或阶层的文化相互碰撞，相互交流，形成一种高度认可的、具有强大凝聚力的文化，称之为主流文化，而与之相对应的，则称之为非主流文化[6]。因此，非主流文化的定义是由主流文化成员所赋予的，非主流文化作用于特定文化所属的特定群体，在整个文化传播过程中力量相对较弱，对主流文化的政治、经济、教育、科技等方面影响较小。

但值得注意的是，在谈及主流文化和非主流文化时，并非单纯以人口数量的多少为依据，而是谁更加占据主导力，也就是更有权力。例如在美国，女性人口并不在少数，但女性要和男性一样，在政治上完全平等，却还有相当长的路要走。而根据我国第六次人口普查显示，我国农村人口仍占总人口的50.26%，然而由于城镇化过程中出现的权力不平等，乡村文化也渐渐成为游离于文化边缘的非主流文化。

（三）文化交际态度取向

文化交际态度取向是指共文化群体成员在与优势成员展开交际时所表达的特定立场和交流策略。每一种共文化取向都受到一定的交际结果偏好和沟通途径的影响[3]。

其中，"非自信同化"取向是指共文化群体成员主动融入主流文化群体社会，把主流文化群体成员的需要置于自身的需要之上。这种努力看似受到压抑，实质也是一种交际策略。以此为取向的交际特征包括"强调共性""发展积极的面子""自我反省"和"避免冲突"等。

如果共文化群体成员是"自信同化"取向，他们会努力淡化现有的文化差异，并通过更为自信的沟通途径，如"充分准备""过度修正""假造刻板印象"和"讨价还价"等融入主流社会。

"挑衅性同化"取向则是以一种坚定的方式融入主流社会。可能采取的共文化交际实践包括：与原本所属的共文化群体

"分离"、以主流群体的行为规范为"镜像"、与其他共文化群体成员"策略性的保持距离",以及"自我嘲弄"等方式。

"非自信调节"取向,是指共文化群体成员试图通过限制性和非对抗性方式引起改变。典型的实践行为包括"增加可见度"和"消除刻板印象"等。有些实践表面上看是非自信的,但对于共文化群体成员来说,这也可能成为他们巧妙影响主流文化群体的方式。

"自信调节"是在自我与他人的需要之间寻找平衡,以推动社会结构的转变,其目标在于改变现有的主导结构,使其越来越多地反映共文化特征。以此为取向的共文化实践包括:主动向主流文化群体成员开诚布公的"显露自我"、与其他共文化群体成员"构建内部联系网络"、利用"联络人"或以"教育者"的姿态向主流文化群体传播自身的价值观念。

"挑衅性调节"是指共文化群体成员试图成为占据主导的社会结构中的一部分,然后从内部推动变革。对应的共文化实践主要包括"正面对抗"和"争取优势"等。尽管这些做法在方式上是激进的,有可能损害优势群体的权益,但也从侧面反映了共文化群体与主流文化群体合作的迫切愿望。其目的并非推翻主流文化群体,而是要促进文化群体的内部变革。

采取"非自信隔离"的交际态度取向的人,在共文化传播的过程中投入极少,但他们仍然需要某些共文化传播的行为,来保持这种隔离的姿态。具体的共文化实践有避免与优势群体成员接触的"回避策略"或通过非语言的方式来"划分界限"等。

"自信隔离"的交际态度取向,以更加积极主动的态度制造不欢迎优势主流文化群体成员的氛围。对应的共文化实践包括:通过提升共文化群体成员的内部凝聚力和认同感及其社会成就来"证明实力",以及"抱守刻板印象"等。

"挑衅性隔离"取向,则通过个人力量"妨碍他人"或对主流文化群体实施"攻击"。值得注意的是,共文化群体的个体或者组织根本上是并不能和主流文化群体相抗衡的,因而"挑衅性隔离"的交际态度取向,可能会引起悲剧的发生。

二、合作原则

合作原则是美国语言哲学家Grice在1967年为哈佛大学做题为《逻辑与会话》演讲时率先提出来的,它是会话含义推导机制的总规则。Grice认为，人们正常的语言交流不会是一系列毫无联系的话语的组合，会话是受到一定条件制约的，成功的交谈是会话双方共同努力的结果。人们进行交谈时为了达到一个共同的目标，谈话双方往往希望能够互相理解，共同配合，遵守一种合作的原则。

Grice仿效德国哲学家Kant在"范畴表"的做法，将合作原则划分为"量""质""关系"和"方式"四条准则如下。

（1）量准则：A 把话说足；B 不要多说。

（2）质准则：不说假话和无根据的话。

（3）关系准则：说话要贴切，与话题相关。

（4）方式准则：话语要简洁明白，要避免晦涩、有歧义，要条理清晰。

交际时遵守上述四条准则的话语就会产生一般含义，而故意违反上述准则的一条或几条，说出的话语又能被听话人察觉的话，就会产生特殊含义，即会话含义[7]。

三、礼貌原则

Leech从修辞的角度研究语用学。他将语用学分为普通语用学和社会语用学。前者研究制约言语交际过程的会话原则，后者研究这些会话原则在不同的社会和文化中所发挥的不同作用。他提出的普通语用学的修辞原则包括两大修辞：人际修辞和语篇修辞。礼貌原则就是组成人际修辞的重要语用原则之一。

Leech 的礼貌原则共分六条次则，如下。

（1）策略次则：尽力减少他人付出的代价；尽力扩大对他人的益处。

（2）慷慨次则：尽力减少对自己的益处；尽力扩大自己付出的代价。

（3）赞扬次则：尽力缩小对他人的批评；尽力夸张对他人的表扬。

（4）谦虚次则：尽力缩小对自己的表扬；尽力夸张对自己的批评。

（5）赞同次则：尽力缩小与他人的不同意见；尽力夸张与他人的相同意见。

（6）同情次则：尽力缩小对他人的厌恶；尽力扩大对他人的同情。

在六条次则中，策略次则与慷慨次则是一个问题的两个方面。前者指如何对待他人，适用于请求或命令他人做某事的言语行为。后者讲的是如何对待自己，适用于答应帮助他人做某事的言语行为。赞扬次则与谦虚次则同样是一个问题的两个方面。前者规定如何看待他人，后者规定的是如何看待自己。赞同次则与同情次则所表达的都是与听话人共有的感情。这六条次则实际是三个值得注意的问题中对人对己的六个方面。

礼貌原则涉及的六个方面深化了会话含义的研究，合理地说明了交际双方违反合作原则的原因，并在一定程度上指导了礼貌语言的运用，其六个次则的提出对语用学研究有重大的学术价值，以及实践指导意义[8]。

四、中外运用共文化理论研究回顾

（一）国外共文化研究

十余年来，共文化理论一直在美国被用于考察特定情境下的种族群体，如美国的穆斯林、非裔美国人领袖、美国大学里的美洲印第安人和文化多元化课堂中的亚裔女教授等。此外，还有研究者通过考察一些不属于早期定义的共文化研究范畴的群体，拓展了共文化群体成员的既有概念。例如，有学者对美国中西部十三州

"首代大学生"的交流方式展开研究或深入考察留美国际学生如何在不同程度上被视为共文化群体成员的问题等。

以往的共文化理论研究多使用焦点群体和访谈数据来创造分析文本。近期的一些研究将关注焦点拓展到了群体或个体访谈文本之外，如运用共文化理论的基本观点分析纪录片（Ramirez –Sanchez，2008）、社论漫画（Sewell，1999）、在线论文（Urban and Orbe，2007）、民族志网站（Covarrubias，2008；Kirby，2007）和无家可归者的街头日记（Harter et al.，2003）等。

也有学者（Kama，2002）将共文化理论与符号互动论、女性主义叙事范式理论、组织文化批判研究、视角理论、种族批判理论、辨证理论、社会身份理论、文化兼容性及意义生产过程等方法结合起来，综合运用共文化理论、文化研究、符号互动论和同性恋研究等多元方法，考察以色列男同性恋者的媒介消费[9]。

共文化理论在多学科的研究证明了它的跨学科实用性。以美国为主力的海外研究者已从多个方面拓展了早期共文化理论的研究范畴。

（二）国内共文化研究

国内研究者对共文化理论的引进较晚，目前来看，理论介绍不甚全面，运用该理论研究尚处于起步阶段，议题相对有限。王丽皓（2010）、李志远和王丽皓（2010）、栾岚和王丽皓（2010）、周薇薇和王丽皓（2011）、李志远（2012）等研究了我国残疾人共文化群体的文化属性和交际行为；丁杰（2012）从共文化视阈分析了加拿大女作家玛格丽特·劳伦斯的著名短篇小说《潜水鸟》中主人公皮格特的极端交际取向。

第三节　中国老年人交际特点

研究老年人交际共文化群体的交际特点，主要侧重于老年人共文化中交际态度取向的研究，因为不同的交际态度取向，往往带来不同的交际行为。老年人共文化群体交际态度取向，指的是老年人与非老年人进行交际时所采取的某种交际态度，采取某种态度就意味着带来某种交际结果，如同化、调节或隔离。同时，老年人共文化群体成员可以运用不同的交际方式来采取某种交际态度，比如非自信的、自信的或挑衅的方式。此外，交际态度取向还受到老年人共文化群体成员的个人经历、个人实施某种交际行为的能力、交际时的语境，以及对交际行为所带来的代价与回报的预期这四个因素的影响。由此可见，受四个不同因素影响下的态度取向至少有九种，它们分别是非自信同化、自信同化、挑衅性同化、非自信调节、自信调节、挑衅性调节、非自信隔离、自信隔离、挑衅性隔离。通过对这些态度取向的调查和分析，我们可以找出老年人共文化群体交际模式的特点，并进一步研究老年人共文化群体和非老年人共文化群体之间的跨文化交际。

根据跨文化交际的表现形式，又可将交际态度取向分为两类，即非语言交际（Nonverbal Communication）和语言交际（Verbal Communication）。非语言交际包括的范围宽泛，诸如身势语（如面部表情、手势、姿势），副语言（如音调、音量、音高、停顿），客体语（如衣着、服饰、体味），空间语（如交际环境、个人空间、体距）以及时间语，等等[3]。语言交际，故名思义，即以语言的形式抒发自身的情感、观点和看法。语言最重要的社会功能是人际功能，通过它建立并维持在社会中的身份地位[10]。

一、非自信同化

老年人共文化群体与非老年人共文化群体进行跨文化交际时，可能会存在非自信同化的态度取向。老年人共文化群体交际时的非自信同化主要存在以下四个特点。第一，强调老年人共文化与非老年人主流文化的共性，而忽视老年人共文化群体自身的特性。第二，老年人在与非老年人交际时，希望给对方留下积极、正面的印象。第三，如果老年人共文化群体与非老年人主流文化群体存在交际冲突，老年人往往会保持沉默。第四，避免争论，老年人共文化群体与非老年人主流文化群体交际时，往往会避免容易引起误会和争议的话题。非自信同化的交际态度主要有两种形式，即非语言类的非自信同化和语言类的非自信同化。

（一）非语言类的非自信同化

非语言交际与语言交际各司其职，在现实生活中往往是相互补充的[11]。老年人共文化群体，在与年轻人居住时，不得已的妥协，则是非自信同化的交际态度在这一方面的重要体现，并且通常会以非语言的形式表现出来，如在狭小的居住空间内避免与子女发生矛盾，或者直接保持沉

默以免发生冲突。

郑大叔老两口今年60多岁，有两个儿子，都已经结婚生子。家里原来的房子非常大，前面是三间厅房，表叔表婶住一间，还有一间客厅、一间厨房，后面是三层的楼房，顶楼空着，另外两层每个儿子住一层。与无数农民家庭一样，他们的儿子媳妇都外出打工，只有过年回来，表叔表婶则在家种田、操持家务和带孙子。大家庭就这样有条不紊地运行着。

可在几年前，老家就有了拆迁的动静。由于房子很大，亲戚都开玩笑说他们要成富翁了。可是等到拆迁来了，大家庭却开始出现风波。

郑大叔家最终补偿了3套房子和20万元，新房在区里统一规划建设的还建小区，为同一栋楼的1层、4层和5层。其中，5层为顶层，日晒雨淋的，两个儿子都不愿意要。两兄弟商量后，分别要了1层和4层，就各自积极装修去了。郑大叔年纪大了，腿脚也不好，爬上爬下很吃力，没有办法住上5楼，他们只能和儿子住在一起。

对于儿子媳妇而言，拆迁是他们获得独立住房的一次机会。拥有现代化装修并且完全属于自己的独立住房，是许多年

轻人的梦想。新的住房承载了他们从大家庭中独立出来、建立个体化私密空间和采取现代化生活方式的追求。在原来的房子里，虽是大家庭住一起，但老人与儿子媳妇其实是相对分开的。老人的活动空间是前厅和院子，儿子、媳妇的房间则在后面的楼上，而在新的房子里，两个卧室挨着，大家紧凑地住在一起。

对于老人而言，搬新家却是个大问题。空间的紧凑会加剧彼此的冲突，因为没有了回避的余地。郑大婶说，"以前虽然住在一起，但你做你的我做我的，生了气在自己的房间静一静就好了。住在一起后，人家给你脸色看，你都不晓得能往哪里去。""你只有不讨嫌，再帮他们做点事，他们才会更加喜欢你"。郑大叔则说，"其实老年人都不愿意住在楼房，一大把年纪上不动，没有地种、没有柴火烧，还不能随地吐痰，每天对着巴掌大的地方，真是活遭罪。但这也没办法，已经搬到城里了，再回去已经不可能，只能依着子女"[12]。

从郑大叔老两口与儿子们一起居住的案例中，我们可以看到不少非语言交际的形式，如面部表情，交际空间和距离，及保持沉默等，在交际的过程当中我们也可以明显体会到老年人非自信同化的交际态度取向。同时，我们可以从以下三个方面，对这一交际态度取向进行具体分析。

首先，从交际的空间和距离来讲，空间和距离是人际关系亲疏的重要指示器，即使是父母与子女之间，也有不允许擅自闯入的个人空间（personal space）。以前在农村的时候，由于房子宽敞，虽然子女和父母住在一起，但每个人有自己所属的空间，很少发生冲突。搬到城里以后，几代人不得不住在百余平米的房子里，个人空间难免重合和冲突，交际距离也难以把控。这种情况下，老年人共文化群体只好选择非自信同化的交际策略，避免和子女发生矛盾。

其次，从交际行为的代价和回报和预期来看，在与子女交际的过程中，适当妥协和保持沉默，有利于建立和谐的家庭环境。人们常说，"沉默是金"。沉默也可作为一种非语言交际方式，并在交际的过程中发挥着不可替代的作用。老年人和年轻人住在一起，少不了因为一些生活琐事与子女们产生意见分歧。在这种情况下，如果老年人共文化群体不妥协、不忍让，或者不以非自信同化的方式来化解矛盾，父母与子女的分歧就会扩大。老年人如果不愿意激化矛盾，以沉默的方式妥协便是一种选择。正如郑大婶所说，"你只有不讨嫌，再帮他们做点事，他们才会喜欢你"。

再次，面部表情是非语言交际的一种重要表现形式，人们可以根据面部表情来判断个人的心理活动状态，从而作为自身选取交际态度取向的重要依据。老年人在与年轻人生活在一起的过程当中，由于生活习惯、价值观念等方面的差异，难免会有矛盾，而"脸色"会是矛盾的指示器。如果年轻人面部表情不佳，为了避免与之发生冲突，往往会有所妥协，即采取非自信同化的方式，以便自身融入到年轻人的生活中。

最后，从老年人共文化群体自身经历的角度来看，这种非自信同化的交际态度取向更是老年人"顾全大局"和"以和为贵"的思想的重要体现。老年人生活经历丰富，因而更加懂得家庭和睦的来之不易，不会因为生活琐事与子女斤斤计较。就像郑大爷老两口一样，当与子女的矛盾和分歧无法避免时，就会选择妥协，选择同化。

（二）语言类的非自信同化

非自信同化，有的只是相互看到（或是一方看到另一方），通过动作、表情、沉默等方式表现出来，有的则是推心置腹的交谈或是唇枪舌剑的进行言语的交锋。二者都发生了交际行为，而这些交际行为往往是不一样的[13]。老年人和子女住在一起，由于饮食习惯等不同，产生抱怨，并无奈妥协，就是语言类非自信同化在老年人共文化群体中的重要表现。

张叔与老伴原来住在湘西一个县城，因为儿子大学毕业后在城里安了家，孝顺的儿子于是把老爸老妈接来"享福"。可是在广州长大的儿媳饮食喜清淡，而张叔与老伴则每餐非辣不香。这天儿子下班回来，张叔和老伴决定找儿子商量做饭的事。

张叔："顺子，自从我们来了这里以后，整天吃饭见不着辣，这吃饭也不香呀"！

儿子："爸，您就将就点吧，芳芳现在怀孕呢，不能吃辣。您们自己做菜油烟重，也不行呀"。

老伴："老头子，少说两句，清淡点也好，能降血压"。

在张叔和老伴与儿子的语言交谈中，我们可以体会到明显的非自信同化交际态度取向。这一交际态度取向可以从语言交际中合作原则（cooperative principle）的角度进行分析。

美国著名的语言哲学家Grice于1967年在哈佛大学的演讲中提出，为了保证会话的顺利进行，谈话的双方必须共同遵守一些基本原则，特别是"合作原则"。

Grice指出在正常情况下，人们的谈话不是由一连串不相联系的话语组成；语言交际总是一个互相合作的行为；谈话的参与者都在某种程度上意识到一个或一组共同的目的，或者至少有一个彼此都接受的方向。这种目的或方向，可能是一开始就确定的（例如：由讨论一个问题的最初建议所确定），也可能不怎么明确（例如：闲聊）或者是在交谈过程中逐渐明确起来的。在交谈过程中，不适合谈话目的或方向的话语被排除，使交谈得以顺利进行。这就要求谈话的参与者共同遵守某些合作原则：即在交谈时，要使所说的话符合参与交谈的公认目的或方向。

合作原则并不是用来简单描述现实生活中的会话，而是指人们在交谈时潜意识或无意识地遵守的一些原则。本案例中，会话首先由张叔提出"做菜辣一些好"，这一建议引起的。然而这一建议并不被儿子所采纳，儿子说，"媳妇怀有身孕，吃清淡点好。"这时候，如果张叔和老伴继续坚持吃辣，会话就无法继续下去，并有可能引发交际冲突。因此，两位老年人只好采取非自信同化的交际策略，同意儿子的观点，认为"清淡点也好，能降血压"，而放弃自己原有的建议。这种交际态度取向也符合合作原则，即双方会话都有一个潜在的目的，那就是在维护家庭和谐，因而在某些时候选择妥协和同化也是必要的。

二、自信同化

自信同化是老年人共文化群体在进行跨文化交际时的又一态度取向，其主要包含四个方面的特点：第一，为了与非老年人共文化群体进行交际，而进行充分细致的准备。第二，过度补偿，即努力或刻意去消除与非老年人主流文化群体之间的代沟、歧视或偏见。第三，遵循社会主流文化对于老年人共文化群体的总的看法和观点。第四，努力消除与非老年人群体的共文化差异，使之更好地融入主流文化群体当中。

（一）语料选取和背景介绍

本节将选取央视老年人访谈节目《夕阳红》中的2018年5月23号的节目"老来得孙"作为语料，对老年人自信同化的交际态度取向进行分析。节目中主要涉及的老年人为林菊红（1934——），女，四川德阳人。

林菊红年轻时是一名道路建设工人，也曾有一个幸福的大家庭。那时她和丈夫育有两儿一女，生活幸福。然而在1976年，不幸突然降临。林菊红的丈夫罹患胃癌，不久就去世了。丈夫的突然离世，让林菊红备受打击。当时，精神几乎崩溃的她，一个人挑起了家庭重担。

随着孩子们慢慢长大，林菊红觉得，自己身上的担子变轻了。生活小康、子孙满堂，然而幸福的晚年生活没过几天，不幸又接踵而至。2002年姑娘得了乳腺癌的病，（当年）8月就不在了。儿子（大儿子）又得病了，胃溃疡转为癌症，死了。林菊红的幸福生活彻底崩塌了，可是老天并没有可怜这位老年人的意思，没过多久，小儿子、儿媳妇接连患病去世。

林菊红的孙子杨涛性格活泼，从小就被林菊红视为掌中宝。孙子也知道，奶奶遭受过很多痛苦的打击，因此总是想方设法的让奶奶宽心。然而，天不随人愿，2013年，杨涛突然生病了，这一病便再也没有好转。

就这样，林菊红孤身一人居住在六楼，没有电梯，每天上下楼买菜，对于腿脚不便的她来说是一件很困难的事情。还好平时都有邻居老八（赵廷雷）帮忙。赵廷雷原本是林菊红孙子杨涛的朋友，后来杨涛不在了，他就主动承担起了照顾林菊红老年人的义务。

（二）语料分析和研究

例1：

旁白：虽然老八和普通人不一样，但心眼好，处处想着老年人。

林菊红：他把我带到外面去，宽这个心（呐），这是最重要的，不然就成神经病（精神病）了。呆呆地就坐着。

林菊红（拿着话筒，在街上）：喂！

赵廷雷：唱嘛。

林菊红：唱点啥呢？

路人：随便唱一个。

林菊红（微笑着唱）：春季到来绿满窗，大姑娘漂泊到长江。哎，从头来……

旁白：热闹的人群，欢乐的音乐，让林菊红暂时忘记了痛苦。那段时间，老八几乎每天都带着林菊红出门，哪里热闹就去哪里。有了老八的陪伴，林菊红心里觉得很踏实，也很感激老八，总想着也能为老八做些什么。

林菊红：好像我走到哪里，转过来赵廷

雷在我后面，转过去就好像是我的孙子。

林菊红（问赵廷雷）：你干啥了你今天？从昨天晚上你就干啥了？是不是你妈说你啥了。

旁白：老八性格胆小木讷，不善交际，生活中难免会受些委屈，这个时候林菊红就会陪在他身边，耐心安慰。

林菊红（问赵廷雷）：跟着大妈多长时间了？跟人家说嘛。哎哟，300块钱，300。哎哟！混蛋。（老八"打"了林菊红一下）

旁白：这一次，经过近半个小时的开导，老八终于笑了，林菊红松了口气。

林菊红：混蛋，疼不疼，我看起没起个包包呢。就是，我看，就是起个包包了。

旁白：老八平时喜欢手表，总是揪着手表的发条玩，已经有好几块被他玩坏了。看到老八喜欢，只要他的手表一坏，林菊红二话不说，马上就会再给他买一块。为了让老八往来方便些，还特意把房子里最好的那间腾出来，作为老八的卧室。

分析：本节语料当中，反映的是林菊红老年人与老八赵廷雷之间进行交际的情景，其中不乏老年人采取"自信同化"的交际态度取向的体现。

需要说明的一点是，老年人交际态度取向的选择其实不是一成不变的，也就是说，交际态度取向，不仅是老年人自身的语言和性格特点的体现，同时也会因交际环境和交际对象的不同而改变。语料中的交际对象老八赵廷雷，"性格胆小，不善交际"。因而为了让"不善交际"的老八开口说话，应该采取"自信同化"的交际态度取向，也就是说，在交际的时候尽量模仿对方的语言特点，增强对方的好感。林菊红在与老八交际的过程中频繁使用一些年轻人甚至是小孩常用的词语如"混蛋"、"人家"、"起包包"等。这些词语通常是不会出自一个84岁的老年人之口的，林菊红老年人在与老八进行交际时，甚至丢掉了原有的语言特点和价值观念。这种主动融入对方语言特点体系的交际态度取向，我们称之为"自信同化"。而林菊红老年人采取这种交际态度取向的原因将在下面的语料中进一步分析。

例2：

林菊红（84岁）：去买菜啊老八，帮我买菜。奶奶的腿疼，买不成菜。你去买去啊。

旁白：2017年8月中旬的一个下午，在四川省德阳市西湖街钟亭小区的一座居民楼内，84岁的林菊红在为一件事情着急。

林菊红：买来我要吃的嘛。这回你就拿着（钱）了。

旁白：林菊红孤身一人居住在六楼，没有电梯，每天上下楼买菜，对于腿脚不便的她来说是一件很困难的事情。还好平时都有邻居老八帮忙。但今天不知道什么原因，老八怎么也不去。

林菊红：老八，给我买菜去，买去！

分析：本段语料描写的是林菊红老年人让老八赵廷雷去买菜的情景，我们似乎可以从中感受到林菊红老年人言语中百般顺从，采取自信同化的交际态度取向的原因，而这种原因又似乎可以当做一种"面子"问题进行解释。"面子"理论首先涉及一种自我定位，然后推己及人，延伸到人与人，人与社会之间的关系和交际。他反映的是人与人的一种亲疏关系，这对于交际态度取向的选择也有着重要影响。林菊红老年人对于自我的定位可能是"腿疼""行动不便""孤身一人""需要照顾"。这种个人情况一定程度上在其交际态度取向的选择时，更倾向于进行"同化"。老年人在与他人交流的过程中，倾向于拉近双方的距离，而不是排斥对方，并且在与对方交流时，可能希望通过阐明

自身的不利条件，以获取对方的理解和同情，达到获取帮助的目的和意图。这也印证了上文所述，老年人在选取交际态度取向时，其动机不仅源于自身情况，还源于具体的交际环境（语境）、交流对象及说话人的目的和意图。

三、挑衅性同化

挑衅性同化是老年人与非老年人共文化群体进行交际时，采取的一种相对极端的态度。其主要特点有四个。第一，在交际时，尽力切断自身与老年人共文化群体之间的联系。第二，通过适应非老年人共文化群体的交际习惯，或生活特征，来淡化甚至消除自身老年人共文化特点。第三，尽量避免与其他老年人接触，以彰显自身的与众不同。第四，在进行交际时，会有贬低自身老年人共文化群体的倾向。"不服老"的观念，是老年人共文化群体在交际时，挑衅性同化的一个重要表现。

（一）非语言类的挑衅性同化

近些年来，社会心理学家越来越强调非语言交际的作用。伯德威斯特说："语言在人际交流中只表达不超过30%～35%的信息。"梅瑞比恩估计，"情绪信息只有7%通过语言表达，55%通过视觉

符号传递，38%由副语言符号表达"。尽管这些百分比在不同的文化中略有差别，却从一个侧面反映了非语言交际的重要性[14]。

非语言交际之所以如此普遍，是因为它较之语言交际更为连续。非语言交流是连续的，而语言交流则是以非连续的单元为基础的。语言符号有明确的起点和终点，非语言信息则连绵不绝。激烈的讨论告一段落时，双方也许不再开口，但是凝视的冷眼，圆睁的怒目和挺直的身体却暗示了至少在非语言方面分歧尚未烟消冰释[14]。

（二）语言类的挑衅性同化

日前，有媒体报道了这样一则新闻[15]，65岁的王大爷吃了中午饭到楼下散步，偶遇到40多岁的邻居张某。两人攀谈起来，说着说着言语间起了争执。张某嘲笑王大爷年龄大了、行动不便、手脚不灵活。王大爷本来就有点争强好胜，又喝了点酒，便拍着胸脯说自己行动很利索，马上可以和他赛跑一争高下。

于是两个加起来100多岁的人开始打赌，竟然赌的是谁跑得更快。两个人在小区车行道上认真地比赛起来，令许多小区居民瞠目结舌。

气喘吁吁的王大爷拼尽全力赢得了比赛，不过在傍晚时分却感到肚子痛，之后疼痛加剧，家人不得不将王大爷送进了医院。经过及时治疗，王大爷才渐渐好转。

本案例中的王大爷，已经65岁，作为老年人共文化群体中的一员，给人的印象是"年龄大了、行动不便、手脚不灵活。"王大爷本身"争强好胜，又喝了点酒"，当然不希望这些用于形容老年人共文化群体的词汇和自己联系起来，于是乎一定要与邻居张某比个高低，证明自己还没有老。最终结果是，王大爷虽然赢了，但却住进了医院。

老年人为什么要"不服老"，甚至像王大爷这样，以"挑衅性同化"的交际态度来证明自己不属于老年人共文化群体呢？其中的原因耐人寻味。

从交际行为的能力方面来看，人老了就给人一种"不中用"的感觉，随着年龄增长，身体素质、心理素质和智力等方面能力的下降，容易让老年人感到自卑，认为自己会成为家庭和社会的经济负担。因此对"变老"存在严重的抵触情绪。

从文化的角度来看，虽然社会主流文化倡导"尊老爱幼""敬老爱老"，但并非每个老年人都会欣然接受非老年人共文化群体对自身的爱护和尊敬，因为接受了这种"特殊待遇"就意味着承认自身是弱势群体，需要主流文化群体的关爱和帮助。

从交际时的语境来看，王大爷与邻居张某在交际时存在言语争执。张某认为王大爷"年龄大了，行动不便，手脚不灵活"刺激了王大爷的自尊心。王大爷作为老年人共文化群体的一员，认为张某的言语不仅仅是对老年人的轻视，更是对自己的侮辱。因此其采取挑衅性同化的态度取向，来证明自己"还没老"，不属于老年人共文化群体，而属于主流非老年人群体。因此，王大爷和张某打赌赛跑，并拍胸脯保证能赢。

当然，王大爷的交际态度取向的选择，很大程度上也受到其个人经历和性格的影响。首先，65岁的王大爷社会和生活经验丰富，由此便可能产生一种优越感。此时，作为主流非老年人群体中的一分子，40多岁的张某，竟然对王大爷"出言不逊"。这无疑是对王大爷的这种优越感的破坏，并引起了不满，因此王大爷以打赌赛跑的方式予以反驳和回击。同时，我们应该注意到，并不是所有的老年人共文化群体的成员，在遇到其他共文化群体的轻视和怠慢时，都会采取挑衅性同化的态度。也就是说，主体在选择交际态度时，同时受到主客观多方面因素的影响。主观方面，王大爷性格倔强、好强，并且在当时喝了点酒，这也是选择挑衅性同化态度的重要原因。

四、非自信调节

非自信调节是老年人共文化群体在进行交际时，可采取的又一重要态度取向。其主要有两方面的特点。一方面，在与主流非老年人群体交际时，保持自身老年人共文化群体的特性。另一方面，在保持自身共文化群体特性的同时，也考虑到主流非老年人群体的感受，寻求对方的理解与支持。

"老年时期是夕阳，其实和朝阳一样美丽。应该珍惜这段时间，充分展现老年生活的亮点和魅力。"[16]中央电视台曾播出"月亮妈妈"的故事：广西一位农村老年妇女只有小学三年级文化，但不甘心无所作为，老了才决定学外文。向自己的媳妇学，向外国游客学，学英语、学西班牙语，最后当了导游员，不计报酬，真诚对待游客，关怀他们。外国朋友给他起了个美丽的名字——"月亮妈妈"。她不仅作出了贡献，还使自己的生活改变了模样。她远不如年轻人美丽，但是她的精神世界的色彩却是有的年轻人远远不及的。报载，南下打工的队伍里有一支老年队伍，在他们中间有退休干部、工人、也有从农村来的老头老太太，他们到了深圳，当上了工厂的保管员、宿舍的管理员。他们说：老来打工，为的是来看看深圳的精彩世界，同样是实现自己的梦想，体现自己的人生价值。

如今更多的老年人参加了社会上组织的老年大学、艺术团体等各种年轻人社会主流文化群体所享有的活动。这些老年人不愿意封闭在自己的小家的小天地里，而是选择走出家门，选择"非自信调节"的交际态度取向，与主流非老年人文化群体交际，既向年轻人学习，又不忘彰显老年人共文化群体的自身特点。

这种交际态度取向，一方面能使老年人融入到主流非老年人群体当中，体验和感受新生活。另一方面，保留了老年人共文化群体的特性。他们远不如年轻人美丽，但是他们的精神世界的色彩却是有的年轻人远远不及的。与非老年人主流文化群体有所差异，老年人选择学习，选择走出家门，更多的不是为了获取回报，而是出于一种兴趣或是精神需求。

为何一些老年人会选择非自信调节的交际态度取向，走出家门与非老年人主流文化群体，甚至是外国人进行交流，对此分析如下。

首先，从交际行为的代价与回报来看，老年人共文化群体的生活可能不如年轻人缤纷多彩，选择"非自信调节"的交际态度取向，实际上是希望自己的生活有所改观。他们认为，有吃、有喝、有穿、看看电视、打打麻将、儿孙绕膝，或许已经不能完全算作是幸福了。这种低标准的幸福，已经不符合时代要求了。如果仅仅满足于当前的安逸生活，就可能被非老年人主流文化群体所主导的社会价值观所抛弃。

第二，从交际行为的能力来看，老年人共文化群体，从体力上讲，是衰退了，但是精神上不能衰老。在某些老年人看来，虽然自己退休了，或者曾经为社会做出了贡献，但也不意味着能够高高在上，向社会一味地索取。部分老年人共文化群体成员认为，老年人共文化群体也应该有激情，这样才能去关心所处的世界，觉得应该为社会做一些什么。

最后，部分老年人共文化群体成员选择"非自信调节"的交际态度取向，是出于健康考虑。健康除了指身体强壮，还指心理健康。大多数人都有这样一个共识：要健康长寿那就要心胸开阔、心情舒畅，也就是心理健康。人需要活在良好的精神世界当中，才会健康长寿。因而部分老年人选择"非自信调节"的交际态度取向，解放思想，更新观念，与主流非老年人文化群体的步伐合拍，有助于自己永葆青春。

五、自信调节

与非自信调节有所不同，自信调节则更加凸出老年人共文化群体的自身特点，并以这种特点而感到自豪。主要体现在四个方面。第一，以开放、真诚、包容的态度与主流非老年人群体交际，并带有强烈的自我意识。第二，注重与其他具有相同的文化价值观念的共文化群体协作。第三，在主流非老年人群体中寻求支持、理解和帮助。第四，在共文化群体交际的过程中，扮演着老师的角色，并向主流非老年人群体灌输自身的观点、理念和行为活动方式。

（一）语料选取和背景介绍

本节将选取《夕阳红》2016年8月9日的节目"六天一辈子"为研究对象，对老年人语言中自信调节的交际态度取向进行分析。其中主要涉及的人物有老年人杜元法和妻子周玉爱；年轻人翟小峰。

杜元法，今年85岁，他的妻子周玉爱，今年76岁，两人已经结婚57年。周玉爱已瘫痪多年，常年的卧床生活早已使她的骨骼僵硬，肌肉萎缩。她不能行走，不能站立，连坐都很困难。

2015年底，翟小峰在网上看到了杜元法老年人的事迹，这个普通的农村老汉，被当地多家媒体报道，一夜成名，很多人叫他"情圣"。翟小峰是一名摄影师，也是一名爱心文化传播者，对这位老年人充满了好奇。于是登门拜访，用手中的相机记录了他们的故事。

（二）语料分析和研究

例1：

翟小峰（摄影师）：要进去呀？

杜元法：嗯。

翟小峰（摄影师）：当时你们就住在这个地方？

杜元法：嗯，原先在这儿住。对。

旁白：这座石头垒砌的老房子，就是当年杜元法与周玉爱结婚的地方。

翟小峰（摄影师）：在这地方拜堂？

杜元法：嗯，（从这儿把她）领进

屋里去的。就是，那个时候就是那么一鞠躬。（鞠躬状）

翟小峰（摄影师）：哦，就这样鞠躬？（鞠躬状）

杜元法：对，鞠躬，也不磕头。请客的桌子摆在这边。

旁白：因为许久无人居住，老房子的院墙已经塌了一半，院里也长满了荒草。但杜元法和周玉爱还能清晰地记起，结婚时的每一个细节。

周玉爱（妻子）：（结婚那天）穿红袄，戴花、花鞋、裙子。

旁白：57年前，周玉爱坐的花轿就停在这扇门前，她跨过这道门槛，走进了杜元法的家门。如今，这里杂草丛生，往日的痕迹逐渐淡去，只留墙边那个坍塌的老灶台。杜元法说，当年宴请宾客的菜，就是用这个灶烧的。在这个院子里，整整摆了七桌酒席。

杜元法：那个凳子，这个凳子，连这个凳子，这个缸，都是她带来的。50多年了，我保存着，也没（扔）。这不，现在还有，那个桌子也是。

旁白：连同老灶台一起保留下来的，还有这破旧的土陶盆，和掉了漆的小方凳，这是周玉爱的嫁妆，杜元法用了一辈子。五十多年了，杜元法还能清晰地记起，结婚后的第一天，周玉爱就是坐在这个小方凳上，用这个陶盆和面，给他做早饭的，那也是周玉爱给他做的第一顿饭。

杜元法：她做好了饭，端到桌上，叫（大家）都起来吃饭，都起来吃饭，吃完饭就刷碗。（哈哈笑）

分析：本段语料描写了老年人杜元法与年轻摄影师翟小峰之间交际的情景。其中，崔小峰陪同老年人来到了以前的老房子，倾听老年人讲述自己结婚时的故事。杜元法老年人在交际时很大程度上运用了自信调节的交际态度取向。

第一，以开放包容的态度与非老年人进行交际，试图拉近二者之间的距离。当摄影师翟小峰问及老年人当年的拜堂情况时，老年人不仅讲述了当年的结婚状况，还以动作的形式进行演绎。在用语言讲述的同时，还作出鞠躬状，以便对方更容易理解当时的情景。

对于这种交际态度取向，也可以当作"语用移情"问题进行分析。"语用移情"简单的说，主要指言语交际双方都设身处地尊重对方的思想感情和看法，从而在言语交往过程中相互默契，达到预期效果[17]。杜元法老年人在与翟小峰进行交际时，除了一般的语言形式外，还伴随有非语言形式，例如：鞠躬、用手指、哈哈大笑等方式，这样的做法不仅是老年人自身情感的真实流露，也让对方更愿意进行交谈，引发进一步了解老年人故事的兴趣。

第二，注重寻求非老年人的帮助、理解和支持。杜元法老年人和翟小峰的交流中主要表达了两层意思：说明当年结婚时的喜悦，并表达这些年生活的艰难与不易。家里面的家具都是破旧的，甚至连当年结婚时妻子带来的嫁妆还依然保留着，继续使用。老年人这样困难的生活状况，是很可能引起听话人的同情与理解的。

第三，与自信同化有所不同，自信调节的交际态度取向不仅体现在说话人与交流人的情感的趋同，很大程度上还保留着自身的语言特点和价值观念，甚至可以作为老师的角色，教育年轻人。杜元法老年人虽然其貌不扬，家境贫寒，却被称之为"情圣"，作为学习的榜样。老年人在交际的过程中，一方面希望得到对方的同情，另一方面也说明自身虽然条件艰苦，却对感情坚贞不移，这种坚定的信念是值得学习的。

例2：

翟小峰（摄影师）：看这里，看这里，非常漂亮。太好了，非常漂亮，对，你看。

翟小峰：我叫翟小峰是一名摄影师，拍照20多年，我曾为数百对新人拍摄过几千张婚纱照，而今天的这张最为特别。

旁白：他叫杜元法，今年85岁，旁边的是他的妻子周玉爱，今年76岁，两人已经结婚57年，拍结婚照还是头一次。

翟小峰（摄影师）：嗯，这样也很漂亮了吧。

杜元法：嗯嗯，好。

杜元法（问妻子）：好看吗？啊。

翟小峰（摄影师）：好看，你看，阿妈笑了。

周玉爱（妻子）：嗯，嘿，行。

旁白：周玉爱已瘫痪多年，常年的卧床生活早已使她的骨骼僵硬，肌肉萎缩。她不能行走，不能站立，连坐都很困难。但是为了拍这张结婚照，她还是挣扎着坐了起来。

翟小峰（摄影师）：你坐在这个地方，坐在这个地方。

周玉爱（妻子）：嗯，行。

分析：本段语料描写的是摄影师翟小峰为杜元法老年人夫妇拍照的情景。从中也可以看到一些二位老年人运用自信调节的交际态度取向进行交际的情景。

值得注意的是，妻子周玉爱，虽然常年的卧床生活早已使她的骨骼僵硬，肌肉萎缩。然而，为了拍结婚照，却还是"挣扎着坐了起来。"这种明知难以为而为之的行为，我们称之为"调节"。如同丈夫杜元法一样，在与摄影师的交际过程当中，也有主动改变自身交际特点，迎合对方需要的倾向。当然，与"同化"有所不同，这种对于主流非老年人群体的"调节"倾向，不仅体现在对于对方的迎合，也表现在对于原有群体的语言特点和文化价值观念的保留与宣传，而这种宣传不仅会体现在语言形式上，也会在动作、表情等非语言形式上有所体现。

当然，与后文中提及的"隔离"的交际态度取向还是有很大不同的，老年人在采取"调节"的交际态度取向时，总体上还是要求和非老年人群体进行交际的，而不是一味的排斥与"隔离"。这种"调节"和迎合，在某种程度上也是有原因的，而这个原因，语料当中也给予了我们答案，为了"浪漫"。在二位老年人眼里，照相其实就是一种浪漫，因为"两人已经结婚57年，拍结婚照还是头一次。"通常认为"浪漫"似乎是年轻人的专利，

而两位老年人为了追求这种属于他们自己的浪漫，主动进行一定的调节，也就是"自信调节"，这种交际态度取向也就不难理解了。

六、挑衅性调节

（一）语言类的挑衅性调节

挑衅性调节是老年人共文化群体在交际过程中可能采取的一种激进的调节方式。其主要表现如下。一方面，采取激进的方式来申述老年人共文化群体的权利，甚至不惜侵犯其他共文化群体的权利。另一方面，抒发作为老年人共文化群体的难处和苦闷，希望主流文化群体对自身的遭遇和处境作出反应，以维护自身权益。

"广场舞"问题是老年人共文化群体挑衅性调节态度取向的重要体现。近日，江苏泰州一市民停车，被"广场舞大妈"贴条"锻炼重地请勿停车"。此前多地都曾出现过因广场舞扰民遭到抗议的情况，甚至有人向跳舞者泼粪。针对"早上伴舞音乐太吵"的责问，有老年人甚至反问，"年轻人为什么不能早点起床"？

部分老年人为了维护自身"跳广场舞"的正当权益，而作出过激行为，反映出老年人共文化群体中的一些成员满足于

自己就近找乐、想跳就跳，却少了互谦互让的体谅之情。老年人共文化群体成员跳"广场舞"的行为，很多时候侵犯了主流非老年人群体的利益，打扰他人休息。这种行为也引起了年轻人群体的不满，甚至有网友抬杠，建议年轻人们也组织起来，半夜三更去跳广场舞。若遭指责，则回以"老年人为什么睡太早？"这种建议虽然同样不可取，容易激化和加深双方的矛盾，但也从侧面反映出老年人共文化群体的现状。

现在还有一种声音，建议通过立法来对付广场舞的噪音。广州称明年将出台新版《广州市公园条例》，要对广场舞进行"降噪"，违者将受到公安部门的处罚。这办法似乎不错，但缺乏对"国情"与"民俗"的考虑。老年人本来娱乐活动就少，弄一条法律法规加以硬性惩罚，无疑是用新的僵局取代原来的僵局[18]。

老年人跳广场舞究竟能不能不扰民，取决于老年人共文化群体和主流非老年人群体在交际过程当中，交际态度取向的选择。当主流非老年人群体对老年人跳广场舞的行为有所看法的时候，部分老年人选择了挑衅性调节的态度，认为跳广场舞是自己的权利，主流非老年人群体应该给予

满足。于是就出现了"广场舞大妈"给停车位贴条，写着："锻炼重地请勿停车"的字样。在部分老年人共文化群体成员看来，跳广场舞是自己的一种锻炼方式，应该予以保证和支持，即使和主流非老年人群体有所冲突，也再所不惜。甚至在被告知早上跳广场舞有碍他人休息的时候，部分老年人会说："年轻人为什么不能早点起床？"老年人共文化群体的此类过激语言，将挑衅性调节的交际态度发挥到了极致。总体上，这体现出老年人共文化群体要求主流非老年人群体适应自身文化观念的需求，而不是自身适应非老年人主流文化观念来进行调节。

为什么部分跳广场舞的老年人，在与这里非老年人群体交际时，会采取挑衅性调节的交际态度？原因也是多方面的。

首先，从经济角度来看，广场舞是经济发展、人们富裕之后，休闲娱乐的一种重要方式。改革开放以来，人们的生活水平显著提高。老年人在退休以后，不用上班，生活比较清闲，空余时间较多。于是广场舞就成为了老年人共文化群体打发时间的一种重要方式。比较而言，主流非老年人群体，由于家庭、学习、工作等原因，空闲时间相对

较少，更是很少有年轻人加入到老年人跳广场舞的这一群体当中，于是广场舞某种意义上就成为了老年人共文化群体，特别是大妈们独有的一种文化娱乐形式。这样就广场舞而言，老年人共文化群体和主流非老年人群体之间产生了难以调和的交际矛盾。老年人共文化群体，作为广场舞这种文化娱乐形式的享有者，有捍卫自己跳广场舞的权利的倾向，于是选择了挑衅性调节的交际态度取向。

其次，从老年人共文化群体自身特点来看，老年人是一个相对孤立的社会群体。相对于主流非老年人群体成员，老年人由于普遍文化水平相对较低，对新事物接受程度普遍不高，由于人生经历和生活习惯的差异，相对更多的是进行老年人共文化群体内部的交际。广场舞也是老年人进行老年人共文化群体内部交流的重要形式。这一过程不仅促进了老年人共文化群体的交流，也使得跳广场舞的大妈、大爷们更有凝聚力，因而当自身跳广场舞的权利受到主流非老年人群体侵犯时，老年人们会选择一致对外，捍卫自己的权益，即采取挑衅性调节的交际态度。

最后，从文化价值观的角度来看，

中国传统文化倡导"敬老""爱老"的美德，客观上也促使了部分老年人选择挑衅性调节的交际方式。老年人由于受到尊敬，部分老年人共文化群体的成员可能会出现"倚老卖老"的心理。也就是说，可能有老年人会认为，即便老年人跳广场舞对他人会有影响，由于"尊老"文化的影响，主流非老年人文化群体也不能把自己怎么样，因而敢于采取挑衅性调节的交际态度取向，与非老年人主流文化群体进行抗争。

（二）非语言类的挑衅性调节

挑衅性调节，可能从语言上谩骂、争吵、抱怨，也可能从行动上不合作和挑衅，也就是非语言类的挑衅性调节。

日前，有媒体报道了"儿媳索要彩礼太重，老汉上坟抱回家一大摞冥币"的新闻，这也是老年人共文化群体非语言类的挑衅性调节的一种体现。

年过六旬的老李可为儿子伤透了心。儿子初中毕业后，直接进了乡里的一家企业做起了焊工。学徒一年后，这孩子就能自行操作了。老板很高兴，加薪开工资，当成骨干重点培养。但毕竟是乡里的小型企业，月薪也就两三千块钱，每个月除去中午吃饭、抽烟、电话费等，净剩两千多块钱。这样，一年下来能攒上不到三万块钱。前年，眼瞅着儿子到了婚龄，却还没有订亲。

年前刚进腊月，老李一大早起来开门，就见当院大榆树上两只喜鹊呱呱大叫。老李想：莫非有喜事？还真叫老李说着了，第二天就有媒人来提亲：女方是个二婚，带着个一生日多的小子，别的条件都好说，但少了二十万彩礼甭想！

老李又喜又惊，笑脸把媒人送走，开始酝酿着筹钱。家里打扫干净了，能拿出七八万，大闺女说能给拿五万，儿子能出三万，孩子大舅能出一万，剩下的可就把老李难坏了。一连半个多月，老李亲戚友人转了一个遍，竟然只借到六七千块钱。媒人说了：腊月能把彩礼打过去，正月就能把人领过来。

眼看就要大年三十了，一分钱难倒英雄汉。下午，老李独自一人去上坟，傍黑骑着电动三轮车回了家，一进门抱着一大摞钱币就嚷上了：快出来看看啊，钱，我筹够了。

一家人飞快地跑出来看个究竟，只见老李迷迷瞪瞪，怀里抱着的是一大摞冥币。

像李老汉这样，采用"挑衅性调节"

的交际态度取向，用冥币来充当彩礼，综合来看，有以下几方面原因。

首先，从老年人共文化群体实施交际行为的能力来看，选择挑衅性调节也是一种无奈之举。就老年人共文化群体自身而言，在他们眼里，子女的婚姻大事或许比自己的其他事情都要重要，因此他们是很愿意为此付出代价，进行"同化"或"调节"的。然而，在本案例中，由于家庭经济能力有限，老李不得不向现实低头，接受无法为儿子凑够彩礼钱的事实。然而，碍于面子，又不好直接拒绝，只好用挑衅性调节的方式，激进地用冥币充当彩礼。

其次，从交际行为所带来的代价与回报预期来看，"用冥币充当彩礼"这种挑衅性行为，直接的结果可能并不能达到交际目的，得到理想的效果，甚至有可能激发年轻人主流文化群体的不悦心理。而另一方面，这种挑衅性行为也抒发了作为老年人共文化群体成员的老李认为礼金过重，无法承担的不满情绪。虽不能达到良好的交际效果，但却是对自身情绪的真实流露。

另外，值得注意的是，挑衅性调节的交际态度取向，既有挑衅的一面，也有调节的一面。挑衅的一面表现在老年人共文化群体在语言或者行为举止等方面的过激，甚至可能让人无法理解；而调节的另一面表现在，老年人共文化群体在交际过程中表现的忍让和顺从。以本案例为例，为了儿子结婚，老李四处借钱，费尽周折，表现的是老年人共文化群体在交际过程中"调节"的一面。这时候的老李非常希望能够借到钱，让儿子顺利结婚，这样也有一个好的交际结果，然而事与愿违，媒人约定的期限将至，而彩礼钱却还远远不够，只好选择了过激的方式"挑衅性调节"，以冥币充当彩礼发泄心中的不满情绪。

七、非自信隔离

隔离是老年人共文化群体可选择的又一种交际态度，非自信隔离是其中一种重要的表现形式。非自信隔离主要有两方面表现。一方面，与非老年人主流文化群体保持距离，并且远离非老年人群体的活动场所，以避免产生接触。另一方面，在语言或非语言的使用上，刻意与非老年人主流文化群体保持差异，保持距离。

农村老年人不愿与城里儿女同住便是老年人共文化群体非自信隔离的交际态度的重要体现。晚辈通过读书创业，在大城市有了立足之地，然后将家乡的老父老母接来共同居住、共同生活，这本来是一件很风光的事情。可是在现实生活中，却有部分老年人感到"受不起"。

乡情难舍，故土难离，故乡的羁绊使不少老年人选择了非自信隔离的交际态度取向。王先生的父亲去世后，母亲一人仍然住在农村老家。由于交通不便路途遥远，在城里工作居住的王先生，只得每隔三两个月便费尽周折，跑回老家探望老母。期间王先生多次动员母亲到城里生活，但老年人说什么也不愿意。老年人65岁那年不慎摔伤了腰腿，王先生接信后马上将母亲接到城里，请来中、西医大夫精心治疗了大半年，终于痊愈了。在母亲治疗期间，王先生"先斩后奏"，借机将老家母亲的生活用品搬到城里，想让她长期住下来，还把老家的门用土坯封了起来。谁知过了一段时间，王母心情越来越差，终于病倒了。王先生要请医生，王母说她没"实病"，得的是"心病"。她说她太想老家了，常做家乡的梦，梦到了村头的"三角湾"，梦到家中的母鸡下了个"双黄蛋"，梦到隔壁的三婶给她送去了一篮西红柿……王母最后对儿子说了实话："我在城里住不惯，人生地不熟，太憋得慌。这样下去，我活不了几年啦。可老家门都堵了，我又不能再回老家。"王母边说边流下了眼泪……[19]。

农村老年人不愿进城与子女同住，选择"非自信隔离"的交际态度取向进行应对，具体分析有以下几种原因。

首先，农村和城市不同的生活习惯和价值观念，使得农村的老年人很难融入到城市的文化生活氛围当中。像王先生的父亲和陈伯等人一样，部分老年人生在农村，长在农村，甚至可能一辈子都没有离开过农村。在他们看来，城市就是一个完完全全陌生的世界，是他们完全无法融入的世界，既然无法融入，又不愿改变固有的农村文化习性和价值观念，就只能选择"隔离"，而且是一种被动的"非自信隔离"。

其次，"非自信隔离"的交际态度取向的选择能够帮助老年人共文化群体达到"减轻子女负担"的目的。老年人共文化群体与非老年人主流文化群体的交际，未必是冲突和对立的，也有很多是相互依赖，相互依存的关系，特别体现在父母与子女之间的交际上。"可怜天下父母心"，相信绝大多数父母都是关怀和体贴子女的。父母在年轻的时候抚养子女，老

了也不愿意为子女增添负担。正是这种思维模式，使不少农村老年人选择了"非自信隔离"的交际态度取向，远离子女，住在农村，不为子女增添负担。

最后，"非自信隔离"的交际态度取向，也可能是由老年人与非老年人之间的交际代沟引起的。老年人共文化群体与主流非老年人群体住在一起，就意味着他们不仅要学会照顾自己，还要处理"婆媳关系""父母与子女""爷爷奶奶与孙辈"等各种各样的交际关系。对于有些老年人共文化群体成员来说，这些关系对他们来说是复杂的，很难处理的，处理不好甚至会得不偿失，激化家庭矛盾。因此，有的老年人选择了躲避，留在农村，宁愿条件艰苦一点，也不愿意进入城市与子女住在一起，引起不必要的麻烦。"非自信隔离"的交际态度取向由此而生。

另外，需要提及的是，有一部分老年人，选择非自信隔离的交际态度取向，不与非老年人主流文化群体交流，并不是其刻意为之，而是受到生理、心理等因素不良影响的无奈举措。患有"认知症"的老年人，无法和年轻人一样，进行正常交流，就是这样一种"非自信隔离"的交际态度取向的体现。

认知症，又叫阿尔茨海默症，通常的说法是"老年痴呆"。在老人和家属看来，得了这种病，意味着没有生活质量和无尽的痛苦。有无数的老人在发现自己得了认知症后，便羞于出门见人，有的家属甚至把老年人锁在家里，没几年，老人的健康情况每况愈下，在没有生活质量的状态下离开人世。

在许多养老机构，有的失智老人会做出撞门这样的举动。有的机构遇到这种情况，第一件事就是给家属打电话，让家属把老人带到医院"治疗"。到了医院，就会给老年人吃镇定药。长期下来，老年人就会精神萎靡，肌肉无力，甚至会站不住摔倒，身体也就垮了。

得了认知症的老人，并非什么都不知道了，还是会记得过去的一些事情，但是各种记忆在不停地穿梭。这就使得老年人在与人交流的时候，会出现答非所问、张冠李戴的情况。这样匪夷所思的行为，在许多家属眼里，却是一件头疼的事情。现实情况是得了认知症，老人和家属都会有很强的病耻感。久而久之，老年人自身也会产生一种自卑心理，不与外界交流，进行"非自信隔离"。

如何让失智老人"回归"，让他们的

生活也过得有质量呢？

首先，可以依据老人交际行为的能力，对其进行"辅疗"，帮助他们早日摆脱非自信隔离的状态。每个老年人患认知症的程度不同，认知损伤的维度不同，因而家属需要根据老年人非自信隔离的程度与他们进行交流。

其次，老年人虽然在认知上可能有障碍，但却还是有情感的。在解决老年人认知症患者非自信隔离的问题时，非老年人主流文化群体，不能单纯因为自己不舒服的感觉而放弃或者回避与老年人的沟通，甚至限制老年人的人身自由。

再次，在与老年人交流时，尽量避免一些侮辱性的词汇如"痴呆""智障"等，以免伤及老年人的自尊心。

最后，不能把老年人存在的认知障碍问题等同于老年人的一切。而是应该学会换位思考，体会老年人共文化群体的内心感受。

另外，年轻人主流文化群体应该摒弃自己原有的与认知症患者很难沟通的定势思维，要把老年人共文化群体成员真正当成是自己的亲人、朋友，而非不同于自己的特殊群体。

八、自信隔离

自信隔离是老年人共文化群体在与主流非老年群体交际时，为了突出自身的特性，而采取的一种隔离交际态度。其主要表现有两方面。一方面，强调老年人共文化群体在过去对社会发展所做的贡献，从而突出自身的重要性。另一方面，接受文化定势，即顺从主流文化群体对自身的看法，同时试图让主流文化群体积极看待老年人共文化群体的价值观念。

经由媒体的报道，北大退休教授钱理群进养老院的个人选择再次成为新闻。新闻披露了钱理群卖房养老的具体情节，即钱理群把自住的房产卖掉，住进费用高昂但没有产权的养老院。据媒体报道，钱理群自述老两口每个月的费用需要近两万[20]。

早前，舆论一片唏嘘，似乎进养老院是一件非常凄凉的事情。钱理群教授却亲自解释他的养老理念，他乐得"花钱买服务"，省却打理生活琐事的烦恼，以专心写作。钱理群的"奢侈选择"，恰恰对"养儿防老"的传统文化价值观是个变相否定。这是一种老年人主动远离非老年主流文化群体的"自信隔离"交际态度取

向。对此，原因分析如下。

首先，从主观方面来讲，这与老年人的个人经历有很大关系。值得注意的是，这里提到的"自信隔离"交际态度取向只是个案，并不能代表整个老年人共文化群体，也不能说是一种普遍现象。钱理群作为一名北大教授，受教育程度很高，与一般老年人的文化价值观念有所不同。他并不认为进养老院是一种丢人的事情，或者说是"晚景凄凉"的一种表现，相反，却认为独立专心写作是一种幸福。

其次，从客观方面来讲，这种"自信隔离"的交际态度取向，取决于老年人实施交际行为的能力，需要的是良好的家庭经济条件的支撑。钱理群教授的这种自信隔离交际态度取向，对于大多数老年人共文化群体成员来说，却是一种"奢侈选择"。许多老年人由于体力衰退，年龄限制等原因，对年轻人主流文化群体在经济上形成一定的依赖。经济上的不独立使很多老年人无法独立的选择"自信隔离"的交际态度取向。

最后，"自信隔离"的交际态度取向，更是老年人追求独立的精神生活，不甘心充当年轻人主流文化群体的包袱的表现。老年人在身体上虽然老了，但是对精

神生活的追求却不应该因此而止步。在社会主流价值观念中，老年人或许给人一种"刻板、教条和跟不上时代"的印象。作为老年人共文化群体的特殊代表，退休的钱理群教授希望打破这种刻板印象和文化定势，又不愿意融入非老年人主流文化群体当中，采取一种"同化"或者"调节"的交际态度，因而钱教授主动选取了"隔离"的交际态度取向，即"自信隔离"。

九、挑衅性隔离

最后介绍的一种交际态度取向为挑衅性隔离，同时也是最为激进的一种隔离方式。主要表现为以下两点。第一，以具有攻击性的方式打击非老年人主流文化群体的价值观。第二，利用自身所拥有的特权，妨碍非老年人主流文化群体活动。

（一）语料选取和背景介绍

挑衅性隔离性的直观表现为老年人在实际交际过程中不合作的交际态度取向。以下将以央视老年人访谈节目《夕阳红》中的2018年2月3号的节目"曾家的'繁荣昌盛'"作为语料，对老年人的挑衅性隔离的交际态度取向进行分析。节目中主要涉及的老年人为曾庆述，75岁，四川省达州市人。

曾庆述膝下有四个儿子，分别叫作曾凡、曾荣、曾昌、曾胜，合起来寓意"繁荣昌盛"。这也是老曾对这个家庭寄予的美好愿望。但是老曾发现，现实和理想间，还是有着很大差距的。

曾庆述现在已经失去了生活自理能力，什么都干不了了，而每当老年人提起自己的儿子曾荣和曾胜就气不打一处来。曾荣和曾胜常年在外打工，很少回四川老家。老年人为了准备召开家庭会议，曾多次给他们打电话，但结果却让老年人很失望。老二曾荣的电话根本就打不通，老四的电话倒是能通，但他却说今年肯定回不了。曾庆述老年人本身患有重病，却为了儿子们的"不孝"行为而发愁。就这样一家人的矛盾也越来越深，最终到了对簿公堂的地步。

（二）语料分析和研究

例1：

旁白：老曾迫切的想召开家庭会议，就是希望能解决自己的养老送终问题，而在曾家，召开家庭会议是解决家庭问题的常用办法。早在1996年正月初五，老曾家就开了第一次会，议题是分家。当时，参加会议的有老曾和他的老伴，四个儿子和四个儿媳妇，还特意邀请了当时的村干部王伦周和另外一名亲戚列席会议。

曾庆述：我大儿子曾凡把酒宴办了过后，他那里没落到户，他回来就要求拆房子。

旁白：老大结婚好几年了，却一直借住在别人家里。于是他就想拆了家里的旧房子，用这些材料另修新房子。当时，老曾家有8间房子，30棵树，这几乎就是他们的全部家产，到底怎么分，大家的意见却并不统一。

曾庆述：我说的那个三十棵树，你（老大）把它拉过去。

曾凡（曾庆述的大儿子）：感觉这三十棵树少了点，我当时就说了，三十棵树，你们那里要就要，我不要。

曾昌（曾庆述的三儿子）：老二（曾荣）呢，就接（话）道，他说他要三十棵树。

旁白：协商了半天，最后一家人终于达成了分家协议。

分家协议：1.老大和老三各分得了四间房子；2.老二得了三十棵树；3.老大和老三负责两位老年人的养老送终；4.老四当了上门女婿，根据当地习俗，老四不能参与财产分配。

王伦周（村干部）：（老二得了）

三十棵树，就不抚养老年人，是这样的。

旁白：然而，就在家庭会议的第二天，这份分家协议却被撕毁了，这个人不是别人，正是这次家庭会议的召集者，一家之主，老曾。

曾庆述：我（第二天）一早就把它撕了。

旁白：为什么撕呢？老曾说，他仔细一琢磨，觉得这协议太有问题。分家是一回事，养老是另一回事。俗话说了，养儿防老，自己明明有四个儿子，怎么能因为少分了家产，两个儿子就不给自己养老送终了呢？

曾庆述：我说那让别人笑话，我有四个儿子，他们也不愿意背这个骂名，我也不愿意背这个骂名。

分析：这段语料主要讲述了曾庆述老年人与儿子们召开家庭会议时的情景，从老年人的语言和行为中可以发现许多挑衅性隔离的交际态度取向的影子。

所谓挑衅性隔离，简单地说，就是不交际，而这种不交际行为是不太友好的。前面已经提到，个人交际态度取向的选择不仅取决于自身习惯，更重要的是取决于交际环境和对象，以及交际时的目的和意图。与上文一样，老年人为了达到自身交际的目的和意图，在与非老年人交际时可能选择"同化"或是"调节"，以获取对方的帮助、理解和支持。而换言之，如果老年人的交际目的和意图无法达成，也就是谈不拢或者谈崩了，那么就可能剩下另外一种选项：隔离。

应该说曾庆述老年人刚开始的时候还是很想和儿子们谈谈的，于是不辞辛苦不嫌麻烦，费劲周折将儿子们召集起来，想要召开家庭会议与儿子们谈一谈分家和自己以后的养老问题，并请了村干部王伦周作公证。然而，结果却令老年人很不满意也很不高兴，因为分家的问题是解决了，几个儿子也分得了想要的家产，可是老年人自己的养老问题却得不到解决。正如老年人自己所说："分家是一回事，养老是另一回事。俗话说了，养儿防老，自己明明有四个儿子，怎么能因为少分了家产，两个儿子就不给自己养老送终了呢？"简而言之，对于家庭会议的结果不满意，既然谈不拢，商量着来不行，那就只好"挑衅性隔离"了，把分家协议给撕毁了，不承认这回事，也不再进行交际。

当然，从文化价值观的角度进行分析，老年人"挑衅性隔离"的交际态度取向也是有原因的。需要强调的一点是，

"挑衅性隔离"的交际态度取向，可能会令对方非常不舒服，这种后果老年人也不会不清楚，其中的原因可以归纳为以下几点。第一，缺乏交际的必要性。在曾庆述老年人看来，自己是一家之主，家里的人都应该听自己的，换言之，如果孩子们不听自己的，或是与自己的想法有冲突，老年人自己是可以拒绝接受的。于是乎，当家庭会议后家庭成员们达成一份分家协议后，老年人就一个态度：不承认。甚至第二天一早就撕毁了协议。这就是一种极端的"挑衅性隔离"的交际态度取向的体现。第二，缺乏交际的可能性。既然分家协议已经被老年人给撕毁了，儿子们也可能觉得曾庆述老年人不可理喻，甚至言而无信。这样下来，双方就产生了矛盾和冲突，互相不信任，互相不理解，此时老年人也只能选择"隔离"了。当然，"挑衅性隔离"是可以的，后果却是严重的，以下将以曾庆述老年人的后来经历说明"挑衅性隔离"所带来的严重后果。

例2：

旁白：身体上的病痛，儿子们的抱怨，再加上对另外两个儿子的思念，让老曾作出了一个惊人的决定。2017年1月21日，老曾把四个亲生的儿子告上了法庭，

要求他们承担应有的赡养义务。

曾庆述：我痛了的话，就把床沿抱住，就抱床沿，躺在床上，就感觉心里很着急啊。想起人家（父母）在生（孩子），人家（孩子）在养（父母），不像我家里，东一个西一个的，这地方一个那地方一个。

旁白：法院接手的第一时间，就开始联系老二和老四，老二的电话总是无人接听，老四的电话倒是通了。

程均永（法官）：第一次通电话，通了九分钟电话，当时让我头都有点痛。

旁白：老四说，他是被当作女儿嫁了的，当年分家产都没他的份，现在也没有理由让他来养。

程均永（法官）：他们就认为嫁出去的女儿，对亲生父母没赡养义务。

旁白：一边和老四沟通，另一边迟迟没联系上的老二也传来了消息。

程均永（法官）：原告方（曾庆述）提供信息就说，本案的第二被告（老二）在卫生院住院，我们法庭三个干警立马就赶过去。然而等法官赶到时却只有一张空病床，跟医生一沟通才知道，老二明天还会来。于是第二天一大早，法官就到了病房，终于见到了久违的曾家老二。而老二

的态度也很明确，就是老曾不该由他赡养，而他是有凭有据的。

程均永（法官）：本来他还有病，在床上还在输液，一个手举着输液的瓶子，就到他包里面去翻证据。我有证据给你们法官。

旁白：当即曾荣就从包里掏出了一张泛黄的便签纸，这张纸尽管已经十分陈旧，但却被小心翼翼地进行了过塑保护，而这张纸居然就是21年前老曾家第一次家庭会议上全家人签订的那份协议。上面确实写着，曾小云也就是老二曾荣在山上挑选30棵柏松树后，家产一律不要，不负担两位老年人的一切。而曾凡和曾小和，也就是老大和老三均分家里的八间房屋，并承担两位老年人的赡养。一提起当年签协议的事，老二一个大男人居然哭了起来。

曾荣：我提到这个问题我就说不下去了，真是没法活了。

旁白：为什么曾荣会有如此反应，他说因为当时他是被迫签下这份协议的。

曾荣：这个分家就是我们老年人提的，根据我们这个情况，我妻子身体，那个时候经济条件十分困难维持不了，意思就是说不要我服侍，不要我管。强制性地就写了这个依据，等于就（把我）搞下去了。

旁白：曾荣说，当年就因为自己条件太差就被家里所轻视，这让他现在一说起这事，心里就过不去这道坎。

王伦周（村干部）：父母有慈心，儿女才有孝心。转过来说呢，就说养儿防老，结果就没有防到老。

旁白：2017年3月7日，达州市通川区人民法院，以巡回法庭的形式审理此案，审理的焦点集中在了赡养的具体方式上。

曾凡（曾庆述的大儿子）：我的想法就是，四个兄弟轮流值班，一个人一个月。

旁白：老大和老三一致同意，由四兄弟轮流赡养，老四的岳父也赞成，但提出老四应该少尽点义务，毕竟他已经是别人家的上门女婿。而轮到老二时，还依然紧抓着协议不放。

曾荣（曾庆述的二儿子）：现在要服侍也可以，原来的房子必须要折出钱，那房子八间，我们不多说，一万块钱一间是要值的，八万块钱。

曾凡（曾庆述的大儿子）：主要是服侍（老）人，财产是另外一回事。

旁白：法庭上看着孩子们如此的争吵不休，老曾气愤不已。

曾庆述：（乡政府）当着面，我是把它（协议）撕了的，你们来，你来了还拿起来（说事），你怎么好意思啊。还拿起来（说事），哎。

法官：别激动。

分析：本节语料展现的是曾庆述老年人采用"挑衅性隔离"的交际态度取向撕毁分家协议后，家里的状况。

应该说这种后果可能连曾庆述老年人自身也是始料未及的。当初老年人撕毁分家协议，可能只是为了宣泄心中的不平，顺便教育一下儿子们，说明自己是一家之主，家里应该是自己说了算，分家协议连自己这个做家长的都不认，儿子们也应该就当作没这回事。可儿子们似乎不这样认为，分家协议是家庭成员通过讨论同意的，而且还有村干部在场作证，不能因为老年人一味地"挑衅性隔离"，不承认这回事，就真当作没有了。于是家庭矛盾越来越深，双方关系也很僵。

挑衅性隔离当然也不是老年人的专利，儿子们也能挑衅性隔离。起初，是儿子杳无音信，联系不上。特别是二儿子曾荣和四儿子曾胜，两位可能觉得当年分家的时候自己吃了亏，便宜尽被老大和老三占去了。于是乎，觉得自己不赡养老年人也是应该的，索性也和曾庆述老年人来个"挑衅性隔离"对于二位老年人不管不顾。甚至连母亲得了重病，两兄弟也不回家探望。

这就害苦了曾庆述老年人了。年纪不大还好，自己能够照顾自己。而年纪大了就凄惨了，按老年人自己的说法"痛了的话，就把床沿抱住，就抱床沿，躺在床上，就感觉心里很着急"，不仅是肉体的折磨，还有心灵的煎熬，"想起人家（父母）在生（孩子），人家（孩子）在养（父母），不像我家里，东一个西一个的，这地方一个那地方一个。"此时的曾庆述老年人，似乎又不像以前那样的使用"挑衅性隔离"的交际态度取向了。他是很想和自己的儿子谈谈的，"同化"也好，"调节"也罢，只要能够见到自己的儿子，得到他们的照顾，让自己"老有所终"，这位父亲也心甘情愿。

而儿子们却不这样认为，特别是二儿子曾荣，始终对当年分家的事耿耿于怀，甚至当老年人与儿子们对簿公堂之时，也以当年的分家协议为由，作为拒绝抚养老年人的依据。要知道，曾庆述老年人当时是不承认这份协议的，并且采取"挑衅性隔离"的交际态度取向将这份协议撕毁了。可撕毁了不代表没有了，二十多年过去了，二儿子还依然"心中有数"，以此

为据。所谓，"父母有慈心，儿女才有孝心。"由此可见，使用"挑衅性隔离"的交际态度取向，后果是严重的。可能非但不能达到预想目的，还会加深交际双方的矛盾，无法让对方满意和信服。由此可见，老年人在选择交际态度取向时需要三思而后行。所谓"冲动是魔鬼"，错误的交际态度取向没准还真能让人碰到"鬼"。那什么样的交际态度取向是正确的，什么样的又是错误的呢？这将在下文中进一步分析。

第四节　中国老年人共文化群体交际态度取向的利弊及应对策略

现代社会老年人共文化群体和主流非老年人群体交际的重要意义，得到社会的广泛关注。"孤寡老年人""空巢老年人""老年人再婚"等话题也成为各大媒体和社会公益组织关注的热点。而老年人共文化群体在进行交际时，选择正确的交际态度取向，意义也是不容忽视的。老年人共文化群体与非老年人主流文化群体的交际障碍，严重影响了老年人的人际关系和家庭和睦。因此，笔者从跨文化交际的角度出发，把老年人群体的交际看作是一

种"共文化交际"形式。

在解决老年人共文化群体所遇到的交际障碍时，笔者建议按照如下的方式，选择合适的交际态度取向。

对于老年人共文化群体来说，首先，尽量不要因为自己的不舒服或者不满而回避与主流非老年人文化群体的交流，即采取"非自信隔离"或"挑衅性隔离"的交际态度取向。这两种交际态度取向往往非但不能消除与非老年人主流文化群体的交际障碍，可能还会加深二者的误会。

其次，老年人共文化群体在交际过程中，不能总是以"长者"自居，将自己置于高位，认为年轻人们都只是孩子，而自己总是正确的。而这种自我的优越感，容易使老年人选择较为激进的"挑衅性同化"或"挑衅性调节"的交际态度取向。这种交际态度取向往往并不能给对方带来好感，相反可能还会激化矛盾，因此"挑衅性同化"和"挑衅性调节"的交际态度取向也应当适当回避。

另外，"自信同化""自信调节"这两种交际态度取向相对来说能够给非老年人主流文化群体留下更好的印象，通常能够取得更佳的交际效果。但随之而来的，是对老年人共文化群体自身特点的摒弃。相应的，

"非自信同化"和"非自信调节"能够更好的彰显老年人共文化群体的特性，但在交际的主动性方面，会相对较弱。

最后，值得注意的是，也有少数老年人在交际的过程当中，会选择"挑衅性隔离"这种交际态度取向，即保持自身老年人共文化群体的特性，且不与非老年人主流文化群体产生交际。这种交际态度取向对宣传老年人自身文化特点有所帮助，但不与非老年人主流文化群体交际，就意味着需要独自面对生活困难和压力，因此选择这种交际态度取向的老年人还是很少的。

另一方面，对于非老年人主流文化群体来讲，应该摒弃原有的对老年人"刻板""难以沟通""跟不上时代发展"等思维定势。要把老年人当作自己所属的圈子的普通一员，不能将老年人当成是特殊群体来对待。以恰当的方式尊敬老年人，让他们真正的感觉到关怀和温暖，积极参与到老年人的生活，积极主动地与老年人沟通。

第五节　结　语

尽管我国有别于西方等移民国家，基本不存在基于人种差异的共文化传播

问题，但分布在全国各地的不同民族、不同年龄、不同性别、不同身体状况的各类共文化群体及其差异性，为西方共文化理论在中国的研究运用提供了广泛的空间[21]。

由于年龄的差异，价值观念等方面的不同，老年人共文化群体与非老年人主流文化群体之间在交际的过程中存在交际障碍是很普遍的现象，这种交际障碍也就是我们通常所说的"年龄代沟"。在讨论老年人在交际过程当中所存在的交际过程中，笔者以老年人共文化群体应对非老年人主流文化群体的时的交际态度取向为

框架，按照共文化理论的非自信同化、自信同化、挑衅性同化、非自信调节、自信调节、挑衅性调节、非自信隔离、自信隔离、挑衅性隔离共九种文化交际态度取向进行分析。九种态度取向各有不同，总体上没有对错之分，但是有恰当和不恰当之分，虽然都是交际的一种手段，但是带来的交际结果是不同的。

总之，在老年人共文化群体与主流非老年人文化群体之间进行交际时，"双方都应该调整心态，摒弃对对方的认知偏见和文化定势[22]"。

参 考 文 献

［1］李志远，王丽皓.残疾人共文化群体求学过程中的交际障碍及应对策略［J］.哈尔滨学院学报，2010，31（09）：112-114.

［2］王媛.共文化的理论框架与演进轨迹［J］.重庆社会科学，2015（04）：93-100.

［3］MARK P，ORBEA T. Robertsa：Co-Cultural Theorizing：Foundations，Applications &Extensions［J］.Howard Journal of Communications，2012，23（4），293-311.

［4］王媛.共文化的理论框架与演进轨迹［J］.重庆社会科学，2015（04）：93-100.

［5］MARK P, ORBEA T. Constructing co-cultural theory：An explication of culture，power，and communication［J］.Thousand Oaks，1998，3.

［6］张德岁.合作原则研究综述［J］.江淮论坛，2009（04）：135-140.

［7］王冲.礼貌原则研究概述［J］.语文学刊（外语教育与教学），2009（04）：19-20.

［8］王媛.共文化的理论框架与演进轨迹［J］.重庆社会科学，2015（04）：93-100.

［9］胡壮麟.语言学教程［M］.北京：北京大学出版社，2004.

［10］马秀芹，薛瑞莉.跨文化与语言和非语言交际［J］.山东省青年管理干部学院学报，2004（06）：114-116.

［11］学海泛舟.农村老年人为何不愿住城里儿女家？［EB/OL］.（2006-11-26）［2017-11-4］.http：//www.360doc.com/content/06/1128/10/9807_275217.shtml.

［12］王晓晓.非语言交际的跨文化对比［J］.科技信息（科学教研），2008（04）：276+263.

［13］汪惠菊.跨文化非语言交际［D］.武汉武汉理工大学，2002.

［14］家庭晚报.老年人要有不服老精神但身体要服老［EB/OL］.（2014-4-17）［2017-11-13］.http：//blog.sina.com.cn/s/blog_bb435d3a0101iito.html.

［15］徐放.晚霞与朝阳一样的绚丽［J］.今日科苑，2003（12）：1.

［16］何自然.言语交际中的语用移情［J］.外语教学与研究，1991（04）：11-15.

［17］中国新闻网.评论：广场舞问题要有都退一步的谦让［EB/OL］.（2013-11-12）［2017-11-18］.http：//news.china.com.cn/rollnews/news/live/2013-11-22/content_23530925.htm.

［18］杨立.养儿养女到底谁能防老 老年人不放心儿女钱财自理［EB/OL］.（2016-11-16）［2017-12-1］.http：//xian.qq.com/a/20161116/009786.htm.

［19］澎湃新闻.被孝道绑架 今天的年轻人将会老不起吗？［EB/OL］.（2015-10-28）［2017-12-9］.http：//news.sohu.com/20151028/n424396992.shtml.

［20］萨默瓦.文化模式与传播方式跨文化交流文集［M］.北京：北京广播学院出版社，2003.

［21］李志远.中国残疾人共文化形成的文化价值观维度考量［J］.边疆经济与文化，2012（03）：166-168.

第二部分　中外老年人特点对比分析

第五章
日本老年人的社会地位及语言特点

第一节 引 言

日本是中国的邻国，其历史并不如中国一般源远流长，但这并不影响日本人对本国文化的崇拜与保护。就日本的起源而言，各家众说纷纭，至今依旧扑朔迷离。在我国，据《汉书》及《后汉书》中记载，我国古代时，称日本为"倭"，或者是"倭国"。在公元五世纪，日本完成了统一，天皇定名日本为"大和"，在今天日本人依旧喜欢称呼自己为"大和民族"。由于日本人崇拜太阳，因此将太阳的形象作为日本的图腾，我们从当今的日本国旗中也可看出这一点。据《新唐书·日本传》中记载，在7世纪后半叶，日本遣唐使将其国名改为"日本"，意味着"太阳升起的地方"，并将该国名沿用至今。说到日本文化，就不得不说它的邻国——中国。不管日本人是否愿意承认，日本文化受中国文化的影响巨大。日本著名汉学家内藤湖南在一次题为《何为日本文化》的演讲中曾形象地指出：日本民族在未与中国文化接触以前就好像是一锅豆浆，中国文化就像卤水一样，日本民族和中国文化一接触就成了豆腐[1]，足见日本文化受中国文化影响之大。中国传统文化对日本文化的影响无疑具有重要研究价值，同时也是中国研究者始终乐于研究的课题。

无论是令当今日本人引以为傲的"茶道""书道"亦或是日本人的饮食与礼仪，无不充斥着中国文化的影子，更不用说日本的汉字。日本人将这些文化视为珍宝，代代传承。可以说，日本人将本国文化保存的相当完好。然而，尽管日本人十分重视本国文化，但随着全球化的日益推进，日本文化难免会受到其他国家文化的冲击，其中以年轻人最为明显，老年人最为轻微。本章以老年人的语言特征为线索，深入分析日本老年人较为传统的生活文化及他们的语言特征，以此和中国老年人相对照。

第二节　日本老年人的社会地位

日本是全世界出名的长寿大国。在1994年，日本就已经步入老龄化社会并逐步进入超高龄化社会。虽然日本的平均寿命和高龄化率都达到世界的最高水准，但是从人口的总量上来说，日本的总人口实质呈现出不断减少的状态。由于日本当代年轻人不愿生孩子，导致日本新生儿出生率逐年下滑。根据相关研究部门的预测结果推算，截至2050年，日本的总人口数大约会减少到1亿人。那么，如此一个老年化人口大国，日本的老年人又有着怎么样的社会地位呢？

一、历史上日本老年人的社会地位

由于日本人受中华文化影响深远，他们的文化思想中也同样有着中国古代流传下来的儒家"尊老"思想。回顾古代中日文化交流的历史我们就可以看出，从始于奈良时代之前的大化改新到佛教东渡，日本根据自身发展的需要，从政治制度到宗教文化的多个领域都积极引进唐朝文化，并且随着时间的流逝，这些被引进的文化后来被逐渐日本化，最终被日本文化所吸收，成为其中的一部分。在这些被日本化的唐文化当中含有构成中国文化根基的佛教、儒教和道教。作为集体主义文化程度最高的国家，古代日本人的家庭结构同中国一样，以老年人为尊。日本几百年以来一直是以男性为中心的父系家族为主，因此家族里的父母亲，尤其是父亲对于整个家族而言处于绝对的领导地位。子女对于日常生活中的大小事务要一一请示父亲，尤其是婚姻更是要父母亲做主。可以说在古代的日本，老年人在各自的家族体系中处于至高无上的地位。

在美国作家鲁思·本尼迪克特的著作《菊与刀》中，他描写了日本人对于长辈的"承恩"。鲁思在书中写道：日本人有一条谚语，翻译过来大概是"养儿方知父母恩"。日本人对于祖先的崇拜限制在父辈及能够记得住的祖辈，这使日本人相当重视在孩提时期照顾过自己的人。日本人将这种"父母恩"位于至高无上的位置上，如同日本另一条谚语所说的对于父母"难以报恩于万一"。对于以前的日本人来说，这种"恩"带来的负担要大于亲情，为了这种"恩"，他们愿意无条件地去满足父母的一切愿望。日本人将等级制度贯彻的非常彻底，他们恪守对长者无条件服从的习惯，对于长辈的要求他们无怨无悔地去执行。虽然这种盲目的"报恩"行为在当今的日本社会中已经基本不复存在，但是日本人"承恩"的思想却并未彻底消失。也正是由于日本人贯彻的这一理念，旧时的日本老年人对于社会有着绝对的统治地位[2]。

但是在日本古代，也有日本人弃养老年人的事情发生。日本在1983年4月上映了一部名为《楢山节考》的电影，故事发生在一百多年前日本信州深山里一个偏僻的村落。小山村后的楢山连绵不断，峰顶终年积雪，将村庄与外面的世界隔绝开来。由于生活的极端贫困，村子里没有多余的粮食让没有生产能力的老年人和孩子吃。这里有个习俗：每户人家，只有大儿子可以娶妻生子，其他男人只能干活，不许结婚，他们被称作"奴崽"。至于老年人，男人一到了70岁，女人一到了60岁，就要由儿子背到村后的楢山上去，任其自行消灭。电影中的老年人一心想着为儿女操办婚事，在最后带着欣慰的心情被儿子背上山，等待死亡。

这部电影反映了日本粮食短缺时期老年人做出的"牺牲"，从电影中可以看出日本人深入骨髓的思想——不给别人添麻烦。日本人极其害怕自己给别人添麻烦，为了不成为累赘宁愿牺牲自己。正如前文所说的"承恩"，在电影中，山村里的人民代代都有弃养老年人的传统，被弃养的老年人同时也是曾经弃养过老年人的人，他们很坦然地面对自己年老后的命运，从这点来看在特定的时期，特殊的状况下，日本老年人的地位又处于社会的最底层。但是从总体来说，日本老年人的社会地位还是很高的。

二、现代日本老年人的社会地位

前文提到日本是一个老龄化程度较高的国家，严重的老龄人口比例使得日本政府面临巨大的压力。随着全球化影响日益深远，历史上日本人拥有的"报恩"观念已经变得十分淡薄，老年人给予年轻人的感觉更多的是一种责任与压力，因此日本现代老年人的社会地位早已大不如前。在日本人的观念中，有一条全日本都谨记并时刻遵守的约定，那就是"不给他人添麻烦"。这一观念从日本古代一直流传至今。日本老年人同样也谨记着这一观念，他们不愿自己衰老的身体为子女和社会带来"麻烦"，所以在日本，子女对老年人没有赡养义务，很多老年人会选择自己打工养活自己。这一点与中国不同，与西方国家有些相似。日本老年人大多不愿承认自己年老，不愿承认自己是"制造麻烦的人"。举一个例子，一位中国游客去日本旅游，他在地铁上看到有一位日本老婆婆没有座位，于是站起来给她让座。但是这位中国游客没想到的是，日本老婆婆竟然对他的行为表示愤怒与伤心。那位老婆婆对同伴说，原来自己已经老到需要别人为她让座的程度了，这多么令人伤心啊！很

多外国游客，尤其是中国游客会对日本年轻人不为老年人让座这一行为表示不解。日本向来以礼仪而受到各国认同与赞赏，但是这么一个注重礼仪的国家却鲜有年轻人为老年人让座，这令外国人感到很惊讶。由于文化不同而产生的文化碰撞是难免的，这一行为也从侧面反映出日本老年人的社会地位的的确确是无法同往日相比。由于日本的法律并未明确规定子女有赡养父母的义务，因此在日本常常可以看到很多有儿有女的老年人依旧老无所依，只能自己打工养活自己。很多日本老年人赞同这一政策，因为他们的子女在18岁之后就不能要求他们支付抚养费用，他们也不需要去帮助子女带孩子，可以选择自己想要的生活，活得较为潇洒。但是，同样有很多的日本老年人由于子女的不赡养而过着穷苦的日子，自身的幸福无法保障。

日本有一部电影叫作《樱桃小丸子真人版》，讲述了一位老年丧妻，失去工作，女儿又不愿意赡养他的老年人寻求亲情之旅的故事。该故事在日本上映后反响巨大，日本老年人日益下降的社会地位，以及老无所依的现况早已使很多日本民众感到不满，这一问题也得到越来越多的关注。目前，日本有一条不成文的法律，那

就是长子需要赡养父母，作为回报，他也可以得到父母全部的财产。而其他子女则不需要赡养父母，同时他们也不能得到父母任何财产。这一不成文的"约定"看似合情合理，但实际上并不完善，家庭关系处理不好往往会引出一系列的纠纷，这也是日本社会应当关注的问题。很多时候，由于父母并没有足够的财产给子女继承，因此子女表示不需要父母的财产，当然他们也同样不会去赡养父母。由此可见，在现代日本，老年人的社会地位非常低，他们甚至需要看子女眼色行事，这与旧时的日本形成了强烈的反差。

在过去，除去前文提到的在粮食短缺时期将老年人丢弃到山上饿死这种极端事件外，日本人对老年人的态度还是十分尊敬的。究其原因，还是要从唐代时中国文化大量传入日本说起。中国人自古遵循儒家思想，是高度集体主义国家。论语中关于"孝"的文字格外的多，比如：子曰："父在，观其志；父没，观其行，三年无改于父之道，可谓孝矣"；子曰："父母之年不可不知也则以喜，一则以忧。"；子曰："父母在不远游，游必有方。"，等等。在这样的思想熏陶下，中国人对于"孝"的重视程度不言而喻。随着中国传

统文化传入日本，有关"孝"的思想也传入日本，并影响深远。在旧时，日本人和中国人一样，以父母之命马首是瞻，一丝一毫都不敢反抗，也因此造成了很多悲剧。类似中国古代《孔雀东南飞》的故事在日本也有案例，比如日本最具盛名的长篇小说，也是世界公认的最早长篇纪实小说《源氏物语》中就有此类悲剧。源氏的第一位夫人葵姬，是位高权重的权臣之女，身份无比尊贵。在当时，源氏的兄长皇太子（后来的朱雀天皇）爱慕葵姬，但是葵姬的父亲一心想把葵姬嫁给铜壶天皇最宠爱的儿子源氏，以求得富贵与前程，但对于葵姬来说却是一生的悲剧。

《源氏物语》写于公元11世纪，从书中描写的一角，人们可以窥视到日本老年人在当时的社会地位。

随着时间的推移，尽管日本社会对待老年人还是持有相当尊敬的态度，但是年轻人不会再同以前一样事事听从父母的意见。

日本有一档国民性的综艺节目叫作《人类观察》，该节目通过观察普通人对待一些突发事件的态度来观察社会现状。其中做过很多期子女想从事各类工作或者是将男友（女友）带回家的策

划。节目组通过隐藏摄像机，以及委托人的配合来近距离观察父母的反应。通过多期节目，观众可以看到日本父母对于子女的选择方面，绝大多数都持尊重的态度，这说明虽然日本社会对老年人的意见非常重视，但是老年人的意见和态度对于年轻人来说只是参考，而不再是权威，这一点与目前中国社会类似。

三、日本政府对老年人的养老福利政策

在子女没有法律责任赡养父母的日本，如何保证日本老龄人的晚年生活成为了日本政府不可避免要慎重思考的问题。

日本老龄化本就相当严重，如果不能将日本老年人的晚年生活及福利政策处理好，那么日本社会将会受到一定程度的影响。那么，日本政府对待老年人又有着怎样的福利养老政策呢？

日本现代福利制度的发展，是从明治维新开始的。日本老年人福利的政府责任也应当是伴随着日本现代福利制度的发展而逐渐强化的。自日本明治维新至今一百多年里，随着日本社会福利制度经历的从无到有的过程，日本老年人福利的政府责任也是经历的由弱到强的过程。而日本福利制度的萌芽，可追溯到圣德太子时期，

它很好地吸收了中国古代佛教、儒教和道德思想，使之融为一体。日本政府由此制定了日本的福利制度。明治维新后，日本福利制度的发展也受到西方文化和基督教思想的影响。总之，日本政府责任是将日本的宗教和意识形态因素与东西方文化相结合，不断地适应日本社会、文化等因素向前发展。在1953年，日本颁布了《社会福利事业法》，这一法律是日本真正意义上给予国民社会福利的保证。该法律的第一种福利就是关于养老设施完善等面向老年人群体的福利，从中我们可以看出日本政府正逐步重视老年群体的养老福利问题。到了20世纪60年代，日本老年人福利政府责任进入了一个高速发展的时期，社会福利也发生着相应的变化。日本政府对于《精神薄弱者福利法》（1960年）、《老年人福利法》（1963年）等一系列法律的制定更加明晰了日本政府的责任。日本的社会福利迎来一个有法可依的时代。尤其是随着日本老龄化的不断加剧，日本政府颁布的《老年人福利法》形成了一个独立的老年人福利服务体系。到了20世纪70年代，社会福利发展迅速，随着地域性的社会福利的大幅度扩充，日本地方政府的责任也逐渐得到扩展。1973年4月，日

本政府改正年金保险法，1979年日本政府提出的"在宅福利服务战略"，更有利于建立新的老年人福利服务体制。再后来，日本政府逐渐完善老年人服务体系制度，增加老年人活动器材，创办老年人大学等福利项目，为老年人的晚年生活提供保障。

然而，尽管日本政府有心为老年人建设完好的社会福利制度，但伴随着日本社会老龄化速度的加快，政府难免显得有些力不从心。据报道，由于子女不需要赡养父母，很多失去自理能力的老年人会选择去养老院养老。但是，他们微薄的退休金不足以支撑他们住条件较好的养老院，有些老年人还因为付不起钱而被养老院赶出去，甚至有报道称养老院发生过虐待老年人事件。目前，日本法律规定60岁是退休年龄，但是到65岁才能真正领取养老金。日本《高龄者雇佣安定法》规定，企业必须保证有工作意愿与能力的人员被雇佣到65岁，由此可以看出，日本的老年人面临着不小于年轻人的社会压力。而伴随着越来越多的日本青年选择独身或者是不繁衍下一代，意味着日本社会老龄化问题不会减缓只会加剧。

第三节　日本老年人的语言特点

日本人语言文字的构成与其文化相同，都是较为复杂的。

日本语虽然以当代语言学的角度来分析其语法、语音、语汇来看从属于乌拉尔、阿尔泰（Ural-Altai）语系统，但从本质上来说，它本来是与蒙古语、通古斯语、土耳其语及朝鲜语是同一系统的。事实上，日本的语言系属问题，现在尚未获得完全解决，因此说它比较复杂。

最开始，日本是没有文字的，他们不断吸收外来文字，并将其衍生为自己的文字。日本的文字由三部分构成，第一部分为平假名，作用类似于汉语中的拼音、英语中的音标，是读文识字的基础，它的来源借鉴于汉语中的草书。举个例子，平假名的"あ"，来源于汉语中的"安"；第二部分为片假名，每一个片假名都有其相应的平假名作为对照，主要用于书写及组成外来词，它的来源是汉语中的楷书。举个例子，日语片假名中的"イ"，就是来源于汉语中的偏旁"亻"；第三部分为汉字，这一部分文字是日本吸收了中国的文字而得来的，他们将其改变文字意义与读音，使汉字成为日本文字的一部分。此外，日本语不仅仅复杂在文字方面，它的语法也是相当复杂，其动词与形容词的属性分为多种，每种都有特定的变化形式。并且根据每个人的身份不同，他们说话时所用的名词、助词等也有所不同[3]。下面我们就看一看日本老年人的语言特点。

日本是一个非常善于借鉴、吸收并融合其他文化语言特点的国家，这源于日本这个国家本身的地理位置特点及历史文化特点。即使在吸收了多国语言之后，日本语言依旧拥有自身的特点。无论是日语中的"外来语"还是原创语，使用起来都没有任何语法及发音方面的阻碍。从文化看，日本的男性用语与女性用语的差别也是完全来自于日本自身社会文化的特点，而不是照搬其他文化的语言习惯[4]。

日本从汉字及西方国家借鉴语言的特点也使得日本人的语言呈现出一定的差异性，这种差异并非体现在语言本身，而是体现在使用对象上。

日本的老年人偏向于使用汉字，而日本的年轻人比较偏向于使用英语、法语、葡萄牙语等外来语。日本年轻人认为外来语更加简单易懂，他们甚至会在使用语言时大量夹杂英语，这就为老年人带来了不

便。不仅是年龄层次不同会造成语言使用的差异，日本人的男性用语与女性用语也是日本人使用语言的一大特点，这一特点在日本老年人身上体现的尤为明显。

一、日本男性老年人的语言特点

首先，日本的老年人会较多的使用汉字与平假名。日语中至今保留近2 000个汉字，日本人也让汉字焕发了出了新的生命力。例如日常生活中的用词，像银行、积极、否定、肯定、电话、组织、服务、纪律、政治、政府、方针、政策、申请、支配、工业等等都是有汉字的写法。这些汉字是从日本传到中国的。特别是明治维新以后，日本脱亚入欧，积极学习西方的科学技术，还有政治经济法律，翻译成日文时，就用了中文里的汉字，赋予了这些汉字新的意义。但是现在由于种种原因，日本教育的汉字越来越少了，只有1 006个。受西方文化的冲击影响，日本的年轻人更愿意使用"外来词"，也就是由片假名组成的外国语言的音译词，例如ブルー（blue）、ホワイト（white），而日本的老年人认为这些词缺乏美感，失去了日语本身的感觉，因此他们更倾向于使用书写汉字"白""青"，读音读成"あ

おい""しろい"。在习惯于使用平假名读音与使用汉语写字上，日本的男性老年与女性老年并无太大区别，他们都是较为倾向传统日本语言文字的发音与书写方式，不喜欢当代年轻人认为很"新潮"的外来词。

日本传统文化属于高语境、权力距离大、男性主义倾向文化维度，非常注意等级制度，身份高低及性别不同的区别，是典型的男权社会。日本的男性与女性有着截然不同的称谓语。在现代，日本年轻人为了追赶潮流，体现男女平等的思想，有意的使用模糊性较大的称谓。但是，在日本老年人心目中这是极其不礼貌的，他们心中依旧存留着较为封建的等级制度及男女性别差异，在使用称谓词时他们一定会使用可以直观体现自身地位与性别的词语。

在日本，男性的自我称谓通常有有僕（ぼく）、俺（おれ），前者的礼貌程度较高，后者礼貌程度较低。在日本，年轻人会更加喜欢使用后者，而男性老年偏向前者。无论是向比自己年纪大的人、同辈的人、甚至是自己的晚辈介绍自己时，他们都会使用第一种更加礼貌的用语。同样的，在听取他人的自我介绍时，他们也

希望得到相应的尊重。如果做自我介绍的年轻人使用了后者为自我称谓语，老年人听起来就会感到非常不快，认为年轻人没有礼貌，导致交际发生矛盾。在去日本旅游时，很多外国游客并不了解日本称谓语的说法，一味地按照口语书上的介绍与日本人交流。日本的年轻人对此表示没什么关系，但是在日本老年人听起来就非常反感，认为那个国家的人民缺少礼貌。另外，在自我称谓语中，「わて」/「あて」也是男性称谓语。只是这两个称谓语使用人数较少，并且只有京都地区的日本男性老年才会使用，因此很少能听到。

除了第一人称称谓语之外，日本男性用语在第二人称和第三人称上也有着自己的特征。日本男性在使用"你"这个称谓时，有「お宅」「お前」「おさま」「てめえ」「きみ」「あんた」这几种不同的说法。但是由于日本人认为直接称呼"你"是不礼貌的，因此日本人在称呼平辈与长辈时，不会使用表示"你"的词，而是使用对方的头衔或是对方的形式。在现代，日本的年轻人在同辈之间为显亲密会以"你"来称呼对方，但是对于日本的老年人来说，使用"你"这个称呼是相当不礼貌的。他们只有在称呼小孩子时为了

显得自己作为长辈对晚辈的宠爱和亲密，会对孩子使用"你"这个称呼。在职场上，男性长辈为了突出自己的领导或者前辈的身份有时也会对下属使用"你"，但是绝大多数时间，他们称呼后辈还是会使用对方的姓氏来作为称谓语。在第三人称的称谓上，日本男性老年与年轻人依旧有着区别，例如在和孙子称呼他的父亲时，会使用"パパ"，来显示自己的身份[5]。

除了在称谓语上有所区别之外，日本男性老年在动词的使用上也有着较为显著的特征。日语句子有两种分类，第一，礼貌体：表示说话的人说话语气郑重，比较客气。第二，普通体：表示说话的人语气比较随便。动词的变化又分为几种形式：动词ます形、动词ない形、动词可能形、动词て形、动词假定形、动词意向形、动词假定形、动词命令形。其中，动词ます形是礼貌程度最高的词形，而动词命令形是礼貌程度最低的词形。在日常对话中，如果是在工作单位或者是其他交际场合，日本人通常会使用ます形。在与自己的同辈或者是在日常交际的场合里则会使用较为随意的简单形。

在日本语中命令形是语气最为严厉的形式，使用命令形的情况在生活中仅仅会发生在上司对属下，或者是家中老年人对晚辈的语言使用上。在其他情况下，无论是关系多亲密的朋友，除非是发生紧急情况的特殊场合，日本人才会对同辈甚至长辈使用命令形。日本人的这条在语言上要求严格的规定也在有意无意的通过语言来反映不同身份的人所拥有的不同地位。在日本，很多男性老年与自己的晚辈说话时喜欢使用命令形来显示自己作为长者的权威与地位，有时对自己平辈的妻子也会习惯性使用命令形动词宣誓自己一家之主的位置。

同样的，中国作为日本同为高语境国家的邻国，在男性老年语言的使用尤其是"命令语"的使用上上也同日本男性老年有着诸多相似之处。

汉语同日语不同，在语法上不存在复杂的变化，也不像日语中那样有专门的男性用语和女性用语，因此中国人判断他人说话的态度大多通过"语气"来判断。

在功能语言学中，语气是人际功能下的三大子功能之一[6]，对于人际交往的作用不言而喻，不同的语气会产生完全不同的交际效果。

在中国传统文化中，男性老年在一个家庭甚至一个社会中都享有极高的地位,他们是整个家庭或社会中的发号施令者,拥有较大的权力。当然,在现代社会,家庭权力的核心已经转移到中年人及青年人手中。中年人与青年人头脑灵活,知识丰富,在当代社会中处于中心位置。然而,尽管这一权力中心已经移交到了年轻一辈人的手中,中国有很多老年人尤其是未受到教育的老年人由于思想落后,在家庭生活中依旧喜欢对子女发号施令,而子女鉴于对长辈的尊重也会听从他们的命令。但是,正是由于这一传统习惯导致很多老年人认为自己不仅在家庭生活中属于上位者,在社会生活中也该属于命令者的角色,这一思想观念成为了现代中国社会年轻一辈与年老一辈冲突矛盾的导火索。年轻人由于接受了新思想新教育,在与人接触上讲究"平等",而老年人由于思想陈腐,难以变通,因此更加喜欢以长者的姿态命令他人。近几年,各大新闻网站不断报道一起起由于"让座"导致的冲突事件。仔细阅读过这些报道之后人们不难发现,几乎所有的让座事件起因都有一个相似的地方,那就是老年人"命令"年轻人把座位让给他们。这种命令式的强迫让座在现代中国年轻人眼中当然是不可接受,但在一部分老年人眼中这是理所当然的。

因为骨子里存在的"上位者"思想,很多老年人说话会很"直接",甚至给人一种蛮横的印象,他们不认为自己说话的语气有任何不对的地方,因此理所当然的对年轻人采用命令式语气。中国大多数年轻人认为给老年人让座是出于对老年人的关爱,是美德不是义务,但老年人的观念却恰好相反,这两种截然不同的观念导致了两辈人之间的跨文化交际冲突。

命令语气是所有语气中最为直接,也是最为不礼貌的一种。由于"代沟"的问题,中国年轻人以及日本的年轻人在平时的生活交际的圈子里很少会接触到会对自己使用命令语气的人,所以当有人突然用态度如此强硬的命令语同自己说话时,他们自然一时很难接受。因为日语中复杂的句法变化以及语言使用的不成文规则,日本年轻人在面对长辈的发号施令时尽管会觉得不舒服,但是文化传承下来的习惯令他们习惯性的接受。但是汉语并没有固定的使用语,对于中国人而言,语言的使用不是硬性规定的,使用什么样的语言完全靠自己的选择,所以当他们听到了这种强硬且不客气的命令句时,会比日本年轻人更难接受。

从语言方面来看,日本男性老年在语

言的使用上有着较大的权力，这种权力虽然没有被计入文字规定，但是代代相传的文化思想令他们自小就会默认这一点，尽管日本老年人的社会地位早已大不如前，但是从词语使用上还是可以看出从前日本男性老年拥有着较高的权力，这种权力通过他们所说的语言可以充分的体现出来。而中国的传统文化中并没有明显的语言使用上面的区分，但是这种可以"选择"的言语同样会清晰的表现出不同身份人的社会地位，比如上司对下属使用命令型语言下属不会觉得奇怪，因为他默认了上司的地位在其之上。那么通过目前社会上中国年轻人对于老年人使用命令句的态度也可以从侧面反映出中国老年人的社会地位的的确确是大不如前。

通过对比日本男性老年和中国男性老年在语言使用上的相似与不同可以看出尽管日本古时受中国文化影响深远，但随着时间的推移以及两国文化各自发展，在文化上始终会出现差异。

二、日本女性老年的语言特征

前文提到，日本是典型的男权社会、集体主义和高语境国家。在这种国情文化下，男性与女性的社会地位自然不会相同。自从平安时代开始，女性的语言就受到限制，女性被排挤在文字、语言之外。在规定女性用语中，彰显理性的用语被选为女性用语，并且女性只能使用规定的语气词，词语必须要体现女性温柔含蓄的性格特点。在过去的日本，天皇政府为巩固"男尊"的地位，强制命令女性学习女性用语，要求女性做到温柔贤淑，识大体，照顾丈夫。那时的日本女性强迫性的学习所谓的"礼貌用语"，使她们潜移默化的去接受"男尊女卑"的社会情况。随着时代的推进，日本的女性也不再同从前一样只是日本男子的附属品，但是多年的文化环境使得她们依旧遵守使用规定的女性用语。在现代，很多思想开放，追赶时代潮流，宣扬男女平等的日本年轻女性会在说话时故意使用男性用语的语气词，她们的做法也被大部分年轻人接受。但是，对于日本女性老年来说，使用男性用语是非常粗俗、没有教养的体现。

日本的女性第一人称称谓语较为常见的有「わたくし」「あたし」「うち」三种。这三种称谓语的礼貌程度都很高，其中礼貌程度最高的是第一个。在日本，年轻女性介绍自己的时候通常使用「あたし」这个词，这个词虽然也很正式，但是

相比较其他两个的语气要更加轻松。而日本女性老年则会偏向于使用礼貌程度最高的「わたくし」一词，来显示自己的温柔与礼貌。如果某位年轻的女性在老年日本女性面前不小心使用了男性用语，那么年轻女孩留给她的印象会非常糟糕。在使用第二人称时，日本女性与日本男性一样很少说"你"这个词，而是用姓氏取代。日本年轻女性有时会使用「あなた」一词，表示"你"的意思。但是，日本女性老年不会对外人使用这个词。「あなた」一词有两个意思，一个意思是"你"，另一个意思是"丈夫"。过去的日本女性称呼丈夫时为了显示温柔与亲密会使用「あなた」这个词代替丈夫的姓名，这也是对丈夫尊重的一种体现。而现代日本年轻女性更多的会选择直接叫丈夫的名字来显示与丈夫的亲密，对于「あなた」的使用范围也变得更加广泛起来，甚至有些日本男性也会使用「あなた」一次来称呼对方。当同日本女性老年交际时，尽量不要使用这个词，这会使对方觉得没有礼貌[5]。

除了称谓语，日本女性用语在其他的语法结构方面也与男性有着很大区别。前文中提到，日本的男性老年在对自己的晚辈说话时有时候会使用动词的命令形，但是日本女性老年无论是面对自己的晚辈也好，朋友也好，都不会使用命令形。即使在一些紧急情况下，男性老年会说"快逃！"，日本年轻人也会说"快逃"，而女性老年则会说"请快点逃走！"。在过渡词方面，日本女性老年使用的过渡词也与他人不同。在日本，男性会使用「じゃ」来表示句子的过渡，翻译过来类似于英语的then，汉语的"那么"。「じゃ」在日语里是较为口语化的词，一般是日本的男性或者是比较新潮的日本年轻女性使用。日本女性老年在使用过渡词时会用「でわ」。「でわ」在日语中是礼貌程度较高的过渡词，通常是用于书面语或者是正式场合中。在过去，日本女人受封建礼教束缚严重，日本男性要求女性用语必须是礼貌用语，因此尽管现代日本年轻女性也会使用男性用语，但是在日本女性老年看来这些年轻人离经叛道，不懂礼数。日本的女性老年用语的最大特点就是一定会使用礼貌用语。很多外国游客觉得日本女性说话特别好听，尤其是女性老年说话特别温柔和蔼，这就是因为她们所用的词汇与语法同日本男性差别很大，在语气词上，日本女性老年基本上每一句话都会使用温柔婉转的语气词，由于这些句尾的语气词发音都非常温柔可爱，给人一种日本女人贤惠的印象。然而，当代的日本年轻女性更偏向于西方开放独立的文化，她们说话时会刻意不加上温柔可爱的语气词以求给他人一种独立个性的印象。因此，如果游客去日本旅游，他会发现日本的女性老年相比年轻女性在说话时更加"嗲"、更加可爱，这也是日本女性老年语言的一大特点。

在语言的使用方面，中国女性同中国男性一样，并没有受到汉语本身使用规则的限制，那么判断中国女性老年与其他群体的不同之处还是要靠语气以及自己对语言的选择。中国自古崇尚儒家思想，从古时起就有"男尊女卑"的思想，女性被强行打上"温柔娴淑""知书达理"的标签，在这样的环境下女性的语言特点大多为轻声细语，语气婉转。但是这只限于受过教育，有书可读的"大家闺秀"。中国大多数女性还是穷苦出身，并没有"知书达理"的机会，又不像日本语言那样有着男女用语明显的区分，所以有些未受过教育的女性的语言会略显粗鄙。

随着时间的推移来到现代，中国的女性老年由于出生年代的特殊性有着和古时一样泾渭分明的语言特征。受过教育的中国女性老年依旧继承了儒家文化中"温柔娴淑"的思想，和他人交际时多用委婉语，且语气温和并恬静，给人以良好的印象，深受年轻人的尊重。但是，目前中国的女性老年有相当大的一部分人是未能接受过正规教育的，她们从小帮助父母亲干活工作，接触到的也都是没受过教育的人，她们的语言环境自然而然与受过教育的女性老年大为不同。她们不会轻声细语，用词也比较粗鄙。在前文提到中国社会存在的"让座"问题上，中国女性老年也同中国男性老年一样，喜欢命令年轻人，态度较为强势。

从以上分析可以看出，中国女性老年知识分子的语言特点较日本女性老年的语言使用上更为相似。而中国未受过教育的女性老年与日本女性老年在语言使用上差距较大，这并不是说日本女性老年接受教育程度高于中国女性老年，而是因为日本有明显的男性用语与女性用语的使用要求，且日本的集体主义程度要高于中国，才造成了此类不同。

三、日本老年人的身体语言

日本是全世界公认的礼貌程度非常高的国家。日本人的礼貌不仅体现在日语本身的礼貌用语上，很多时候，当外国人翻译日本的文学作品时，很难把日语本身所特有的礼貌用语翻译出来，其中原因与他们的身体语言密不可分。日本的老年人的身体用语也有着自己独特的地方。

先从寒暄说起，日语中寒暄语比其他语言的寒暄语更丰富，寒暄语的使用也有很多讲究。对于地位、关系、年龄不同的人使用的寒暄语也要相应不同，在不同的场合也要使用不同的寒暄语。总之，日本人非常重视寒暄语的使用，重视人与人之间的和谐。日本是个高度集体主义的国家国家，他们的寒暄方式也是十分固定的。先是口头上说着固定的"初次见面，请多关照"的寒暄语，在身体语言上会向对方鞠躬。鞠躬的幅度因对方的身份、地位不同而不同。对方地位越高鞠躬的幅度越大。在很多日本的影视剧或者新闻采访中观众可以观察到，日本的年轻人鞠躬的幅度往往很大，有些甚至会达到九十度。而日本的老年人鞠躬的幅度则不会那么大。在家庭中，日本的女性老年往往会给自己的丈夫鞠躬以表示对方的高地位与自己的尊重，而现代的日本年轻主妇则很少会对丈夫行礼。

其次再说一说日本人的坐姿。日本人在学校，公司等一般生活中全部采用座椅

式，但在家里，他们仍然保持着直接坐在榻榻米或坐垫上的传统生活习惯。榻榻米上的正确坐姿是"端坐"——双膝并拢，膝盖跪下，然后将臀部摆在脚后跟上，形成跪坐的姿势。这种坐姿其实使人看上去很端庄，但是并不舒服，不习惯端坐的，时间长了就会腿脚发麻。现在的日本年轻人不喜欢端坐，年轻男性会选择盘着腿坐，年轻女性可以"侧坐"，即端坐时将脚略向一旁斜伸。这两种姿势比起端坐要舒服许多。但是，日本的男性老年与女性不喜欢年轻人面对自己时采用这种"懒散"的坐姿，他们自己会选择端坐。在面对老年日本人时，如果年轻人没有端坐，他们会对这位年轻人的印象大打折扣，认为其对自己轻视。

四、如何与日本老年人交际

日本是集体主义文化国家，有着严谨的礼法束缚，尤其是日本的老年人思想更是未能完全开放，再加上日语中的敬语表达是世界公认的人类最为复杂，最难以掌握的语言表达，因此外国人与日本老年人交际时若想取得良好印象一定要遵守以下原则。

第一，礼貌原则。在跨文化交际中，礼貌原则一直是被放于首位，可见其重

要性。礼貌代表着一个人甚至是一个国家文明的程度。日本是一个文明程度较高国家，也是等级制度十分明确的国家。日本的老年人在日常的一举一动中都会以严格的礼貌原则要求自己，同样的，他们也会希望对方以相同的礼貌对待他们。由于他们使用互联网的频率不如年轻人，因此对于外来文化的接受程度不高，较为固执。如果是外国人与日本老年人进行交际时要谨记日本固定的寒暄语以及鞠躬动作，即使不会日语也要在身体语言上表现出对他们的尊敬。只有这样他们才会觉得得到认可，交际起来也少了很多障碍。

第二，一致原则。一致原则体现的是一种"合作"精神，是一种双方"趋同"的沟通原则。日本人在寒暄时为了让对方知道自己确实在听，往往会在对方说话时不断的点头或者随声附和，这其实不能说明他们确实听进去或是同意对方的观点，只是一种礼貌的表现。另外，日本人的一大说话特点是说话时语义含糊不清，即使是面对自己不同意的话题时，他们也不会直接说"我不同意"，而是会说"你这个方案很好，但是我要再花一些时间想一想……"或者是当别人问他这件事是谁做的，即使知道他们也只会回答"不是我"或者"我不知道……"。这种说话方式在国际上并不受欢迎，因此现在的日本年轻人会更倾向于使用较为干脆的回答，给出一个明确的答案。但是日本老年人依旧习惯这种含糊不清的说法。所以，当与日本老年人交谈时，要注意不要过于直截了当的做一些承诺，他们会认为对方非常不稳重。同样，在日本老年人并未给出明确的答复之前，不要认为他赞同你的说法。在这个时候就要用一致原则，尽量附和他，如果对方保守，自己也要保守，才能为交谈留下更多余地。

第三，慷慨原则。在《菊与刀》中，作者详尽的描写了日本人对于"承恩"的看中与压力，因此在与日本人尤其是老年人交谈时，不要使用"赞誉原则"。虽然日本年轻人已经很习惯夸赞别人也能够很坦率的接受别人的夸赞，但是保守的日本老年人还不能够完全接受，过多的赞誉会使日本人感到惶恐、不自在，他们会觉得对方有什么特殊的目的。因此，在同日本老年人交际时要使用慷慨原则，即"最小程度的使自己受益"[7]。这种贬低自己以此来夸赞对方的行为要比直接夸赞对方的行为更使日本老年人接受。日本人很容易对对方产生"怜悯"感，也就是所谓的"同理心"。在网络上，日本人经常会为了一些感人的轶事而动容，甚至发动全社会进行关注。同时，由于对方一直贬低自己，会让保守的日本老年人认为其谦逊有礼，因为他们本身的说话方式也大体如此。一旦日本老年人对对方产生出同理心，那么他就会在心里认同对方，谈话也将不再过于保守，有利于谈话的进行。

总的来说，与日本老年人的交际策略依旧离不开跨文化交际学中的交际理论。日本与中国同属于东方国家，并且都是集体主义和高语境社会，因此与日本老年人交际时中国人面临的困难除去在语言不通问题上，要比其他个体主义文化国家少得多。但尽管如此，日本文化与中国文化依旧存在较大差异，这一点仍需注意。

第四节　日本老年文化与动漫

一、日本动漫与文化

动漫，即根据漫画内容制作出的动画。众所周知，日本的动漫产业是日本三大支柱产业之一，在全球处于领跑地位。日本作为世界第二大动漫产业国，2007年其动漫产业年营业额已达230万亿日元，成为日本第三大产业，广义上的动漫产业

已经占日本GDP十几个百分点[8]。在日本人推崇"文化"立国的思想下，日本国内诞生了许许多多的动漫大师。这些出色的漫画家带着他们的作品将日本文化推向世界舞台。

日本动漫产业的地位究竟有多高，看看2016年奥运会闭幕式的东京8分钟就能够知道。在闭幕式的舞台上，日本首相安倍晋三以日本著名动漫人物"马里奥"的形象现身。在整个表演中，人们看不到日本的真人演员，取而代之的是一个又一个为全世界所熟知的动漫人物，比如：哆啦A梦、皮卡丘、铁臂阿童木等。这些动漫人物不仅出现在闭幕式的表演上，甚至还担任了东京奥运会的形象大使。可以说，日本的动漫是日本人的骄傲，也是日本的象征。

日本动漫的成功绝非偶然。首先，日本的电子科技技术领先世界，为动漫制作提供了根本性保障。其次，日本的漫画题材丰富。与其他国家不同，日本的漫画不是以儿童群体为主要目标群体，而是各个年龄、阶层、职业的群体均有可供选择的漫画可看。日本人酷爱漫画，每天的电车上，无论是学生或是上班族基本上都是人手一本漫画。在书店里也同样是漫画书

占据较大比例。最重要的是，日本的漫画很好的继承了日本的文化，并将之带去世界。日本动漫产业的兴旺正是由于日本漫画家对日本文化的深入挖掘，这些出色的漫画家将日本传统文化结合生动有趣的漫画呈现给各个国家的读者，以此带来巨大的经济效益。而这些经济效益又进一步推动了日本动漫产业的发展，可以说二者相辅相成，共同发展，形成了一个良性循环圈[9]。

第二次世界大战后，作为战败国的日本在各个领域都受到美国的限制。在当时，以美国迪士尼公司为代表的美国动漫产业席卷全球，造成了大量的文化入侵现象，日本也受到了冲击。这种文化冲击与战败后日本的"文化立国"观念相悖，固执的日本人决定要尽一切努力拯救日本的动漫产业。在这样的观念下，日本采取了在大学开设相应的动漫专业，以及开设专门的声优学校等措施。之后，随着时间的发展，一批又一批的热爱漫画的年轻人毕业并开始执笔，日本的动漫产业由此逐渐兴旺。

那么，日本的漫画究竟是如何反应并传播了日本文化呢？举一个例子，凡是看过日本动漫的人都知道，日本人特别喜欢

樱花，樱花作为日本国花自然备受日本人的喜爱，可是没有刻意了解日本文化的人一般是不会知道的。然而对于看过日本动漫的人来说，想不记住都难。原因就是日本百分之九十的动漫中都会出现赏樱的片段，无论年代、题材，只要是有机会就会出现樱花的形象，使观众在无形之中被日本输入了日本文化。

二、日本漫画中的老年人形象

日本漫画包罗万象，其中自然有老年人形象。日本漫画中的老年形象基本上都是正面的角色，大致分为以下几类。

（一）人生导师类

代表人物：龟仙人（《龙珠》）。

这一类动漫老年人大致的形象为年轻时非常出色，年老后看破人生，之后退隐山林，但是在遇到年轻人之后又忍不住为年轻人指点迷津，帮助年轻人走向胜利。这类的老年人形象在日本的动漫作品中十分常见，归其原因还是要回归到日本的文化上面。日本是个集体主义程度非常高的国家，他们对老年人非常尊敬，从之前的分析中也可以看出日本人对于家中长辈有一种"还债"的感情在里面。日本老年人是日本过去社会的缔造者，对于日本国

家的进步起到的作用不言而喻，站在前人树荫下的日本年轻人当然会给予这些"英雄"最大的尊敬。这种尊敬同样也在日本的动漫中体现了出来。在日本动漫中，反派形象大多数不是老年人担任，而是中年人。即使有老年人的反派形象，这些反派一定有苦衷，甚至最后会得到观众的同情。

（二）老顽童类

代表人物：小丸子的爷爷（《樱桃小丸子》）。

老顽童一般的老年人形象在日本动漫中也很常见。这类人物一般会在日常类动漫中出现，主要作用在于衬托出一个家庭完整性与幸福感。这一点也可以从日本的传统文化中分析。与中国一样，作为高度集体主义的国家，家庭的完整性是集体主义国家衡量一个家庭是否幸福的指标。而作品中出现的老年形象最能体现这种幸福感。日本动漫中的这些"老顽童"一般的老年人之所以可以这么"无忧无虑"正是因为家庭的和睦，生活没有负担，才使这些老年人心态变得年轻，侧面反映出该家庭的幸福。

（三）一家之主类

代表人物：柳生敏木斋（《银魂》）。

这类形象的老年人大多是实力雄厚又由于种种原因无法退居幕后，他们肩负着家族的重担与培养下一代的任务，是让人又敬又怕的形象。这一类的老年人形象也反映了目前日本的社会情况，日本有很多的家族企业其掌门人大多数为男性老年，这些人身居高位多年，掌握着家族命脉与社会经济发展，是社会的中流砥柱。

总而言之，日本的动漫产业之所以如此发达，正是和日本本身的文化传承密不可分。从日本的动漫中，人们可以看到日本社会与思想的缩影。动漫作为一种深受年轻人喜爱的娱乐方式，在年轻一代中传播文化与思想的力量不可小觑，对于了解日本文化也是一个相对有效的途径。

第五节　日本老年人与中国老年人在委婉语使用上的异同

20世纪80年代，英国语言学家Leech在会话原则的基础上，从语用学的角度出发，提出了著名的"礼貌原则"（politeness principle）。他认为："为了要解释语言使用中某些不那么有规律的方面就需要扩大格赖斯对会话含义的概念，使其至少包括礼貌原则。"

Leech提出的礼貌原则包括以下准则。

1.策略准则（用于指令和承诺）

①使他人受损最小

②使他人受惠最大

2.宽宏准则（用于指令和承诺）

①使自身受惠最小

②使自身受损最大

3.赞扬准则（用于表情和表述）

①尽力缩小对他人的贬损

②尽力夸大对他人的赞扬

4.谦虚准则（用于表情和表述）

①尽力缩小对自身的赞扬

②尽力夸大对自身的贬损

5.赞同准则（用于表述）

①尽力缩小自身和他人之间的分歧

②尽力夸大自身和他人之间的一致

6.同情准则（用于表述）

①尽力缩小自身对他人的厌恶

②尽力夸大自身对他人的同情

礼貌原则是人们在交际中普遍遵循的一种原则，因为它会很好的维护对话双方的关系，给予对方尊重，保住对方的面子。在社交场合，任何人都不愿失去面子。布朗和列文森早期把"面子"看成是人的基本需求。他们进一步指出，"面子"是感情投资，人们可以

失去或保全或加强面子，并且在交往中要经常顾及"面子"。因此，人们倾向于用好听的字眼，甚至掩饰真相不惜违反会话合作原则，正是为了保住对方的"面子"，尽量使对方多受益，从而自觉遵守着礼貌原则及其准则。

人们在交际过程中，为实现这些准则而采取的方式也各有不同。有人采用暗示的方式，有人采用模糊的方式。委婉语的使用其实一个根本目的就是使对方感到你很和善并且不强迫他人，不使人无台阶可下，因而我们可以说委婉语是现实生活中人们为了遵守礼貌原则而常常采用的一种话语方式。在我们的日常交际行为中，说话的一方不仅为了使受话方能接受自己的话语而有意用委婉表达，而且也站在受话者一方的立场上，从对方有可能认同的角度来用委婉语表达。所以，委婉语在交际中的突出特点是以受话方为主的表达方式，具有很强的可接受性，非常符合礼貌原则及其准则。

人们在交际时大多会无意识地使用礼貌准则，尤其是高语境国家，委婉语的使用更加常见。日本作为高语境国家之一，对委婉语的使用自然会比较多一些，那么日本老年人在日常对话中会使用怎样的委

婉语呢，现在来看一段日本人的对话，语料来自日本国民综艺节目《人类观察》。内容是儿子初次将女朋友带回家之后，父母与他们的对话。

案例一：

……

儿子：这地方不错吧！

母亲：她不来了吗？

儿子：稍等，她现在在坐公交车来，她住在东京。

母亲：老公，她可是住在东京呀！

儿子：但老家是大阪的。

母亲：是大阪哦，那我们的笑点不一样怎么办？

儿子接到电话去车站接女友。

女友：抱歉，让你们久等了。

父亲：你好！

女友（鞠躬）：初次见面！

母亲（鞠躬）：初次见面，请坐！

女友：你们好，我叫佐藤尚子！

母亲：你好，尚子小姐。

儿子：（和您）名字是一样的字。

母亲：诶？和我吗？

父亲：我刚刚也这么觉得。

母亲：这样啊，好巧啊。血型是什么？

女友：B型。

母亲：这和我不一样。

女友：您是什么血型？

母亲：A型。

父亲：血型不一呢！

女友：父母两个人都很亲切。

母亲：是吗？

女友：我有点紧张。

母亲：别紧张，放轻松！

女友：谢谢！

父亲：我在电视上见过一个和你很像的人。

女友：诶？是谁啊？

母亲：是小辻吗？

父亲：不是。

女友：也有人这么说过我。

父亲：是AKB系的吧！

女友：是谁呢，好开心！

父亲：长得十分像。

男友：我再说一下，我和尚子是同年的。

母亲：这样啊。（尚子）看上去很年轻。

尚子：真的吗？

……

案例二：

……

儿子：有个人想向你们介绍一下，早上发过line了，（她）已经来了。我现在叫她过来。

母亲：在你屋里？

儿子：嗯。

母亲：小脏屋！

儿子：嗯…不脏，已经很认真整理过了。

女友出来

父亲：欢迎！

母亲（鞠躬）：晚上好！

儿子：这是我现在正在交往的，叫萌野小豆。

母亲：初次见面，我们是文太郎的父母。（你）好可爱啊，请坐请坐。再说一下你的名字？

女友：我叫萌野小豆。

母亲：小豆？

女友：是的！

母亲：哇，好可爱！写成什么字？

女友：我用的是平假名写的。

母亲：［おずき］って（小豆）？

女友：是的！

母亲：啊，好可爱啊！

女友：真好，小文家的人都好温柔啊！

儿子：小豆的兴趣是去美术馆。

女友：我很喜欢美术馆。

母亲：嗯，我很喜欢夏加尔之类的，我很喜欢美术。

女友：我也喜欢。

母亲：挺好的。

……

从这两个案例中，可以看到一些日本人的语言习惯，比如在第一次见面时固定的问候语——初次见面请多关照。

从父亲和母亲的对话中也可以看到，日本男人和日本女人不同的社会地位。在面对第一次见面的晚辈时，母亲会使用固定的寒暄语以及身体语言（鞠躬），而父亲则不需对晚辈鞠躬，也不用使用较为客气的语言，只需要简单的说一句"欢迎"即可。同时，由于尊卑有序，如果是晚辈男性来到长辈家中也要和女性晚辈一样使用寒暄语及身体语言（鞠躬等）。

在对话中，可以看到日本人对礼貌原则的使用。从儿子的女友进门开始，母亲就开始夸赞儿子的女友，从名字到喜好再到长相，前文中的两个例子充分体现了礼貌原则中的赞扬准则，长辈可以通过赞扬使晚辈建立自信并减少紧张感。与此同时，例子中还使用了赞同准则，比如第二个例子中儿子提起女友喜欢美术馆，母亲立即就说自己也喜欢美术，这样的回答可以很快和陌生人建立共同话题并缩小两人的距离感，是十分常见的交际策略。

何兆熊认为，在礼貌准则中，最根本的一条是策略准则。他认为策略准则用于指令，而指令是各种言外行为中最需要讲究礼貌的，也是体现礼貌的一种行为，因此策略准则是应用最广、最不可缺少的一条准则。实际上，"策略"是礼貌的根本，礼貌的使用语言就是策略的使用语言[7]。在"儿子把女友带回家见父母"这个条件下，父母的语言准则就是给儿子的女友留下好印象，同时女友的语言策略也同样如此，那么这就涉及礼貌原则里经常出现的"惠"和"损"的问题。通常，如果一个人想达到某种目的，会尽可能的夸赞他人，贬低自己，但是这种赞扬准则的使用对象是单方面的，是一个人为了请求他人帮自己实现某种目的才会使用的方法。在女友和家长的对话中，双方并不会去贬低自己，因为这是一种双向的选择，家长希望给儿子的女友一个好印象，但是又不可以让自己儿子的地位受到损害，而女友希望给家长留下好印象，但是也不可以让自己的利益受损，所以他们都选择了赞扬准则的第一条，即尽可能的

夸赞他人。

那么，中国老年人又有着怎样的语言习惯呢？下面来看一组对话，出自《对话》节目第20161009期。内容为采访两位参演电影《飞越老年人院》的老年人，下面是他们的对话——

主持人：二位能不能和大家介绍一下今年高寿了？

李滨：90倒计时3年，87。

主持人：87岁。实在看上去不像哈，特别健康特别健康。许老师呢？

许还山：差半岁，86。

主持人：中气十足，声音依然非常的洪亮。两位是生活当中快乐的，年轻的老年人。

……

主持人：老年人对于生活有着一个什么样的向往，或者我们有什么样的需求？

许：要有一种晚年自信，我怎么样对过去的这一生有一个比较好的交代。

李：好像是一晃儿，就奔90了，哈哈！

主持人：不知不觉当中，这一天就到来了。

李：我觉得，更应该抓住当前，他说的自信是吧，我说是自觉，更自觉的把握最后的时光，还应该是，嗯、嗯，能做点

事，更独立的生活，才能够生命的细胞的这个再生的更旺盛一点，我觉得是这样。

主持人：我觉得您二位此刻在现场，就绽放出了生命的光彩和活力，这方面在《飞越老年人院》这部电影中也有展示，来咱们看这部电影。

（播放电影片段）

主持人：二位老人家，你们在生活当中有过类似这样（电影）疯狂的举动吗，许老师？

许：比它还疯。

主持人：比它还疯啊？

许：我经常开着长途车，跑长途跑到外面去拍照片，就玩，我又一个理念就是人到了一定的岁数就在力所能及的情况下，不断的给自己挑战，不要害怕不要畏缩，包括晚辈和你说，哎呀老爸，别去了太危险了，我根本不听他的。我是68岁学会的驾驶照，导演让我演一个退休的公交车司机，我说我没开过啊，我的照是C照不是A照啊，我一看那么大一个车，旧的，发动机都是旧的，但是导演要我上，我就得上。

主持人：值得敬佩啊。

这两位老年嘉宾都是德高望重的老艺术家，从他们与主持人的对话中可以看出

他们的语言素养非常的高，从礼貌用语的角度看，他们的语言使用较为相似，都是使用得体的语言与主持人沟通。从男性与女性的语言角度来看可以看出，男性老年（许还山）和女性老年（李滨）语言中的不同之处。

从许还山的语言中，观众可以看出他对于自身的自信，无论是从他提及的老年人自身要自信，还是从他的言谈中，尤其是在说做一些"疯狂"的事情的时候，他对自身的认可及他不听儿子的劝阻要做危险的事情，都可以看出他的自信。而这一点，也是中国男性老年人的一个语言特征。中国人自幼遵循孔孟之道，循规蹈矩，在语言上要尽可能的谨慎，恭敬。但是当中国男性上了年纪之后，由于男性的社会地位本来就较高，再加上自身在家庭中的地位随着年龄的增长得到提升，因此他们的语言中会比其他人更加自信。走在中国的大街小巷，人们经常会看到一些男性老人年坐在一起评论实事，"指点江山"，这也是中国男性老年人的语言特征之一。

再看女性老年人李滨，她将许还山的"自信"替换成"自觉"。从"自信"到"自觉"，可以看出中国女性老年人的语

言特点——谦逊。李滨是全场年纪最大的一位老年人，但是从她讲话的语气来看，她的确是最谦逊的，尤其是她提到的要"自觉"这一点。"自觉"意味着要时刻提醒自觉什么事情应该做，什么事情不可以做，可以说是一种对自己的"约束"，这种约束古往今来在中国女性身上尤为明显。在孔孟之道作为传统文化的中国，女性的社会地位一直是低于男性的，即使在今天，中国人也依旧认为女人的标签为"谦卑""温柔""持家""贤惠"，即女人的家庭意义要大于社会意义。

从以上两组对话中不难看出，中国老年人与日本老年人在语言上有着相似之处。首先从语言文化的角度来看，日本与中国同属集体主义国家，且日本在古时受中国文化影响甚深，在传统观念上或多或少有着相似之处，尤其是在男权方面一直影响到今天。日本女性老年在对话时会使用较多的身体语言来体现礼貌，同时也会使用特定的女性用语来体现礼貌。相比之下，中国女性老年并没有固定的礼貌用语，但是她们会使用较为委婉的语言来体现女性的特点。日本男性老年人和中国男性老年人在社会地位上都高于女性，在语言使用方面上可以看出他们本身的自信，

和当家做主的态度。

第六节　目前日本社会存在的问题

一、老龄化和少子化问题

日本是一个发展迅速的发达国家，从二战战败国到GDP位于世界前列，日本的高速发展看似前景大好，但实际上当前的日本社会存在着诸多问题。

根据联合国的测算，维持人口长期稳定的人口置换率或合计特殊出生率（1位女性一生所生孩子的平均数）为2.1人。就日本而言，其合计的特殊出生率1950年为3.65人，1970和2000年先后下降到2.13人和1.36人，2012年也只为1.41人。由此，伴随人均寿命的提高，日本就出现了生育率下降、儿童减少、老年人增加的少子高龄化趋势，而且愈演愈烈。2012年，日本出生人数减少到前所未有的103.7万人，比1949年的269.7万人减少了60%以上。结果，14岁以下人口2012年减少到前所未有的1 655万人，比1950年的2 945万人减少43.8%，占总人口的比重也由1950年的35.4%下降到13.0%，下降了22.4个百分点。从日本老龄人口增加的情况看，1970年65岁以上老龄人口占总人口的比重

达到7%，在发达国家中率先进入了老龄化社会。2000和2013年，日本老龄人口比重先后提高到17.4%和25.6%，一直是发达国家中的最高水平。据日本内阁府的预测，2030年老龄人口将增加到3 685万人，其中75岁以上2 278万人，分别占总人口的31.6%和19.5%；2 060年，老龄人口虽然会减少到3 464万人，但其中75岁以上将达2 336万人，分别占总人口的39.9%和26.9%。届时，每5人中就将有2个65岁以上的老年人。少子高龄化给日本经济社会带来的严重影响如下。

第一，劳动力供给减少，年轻劳动力不足。日本15～64岁的劳动年龄人口占总人口的比重在1990年达到此前最高的69.7%以后，就转为了持续下降的局面，2000年下降到68.1%，2012年又降到62.9%，新世纪以来的下降非常明显。另外，劳动年龄人口总数在1996年达到此前最多的8 717万人以后，也转为了持续减少的局面，2000年减少为8 622万人，2012年又减少为8 018万人，新世纪以来的下降也非常明显。到2030年和2060年，日本劳动力人口总数还将进一步减少到6 773万人和4 418万人，劳动力人口比重还将进一步下降到58.1%和

50.9%。这样，日本企业就面临了越来越萎缩的劳动力市场特别是年轻劳动力越来越短缺的局面，工资水平和劳动力成本也将因此而出现长期提高的压力。

第二，社会保障压力增大，老年人医疗护理困难。在劳动力人口减少进而纳税人减少国家财政收入减少的情况下，老龄人口迅速增加却使社会养老、医疗保险的费用越来越大。结果，本来就捉襟见肘的财政就雪上加霜，愈加困难。2013年度，日本社会保障支出占财政支出的比重高达31.4%，比1970年度提高17个百分点之多，成了财政最为沉重的负担。从今后的发展趋势看，老龄人口增加还将使社会保障和财政面临越来越大的压力和困难。而且，高龄者特别是卧床不起的老年人的护理也将成为越来越严重的社会问题。2001—2009年，日本65岁以上老年人中需要护理的人数由287.7万人增加到469.8万人，增加63.3%。在护理人员严重不足的情况下，日本不得不放宽入境签证限制，从东南亚国家雇用年轻护理人员。

第三，直接导致国内需求下降，严重影响经济社会活力。日本人口总数从上世纪90年代开始就增加缓慢，2004

年增加到12 779万人以后又出现了持续减少的趋势，2014年4月1日为12 714万人，比2004年减少0.5%。根据前述日本内阁府的预测，到2030年人口将减少为11 662万人，到2060年将减少为8 674万人，将分别比2004年减少8.3%和31.8%。人口减少直接导致了有效需求下降，使本来就狭小的国内市场趋于萎缩，日本经济也因此逐渐失去了活力。特别是在经济社会发展落后的偏僻地区，幼儿园和中小学招生早在上世纪90年代就因生源不足而出现了破产的现象。2009年以来，一些短期大学和四年制大学也经常因生源不足而不得不暂停招生。2014年5月，建校50年来一直声誉良好的学校法人千叶国际（包括高中和初中）宣告破产，一时引起了很大的社会轰动。

第四，要赡养人口增加，劳动力人口负担加重。1950年，日本每12.1个劳动年龄人口赡养1个65岁以上的老年人。随着老龄化的发展，这一比率1980年减少为7.5个，2000年减少为3.9个，2013年减少为2.5个，2030、2060年还将进一步减少为1.8个和1.3个。以此为背景，日本劳动力人口赡养老年人的负担就越来越重了。

二、"宅文化"的热衷

广义的御宅族指热衷于御宅文化，并对该文化有极度深入的了解的人。比如体育宅、音乐宅、汽车宅、铁路宅、军事宅、枪械宅、摄影宅、化学宅、植物宅、方言宅，等等。

"御宅"一词来自于日语的「おたく」一词，本意是第二或第三人称敬称，或对其住宅或家庭的称呼。后引申用「おたく」指代前文提到的特定人群。

随着社会压力的增大及二次元文化的影响力的扩大，越来越多的日本青年选择成为"宅男""宅女"，每天躲在家里不出门也不与人交际。他们有自己的说话方式和语言特点，对于老年人来说与这些年轻人沟通存在着障碍。尽管日本社会相对发达，老年人年轻的时候也接触过计算机等设备。但是老年人的思想开放程度终究与年轻人不同，就算是熟悉计算机操作并且也经常上网，但是搜索的内容与年轻人是不一样的，年轻人群体中一些词汇所代表的意义老年人不知道也不理解，因此会与年轻人产生交际障碍。这类沉迷另类文化极深的年轻人每天的时间都花在他们自己的兴趣爱好上面，无暇思考是否与家中老年人产生了交际障碍。

虽然日本人尊老的思想根深蒂固，但是现在的日本年轻人思维活跃，深受西方个体主义文化影响，他们不会不尊重老年人，但是也不会主动与老年人沟通，这就导致了日本年轻人与老年人之间产生隔阂。

对于这类问题，日本年轻人首先应该顾虑到老年人的情绪。日本是一个尊老程度很高的国家，日本年轻人也是发自内心的尊重长辈，因此主动与老年人沟通对于日本年轻人来说并不困难。日本老年人由于地位一直较高，因此碍于"面子"不愿低下头去和年轻人沟通，那么年轻人就应该作为主动的一方去与老年人沟通，争取得到老年人的理解。

而日本老年人也该摒弃陈旧的观念，多与年轻人沟通。对于日本老年人来说，使用计算机等新兴电子产品其实并不困难，只要日本老年人愿意去和年轻人探讨时下流行的"宅文化"并与年轻人在该方面取得共识，解决沟通障碍问题并不难。

三、日本人的老年生活存在的问题

由于巨大的社会压力与少子化现象，日本老年人的晚年生活过的并不乐观。

日本绘本作家佐野洋子在她的著作中记录了自己晚年生活的孤寂。"以前的老太太都这样，缩着身体坐着，用满是皱纹的双手捧着茶杯，小心翼翼地喝茶。即使燕子飞过眼前，即使外面下着梅雨，她们都像猫一样望着远方，静静地喝着茶……""昨晚，电视坏了。怎么按遥控器都开不了电视。遥控器才刚换过电池，所以我一直认为是电视坏了。当我茫然地看向遥控器才发现，原来我拿的是电话。还有，大约一年前吧，我打开冰箱后整个惊呆了，里面居然放着三个洗好的咖啡杯。又过了一阵子，我打开冰箱，里面竟然放着磨钵和研磨棒。找不到连帽大衣。那么大一件衣服，我究竟放到哪里去了？于是我买了一堆老年痴呆症或失智症的书回来，战战兢兢地带着恐惧与好奇心认真阅读。可是读了又能怎么样？似乎也不能怎么样。只好一本本送给朋友。因为父母失智的人到处都是"[10]。

在书中，这位日本老年作家细腻的描写了日本女性老年人的晚年生活习惯及自己对衰老的恐惧。日本人从小的观念就是"不愿为其他人添麻烦"，因此在年老之后他们也不愿意去过多的依赖子女，而是会选择自己承受。

日本的自杀率在全世界一直高居不下，日本老年作家中也有那么几个天才作家，包括川端康成（代表作：《雪国》）、太宰治（代表作《人间失格》）、芥川龙之介（代表作《罗生门》）、三岛由纪夫（代表作《金阁寺》）等在晚年选择自杀，这着实令人惋惜。日本高居不下的自杀率与日本的地理环境和文化习惯密切相关。日本人不喜欢让其他人知道自己过得不好，因此宁愿自杀也不想去领取政府的救济金。尤其是老年人，他们在年老之后失去了赚钱的途径，又不愿意事事依靠子女，因此在遇到无法解决的问题时很容易在心灵上受到打击，产生一种自己是"多余"的感觉，正如太宰治在自杀前写下的小说《人间失格》中所描写的一样——"生而为人，我很抱歉"[11]。他们认为衰老的自己不过是社会与他人的拖累而已，这种观念一经形成就会使得老年人越来越孤单，和社会的脱节越来越严重，导致不少老年人想不开选择了自杀。

这一点，中国老年人却很少有。尽管日本与中国同为集体主义国家，但是日本人的家庭观念主要在长幼尊卑的秩序与赡养上，而中国人更看重的是一家人的"团聚"。与日本老年人不愿意给他人添麻烦的思想不同，中国老年人更盼望的是子女在自己的身边，而很多同样拥有这种思想的子女也会理解老年人的想法。尽管并不会真的每天都陪伴在父母身边，但是依旧会使用各种方式与父母取得联系，并且联系的频率较高。因此，相比较之下，中国老年人的晚年生活似乎要比日本老年人的晚年生活压力更小一些。

第七节　结　语

日本的语言文化是多种文化合体之后诞生出的新文化。也正是由于日本语言的多样性使得老年人与年轻人之间容易产生交流的障碍，即日本老年人偏向于使用汉字而年轻人偏向于使用西语。通过研究日本老年人的语言特点和目前的社会情况，以及对比中日老年人的语言特点，不仅可以更好地了解受中国传统语言和文化影响颇深的日本语言和文化的发展轨迹与趋势、加强中日两国人民之间的理解与沟通，最重要的是可以为研究中国逐渐形成的老龄化社会提供借鉴。

参 考 文 献

［1］吕顺长.2016年中国的日本文化研究［J］.日语学习与研究.2017（1）.188.

［2］鲁思·本尼迪克特.菊与刀［M］.杭州：浙江文艺出版社.2016.

［3］宋元祺.浅析日语中的外来语及日语语言文化特点［J］.唐山文学，2017（70）：78.

［4］杨子赟.日本外来语以及日本语言文化特点分析［J］.时代教育，2016.17.122.

［5］范姝含.从日语语言和表现看日本人的人际交往［J］.农家参谋，2017（20）：217-218.

［6］HALLIDAY，M. A. K. An introduction to functional grammar［M］.北京：外语教学与研究出版社，1994.

［7］何兆熊.新编语用学概要［M］.上海：上海外语教育出版社.2017.12.

［8］王英明.谈动漫产业对日本国民经济的影响［J］.人民论坛，2015（17）：225-227.

［9］傅志瑜.近二十年日本动漫影响研究综述［J］.北方文学，2018.10.14.

［10］佐野洋子.无用的日子［M］.张俊，译.漓江出版社.2013.12.

［11］太宰治.人间失格［M］.天津：天津人民出版社.2013.

第六章
美国老年人的文化价值观

与第三章一样，本章仍然运用Hofstede的文化价值观维度理论，分析美国老年人的文化价值观。根据该理论，传统美国文化属于个体主义、权力距离小、对不确定因素回避程度小、男性主义倾向文化维度。

第一节　集体主义与个体主义

一、家庭中的表现

（一）从"老年人生活方式"的角度分析

在美国，大多数老年人不与子女居住在一起，这主要是因为个体主义是美国人最重视的价值观，也是美国文化最突出的特点。个体主义价值观表现为重视个人的独立、隐私、自力更生、首创精神和自我实现等。孩子18岁以后就要离开家庭，标志着精神和经济上的独立和自由，如果大学毕业搬回家住会被同伴耻笑[1]，这使得大多数子女自成年后就开始与父母分开居住，直至父母年老时，他们也不会和父母一起居住，例如，发布于2012年的美国人口研究协会统计显示，只有不到5%的美国老年人与子女住在一起[2]。其次是因为大多数美国老年人同样也追求独立，他们不愿给子女带来负担，扰乱子女生活方式。据统计，他们中有52%与配偶住在一起，独居者占30%，还有不少人住在老年人社区[3]。

与大多数美国老年人不同的是，大多数中国老年人与子女居住在一起。网上有一段中国老年人与美国老年人关于生活方式的对话，其中，中国老年人认为子女问其是否愿意住老年人公寓是子女没良心的一种表现，人老了就应该与子女及晚辈住在一起，共享天伦，而美国老年人则认为住老年人公寓是件很方便的事，他不愿意与子女住在一起，认为子女与自己的生活都会受到影响[4]，这两位老年人之所以会在是否与子女居住在一起这个问题上有很大的分歧，是因为美国老年人的家庭观念体现在他们更重视老年人与年轻人之间的相互独立的生活，觉得住老年人公寓自己的生活不会受到影响，孩子的生活也不会受到影响。但对中国老年人来说，他们的家庭观念表现为他们更重视家庭成员关系的和谐与团圆，认为与子女分开居住会被旁人嘲笑，且这是子女没良心、不孝顺的表现。

（二）从"老年人亲情观淡薄"的角度分析

在美国，大多数老年人的亲情观淡薄，这主要是因为在受基督教影响的西方家庭里，以"自我"为本位是家庭关系的突出特点。"奉上帝、疏亲友"的理念使得西方人家庭观念淡薄，血缘亲情让位于对上帝的崇拜[5]；其次是因为以畜牧业为主的西方游牧民族在不断的迁徙中，人与人之间的关系既不稳定也不牢固[6]，这使得西方人自古就没有那么重视血缘亲情，美国老年人也不例外。

例如，中国人简·孙在圣诞前夕陪亲戚罗德去另一个城市探望他的美国母亲。在看望完罗德的母亲，他们准备离开时，这位美国老太太并未挽留他们，而是打开门，说了声晚安，再见之后就"忽"地关上了门[7]，这令简·孙感到很诧异，因为在中国，大多数老年人都十分热情好客，如果儿女与亲戚来看望他们，他们一定会热情挽留子女及亲戚留下用餐，但罗德的母亲不仅没有挽留他们用餐，而且送他们离开时的表现对中国人来说显得十分的冷漠。简·孙之所以会感到有那么大的区别是因为美国老年人不如中国老年人那样重亲情，罗德去看望他的母亲前并未提前告知要留下用餐，罗德的母亲则不会主动挽留并为他们准备餐饮。

再例如，在中国，老年人无条件帮

忙照顾孙辈是很常见的事，但对大部分美国老年人来说，虽然他们也会帮忙照顾孙辈，但照顾的前提是他们有时间帮忙，如果他们自己有事要做，那么他们就不会帮忙照顾孙辈，因为跟亲情相比，他们更在乎个人的独立性。

（三）从"老年人不需要子女赡养"的角度分析

在美国，大多数老年人不需要子女的赡养，一是因为美国的个体主义价值观使得老年人和非老年人都重视个人的独立性；二是因为美国文化属于权力距离小的文化，美国人认为子女与他们拥有同等的权利，成年子女没有赡养父母的义务；三是因为美国的社会福利制度比较完善，使得大多数美国老年人的晚年生活能得到一定的保障，不需要子女的赡养。例如，美国老年人退休后有社会保险，这是退休老年人最重要的经济来源，相当于总收入的40%，据统计，享有这项退休金的老年人约占95%[3]，这数据表明绝大部分美国老年人退休后有一定的经济收入，能给予他们晚年生活一定的保障。

与美国相反的是，在中国，儒家道德传统及法律都明确规定了子女有赡养父母的义务，大多数子女会对父母进行赡养，

如果不这样往往会引起家庭矛盾。例如山东某地赵老汉有一个女儿和一个患病的儿子。女儿赴美留学后留在美国工作并和一个美国男子结婚，生了儿子。几年后，女儿将孩子留在天津，独自带着丈夫回家探亲。赵老汉家境贫寒，为儿子看病欠下很多外债。赵老汉认为全家曾为女儿读书付出了很多，于是向女儿开口要3 000美元，结果被拒绝。因为女婿认为，长辈不是皇帝，不能说要钱就要钱。赵老汉多次讨要未果，竟连要到天津看外孙的要求也被拒绝。赵老汉一怒之下，竟用斧头砸死了熟睡的女儿和女婿。最后被处以死刑[5]。这起案件之所以会发生主要是因为在中国文化"尊老爱幼"的家长制家庭文化里，"孝"道是子女的责任和义务[5]，赵老汉认为自己全家为女儿付出了很多，现在要求女儿用金钱回报家庭是很正常的。但在美国女婿看来，子女没有赡养父母的义务，当年父母抚养子女是他们的应尽之责，因此他拒绝了赵老汉让妻子给钱的要求，这才导致了这起案件的发生。

再例如，北美采访小组在美国问一些老年人平时是否需要儿女给钱，他们表示不用，因为儿女是儿女，他们是他们。美

国亚利桑那州的太阳城是个专为老年人设置的社区，非常强调老年人的独立性，不追求把儿女绑在身边，即使有子女来看望老年人，也不能住在城里面[6]，这些老年人的态度明确地表达了自己不需要子女赡养的意愿，社区的规定也一定程度上反映了美国社会中老年人的独立性。

（四）从"老年人尊重子女"的角度分析

在美国，大多数老年人尊重子女，这主要是因为西方家长普遍认为孩子从出生那天起就是一个独立的个体，有自己独立的意愿和个性。无论是家长、老师还是亲友，都没有特权去支配和限制他的行为，在大多数情况下都不能替孩子做选择，而是要使孩子感到他是自己的主人，家长要尊重和理解孩子[6]；其次是因为美国是一个年轻的国家，没有君主政体和世袭等级制度，平等是美国人追求的目标[1]，他们认为人人生而平等，孩子自出生起就享有与其他人一致的权利，他们没有权利要求子女必须顺从自己，相反，他们还会尊重子女及他们的选择。

例如，网上有这样的一段对话。一位美国老年人对一位中国老年人说："我孩子十八岁就自己出门独立了，他回来小住几天我很欢迎，可他要是在家里长住，尤其还带着太太和孩子，我的生活就太受影响了"。对此，中国老年人表示："我就不明白，为什么你们这么不讲人情，早早就把孩子赶出家门，而且还让他们贷款付学费！？难怪你们最后得住进老年人公寓！"美国老年人回答道："孩子十八岁了，是成人了，就该自立。贷款付学费，是他自己的选择。他要是愿意在家里住，我们也没意见"[4]，在这段对话中，中国老年人之所以会说美国老年人不讲人情主要是因为在中国，人们重亲情，大部分老年人都是与子女一起居住，极少有老年人会在子女成年后将子女赶出门让其独立。其次是因为中国人的家庭观念重，他们认为子女是家庭的一份子，即使子女成年后，他们仍是家庭的一份子，中国的大部分父母会供养子女直到其有经济能力后，但对美国人来说，子女成年后就应该独立，贷款付学费及不与父母一起居住是子女自己的选择，父母尊重他们的选择，他们自己当年也是这样选择的。

再例如，一个住在美国纽约郊区的中国网友表示：美国老年人比较尊重子女的意见，例如有几次她的孩子去奶奶家玩，吃完冰淇淋后还想吃巧克力，孩子的奶奶都打电话给她问是否可以给孩子吃，而不是自作主张，直接让孩子吃[9]，如果换作是中国老年人，可能他们不需要问过子女的意见，直接就自己做决定了，因为他们认为即使孩子结婚了，有了自己的孩子，他们和孩子还是一个家庭的人，作为这个家庭中的成员，自己在这个家庭中有话语权，可以参与到孙辈的日常生活中，替他们做一些决定。而在美国，一个已经结婚的人，他的小家必然是独立于他父母家的另外一个家。

（五）从"老年人认为孙辈应独立"的角度分析

在美国，大多数老年人认为孙辈应独立，他们赞成孩子的父母从小就培养孩子的独立性，因为在西方国家，青年过了18岁还依赖父母是不光彩的，轻易接受别人的施舍也有失人格尊严。亿万富翁的后代很有可能自己打工赚钱或贷款交学费，在任总统的子女成年时也需要脱离家庭独立谋生。丘吉尔曾说，'我们从我们的父母那里得到的只有我们的名字而已，不是财产'[6]。

与美国老年人相反的是，大多数中国老年人比较溺爱孙辈，尤其随着社会转型、商品化和现代化诸因素影响。家庭中

亲子关系也发生了很大变化，家庭中从老年人本位转向重幼轻老[10]，这使得全家都围绕孙辈转，老年人在家庭中的等级有所降低。例如现在很多中国老年人都会接送孙辈上下学，在接送途中，他们会帮孙辈背书包，试图减轻他们的劳累，这对美国老年人来说是件比较不可思议的事，因为他们认为孙辈应学会独立，自己的事就应该自己做，像背书包此类的小事应自己完成，不能让长辈帮忙。

再例如，一位有美国婆婆的网友表示，当他们带着孩子去看婆婆时，即便碰到孙子耍赖皮大哭大闹，婆婆也只是漠然地看一眼，转身走开[11]，这位美国婆婆之所以这么做，并不是因为她不爱孙子，而是因为她认为孙子应学会独立和礼貌，她不会因为孙子的哭闹就去纵容孙子的无理要求，这若是换到中国老年人身上，可能大部分的老年人会在孙子的哭闹下答应孙子的要求，这种对小孩子的纵容和溺爱，往往培养出长大了自己什么都不会做的"小皇帝"。

（六）从"老年人不会干涉孙辈的婚姻"的角度分析

在美国，大多数老年人不会干涉孙辈的婚姻，这主要是因为他们认为每个人都

是独立的个体，婚姻属于个人的私事，长辈无权干涉；其次是因为在美国，人们认为结婚的基础是爱情和两情相悦。在他们看来，没有爱情的婚姻是不道德的婚姻，低质量的婚姻[5]，他们不会因为长辈的干涉而妥协自己的婚姻。例如，据美国著名的公众意见专家路易斯·哈里斯统计，"83%的美国男女认为，爱情乃男人和女人结婚的第一位的、必不可少的动力。更有90%的美国人相信，维持美满婚姻的首要条件也是爱情"[5]，这一数据侧面反映了大多数美国人的婚姻都是由自己选择，不受长辈的干涉。

与美国老年人不同的是，很多中国老年人会对孙辈的婚姻进行干涉，一是因为在中国，人们的家庭观念重，认为孙辈的婚姻不只是他个人的事，更是整个家族的事，长辈有权进行干涉；二是因为大多数老年人认为自己是过来人，在婚姻方面有经验，有资格对孙辈的婚姻指手划脚。因此，大多数人想要结婚都需要得到双方父母及长辈的同意，若是有一方的父母及长辈极其反对，那么他们很可能无法成婚，这对美国老年人来说是很不可思议的，因为在美国，人们想要结婚不需要先征求父母及长辈的同意，他们自己就可以决定，且父母与长辈也会尊重他们自己的选择，不会进行干涉。

（七）从"老年人对隐私的态度"的角度分析

在美国，大多数老年人重视隐私。西方文化强调"隐私"的概念。在西方社会，人们都认为自己有权拥有独立的隐私空间，如年龄、婚姻状况、薪酬等都被认为是个人的隐私，如果涉及便被认为是冒犯和不尊[5]。例如，美国老年人的家里，不仅卫生间有门，卧室、客厅、厨房也统统要装上门[12]，这对从小就拥有隐私权的美国人来说，这些都再正常不过了，但对大多数中国老年人来说，客厅装门是比较不能理解的行为，因为在中国人家里，除了对非配偶的异性成员，隐私权几乎不存在[12]。

再例如，美国老年人去医院看病，即使碰到了熟人，他们也不会互相交谈来医院的目的，因为他们认为这是私事，没有必要告诉他人，但如果是中国老年人去医院看病，他们只要碰到了熟人，就会互相了解病情，交流经验，甚至有的还会给推荐好的医生[7]，他们之所以会有这样的差别是因为美国老年人比中国老年人更重视隐私。

此外，美国老年人不仅对自己的隐私十分重视，他们还很尊重孙辈的隐私，不会轻易去问及一些跟隐私相关的问题，但如果换到大多数中国老年人身上，他们不仅不觉得孙辈有什么隐私可言，还认为自己问一些跟隐私相关的问题是在关心孙辈。例如，在美国大多数老年人不会问起孙辈的工资，因为他们认为工资是个人的隐私，不应该问，但如果换作是中国老年人，这对他们来说是再普通不过的事情，他们不认为这是孙辈的隐私，自己之所以问是因为想关心孙辈，想了解他的经济状况，并帮忙出主意，家庭成员之间的互帮互助是集体主义文化的典型表现，是爱的体现。

二、学校中的表现

（一）从"老年人读书目的"的角度分析

对大多数美国老年人来说，他们读书的目的是为了获取新知识及再就业，这主要是因为早在20世纪四、五十年代，美国高等教育已实现了大众化，享受高等教育的适龄青年在40%以上，20世纪90年代已达到80%以上，这使得大多数老年人都素质高，他们到了晚年并

不满足于一般的休闲和娱乐，而要求获取新知识，希望退休后还能从事力所能及的工作，发挥余热[13]。

例如，就美国媒体报道，在美国经济不景气失业率居高不下的情况下，老年人的就业人数近年来却大幅上升，虽然他们占全部就业人员总数的比例并不大，但过去5年来，老年就业人数猛增27%，今年已超过700万人[14]，这数据表明现在越来越多的老年人参与到再就业中，老年人的读书有利于他们的再就业。

与美国老年人不同的是，大多数中国老年人的读书目的不是为了再就业，而是为了完成自己年轻时的读书梦或学到一些新知识和技能，以便更好地享受晚年生活。例如，济南老年大学89岁的柏耐冬，在老年大学念了25年，从初级班、进修班到研究班，成了不走的"留级生"[10]，这位老年人之所以留在老年大学不愿意离开是因为他希望能得到更多的教育而获得内心的满足，而不是像大多数美国老年人那样为了获取新知识后再从事力所能及的工作。

（二）从"老年人受到的学校教育模式"的角度分析

在美国，老年人受到的教育模式是

多样性的，注重自由度和灵活性，这主要是因为美国文化的基本特征是个体主义，个体主义强调个人的特征与差异，提倡新颖，鼓励独特风格。这种文化心理助长了西方人对多样性的追求，造就了以多样性为特征、多元化思想共存的西方教育理念。这使得西方学习的教学氛围自然灵活，较少形式主义，教师的教和学生的学都没有太多必须遵守的强制规范和统一要求，在教与学的设计、内容和方式上具有较大的自由度和灵活度[6]。

例如，美国的老年教育包含着针对即将面临退休人员实施的退休准备教育和针对退休后的老年人实施的退休后教育。对于退休后的老年人群，美国也充分考虑到他们的多样化需求，大致分为补偿教育、继续教育和闲暇教育这三类。补偿教育主要是满足那些年轻时因各种原因没有接受高等教育的老年人的学习需求，为他们提供大学学习的机会。继续教育主要是使进入退休年龄，体力、精力尚可的老年人能够继续学习，以帮助他们获得新的劳动能力或开辟新的事业领域。闲暇教育则是一种不以升学、谋职为目的的教育活动，这种教育可以帮助老年人发展个人兴趣、个人爱好，开发他们的天赋和潜能，从而提高他们的生命质量和生活质量[15]，这几种不同的教育模式充分表明了美国老年人受到的教育模式是多样性的。

与美国多种老年教育模式不同的是，中国老年大学当前采用的教育模式更加固定，不具有多样性的特点。据报道，在中国的老年大学里，女性的人数远远多于男性的人数，其原因之一就是因为教育模式单一，不能满足男性喜欢新奇和冒险的特质，所以不容易吸引男性老年人入学。

（三）从"老年人的课堂表现"的角度分析

在美国，老年人敢于在课堂上提问，敢于质疑老师回答的对与错，在课堂表现的很活跃，这主要是因为西方的教育理念认为师生平等，强调建立'平等、民主、对话'的师生关系，教师在教育过程中扮演学生的向导和伙伴的角色[6]，老年人不会因为自己的岁数大而不敢在课堂上表现的活跃，教师也不会因为老年人的岁数问题而区别对待他们。

例如，老年人会同普通学生那样经常在课上主动提问题，发言不需要教师点名，对教师和同学的观点，会直接表达不同意见，有时甚至会发生激烈的争论或辩论[6]，然而在中国的老年大学里，虽然老年人与老师不像普通大学那样有着分明的等级秩序和课堂纪律，但是中国老年人也不会像美国老年人那样在课堂上直接表达自己的不同意见，因为尊师的观念深入他们的脑海，使得他们不会轻易打断老师的教学，以免有损老师的面子。

（四）从"老年人教育的组织机构"的角度分析

在美国，老年人教育的组织机构呈多样化，这主要是因为西方个体文化鼓励独特、有创见，激励和促进个人潜能的发挥。西方人看重独辟蹊径、标新立异，喜欢新奇且富于创新精神，使得西方人拥有了独立创新的科学精神，推动西方教育不断改革、不断向前[6]。

美国目前主要有五种教育组织机构：老年游学营、退休学习学院、信息化的老年教育、老年人网络与什帕德中心。每种教育组织机构都有其独特的创新点，如：老年游学营，又称"老年旅社"，是目前美国规模最大，最负盛名的老年教育机构，在90个国家开设了一万多个活动点，每年有20万人参加，它主要组织学员参加实地考察和课外活动、社会交流、开设国际性课程，让学员出国考察不同的文化、民情和历史；而老年人网络则通过信息技术为老年人提供教育和学习资料，提升其生活质量，同时促进老年人多参与社会活动，互相交流经验，分享彼此的聪明才智，加强与社会、与人的沟通[13]，老年人网络与老年游学营相比，它利用科技的新产物"信息技术"创造出了新的教育方式。与美国这五种教育组织机构相比，中国只有老年大学这一种教育组织机构，这更能反映出美国老年人教育组织机构的多样化。

三、社会中的表现

（一）从"老年人对铁饭碗的态度"的角度分析

在美国，现在越来越多的老年人退休后仍再就业，相比于年轻人与中年人，他们更喜欢稳定的工作，且他们的工作稳定率也是最高的，因为大多数老年人上年纪后不喜欢频繁地更换工作，他们没有足够的精力去从事具有挑战性的工作。例如，据美国劳工部统计，在1994—2004年间，65至69岁年龄段的男性老年就业率从27%上升到33%，女性就业率也从18%上升至23%。目前，60至64岁的老年人就业率为49%，其中男性和女性就业率分别达到近55%和44%，均比10年前有较大幅度提高[16]，从这数据中我们可以发现老年人的就业率在显著提高，这主要是因为老年人的工作稳定率相对于其他年龄阶段的人来说最高，雇佣他们的公司可减少员工"跳槽"带来的支出；其次是因为老年人的工作经验与社会经验都要比其他年龄阶段的人丰富，有助于他们工作的顺利进行。

虽然大多数美国老年人喜欢稳定的工作，但这并不代表着他们认为孙辈也应选择稳定的工作，一是因为选择怎样的工作是孙辈个人的事，他们无权干涉；二是因为大多数美国人喜欢有挑战性的工作，美国老年人年轻时也不例外，所以他们不会干涉孙辈的选择。与美国老年人相比，中国老年人的再就业率没有那么高，但同样的，大多数中国老年人也喜欢稳定的工作，并且他们不仅自己喜欢稳定的工作，还十分希望孙辈也选择稳定的工作，这主要是因为中国早期的农业社会养成了人们勤劳务实的精神，使得中国人喜欢稳定，老年人尤其如此。

（二）从"老年人消费观"的角度分析

在美国，很多老年人的消费观属于"提前消费"，即先消费后还贷。这主要是因为在畜牧业生产中，当放牧者在需要食物充饥时，无须等待畜牧"成熟"，随

时可屠宰牲畜。只要有需求，就可以得到的生活方式，也更加强化了西方民族的自我中心意识，导致他们注重现实性和关注既得利益。人们在考虑和审视问题时，较少从长远利益和全局利益出发，而更加关注眼前利益[6]；其次是因为在美国，劳动者的收入比较高，即使是老年人，在有退休金、免费医疗保障及健全的社会救助制度等众多相应的社会保障制度的支持下，美国老年人敢于进行提前消费[17]。

瑞士信贷银行的调查指出，在几乎所有发达国家，60岁以上的消费者的人均消费额超过了25岁至64岁年龄层平均水平，未来20年，老年人的可支配收入将大大增加。美国政府的一项调查显示，"婴儿潮"一代（二战之后的1946年到1964年间）出生的老年人，每年的消费额比其他年龄层多4 000亿美元[18]，这数据很好的反映了包括美国老年人在内的西方老年人的消费观，即敢于消费。

与美国老年人的消费观相比，虽然现在中国老年人节俭的消费观在转变，他们逐渐开始追求娱乐性、知识性与自身美化为一体的文化生活，但大多数老年人的消费观仍是节俭。一调查显示，在国家采取降低存款利率、开征利息税和

增加收入等措施的情况下，有42.6%的老年人表示"花掉存款的一少部分"，而表示"花掉存款的一半""花掉存款的大部分"和"花掉所有存款"的分别仅占2.2%、1.5%和1.5%，多数人表示不会花现有存款[19]，这些数据反映了中国老年人重积累、轻消费的习惯。

（三）从"老年人对个人决定的态度"的角度分析

对大多数美国老年人来说，他们信赖个人决定。这主要是因为个人的自我实现是美国人的首要目标，并且强调每个人对于自己的教育、就业、婚姻的选择要自主决定，不要受别人的左右[1]。与美国老年人不同的是，虽然大多数中国老年人也信赖个人决定，但他们的个人决定常常需要考虑到整个家庭的情况，甚至有时候个人决定还会被家庭所影响。

在美国，大多数老年人的晚年婚姻都由他们自主决定，他们的子女及孙辈都不会进行干涉，因为这是老年人自己的私事。但在中国，很多老年人的晚年婚姻不仅可能受到子女及亲友的干涉，还很可能遭到子女及亲友的阻止，最终使得老年人不得不改变自己的决定。子女及亲友之所以会进行干涉甚至阻止，是因为在中国，

老年人的晚年婚姻不只是他个人的事情，更是整个家庭的事，子女一方面担心老年人再婚后家产分配会出现麻烦，另一方面担心家庭会因此事丢脸，受封建文化影响，至今仍然有些人认为"都这么大岁数了，还想结婚的事是为老不尊"。

（四）从"老年人推崇科学与技术"的角度分析

在美国，大多数老年人推崇科学与技术，这是因为在西方文化中，科学精神占据着主导地位，诚如康有为所言："中国人重仁，西方人重智"。美国人崇尚科学，相信科学是了解生活、提高生活质量的主要工具[20]，例如，皮尤研究中心的一项调查显示美国老年人的"技术采用率"在不断增加，拥有智能手机的人已经占了42%，而2013年这个数字仅为18%[21]，美国老年人的"技术采用率"之所以会在不断地增加是因为他们发现智能手机这一科技产品能给他们的生活带来便利，相信这一科技产品会在一定程度上提高他们的生活质量。

与美国老年人推崇科学与技术相比，大多数中国老年人运用高科技产品比较滞后，就连上海这样的大城市，情况也不容乐观，以至于今年上海人大代表觉醒呼吁，要帮助

老年人享受到高科技的便利。"人们出行、购物、就医，还有到各类机构办理业务，基本都可以用智能手机或电脑来实现。然而无论是80岁以上的高龄老年人，还是60岁以上的普通老年人，不会使用智能手机的老年人只能以传统方式进行，不仅享受不到互联网带来的便利，有时候，一些基本的需求都无法实现。"觉醒代表说。

第二节　权力距离

一、家庭中的表现

（一）从"老年人对孙辈态度"的角度分析

在美国，大多数老年人平等对待孙辈，这主要是因为美国是一个年轻的国家，没有君主政体和世袭等级制度[2]，不以等级身份为核心[6]，这使得老年人的地位并不比其他年龄段人的高多少；其次是因为美国人对个体价值的重视削弱了个人对家族的从属关系，到基督教文化统治时期，家族的权威更是让位于宗教义务，并产生了"上帝面前人人平等的思想"。平等的观念使得社会地位高的人一般会尽量低调行事，使权力距离最小化，例如，家庭中长辈与晚辈之间不需要使用

敬语等[1]。

在美国，很多老年人不会因为自己是长辈，社会地位在孙辈之上就处处教导他们，一是因为他们认为教导孙辈是其父母的责任，二是因为只有平等对待孙辈才能拉近他们与孙辈的关系。与美国老年人相反的是，大多数中国老年人喜欢教导孙辈，因为他们认为自己的家庭地位在孙辈之上，自己在家庭中有话语权，孙辈应听从自己的教导。

（二）从"子女对老年人态度"的角度分析

在美国，大多数子女平等对待老年人，这主要是因为西方民族早期的畜牧业生产使得人们的地域观念淡薄，不重视家庭中的辈分关系[2]，使得老年人在家庭中的地位并不是至高无上的；其次是因为美国家庭关系是建立在以情感和实用为基础的友谊之上，情感和实用显然要以两代人的平等为前提[12]，即以子女与老年人之间社会地位的平等为前提，社会地位的平等导致了子女平等对待老年人的态度。

例如，在美国亲属之间，不分老少长幼，直呼其名的现象很普遍。妹妹可以不叫姐姐，而直接叫她的名字。甚至，小孩也可以不叫爷爷奶奶，而直接喊他们的大

名，全然没有"等级"观念[7]，但这些行为若换做在中国会被视为是一种无礼且冒犯长辈家庭地位的行为，因为中国自古就十分重视家庭中的等级关系。

再例如，在一些家庭事务的重要决定上，美国子女认为自己与老年人各拥有一半的决定权，最终的决定应由双方共同协商，因为双方是平等的。但在中国，虽然子女可以与老年人一起商量最终的决定，但由于老年人的家庭地位比较高，最终的决定一般倾向于老年人的决定。

（三）从"老年人对孙辈生育态度"的角度分析

在美国，老年人不会干涉孙辈的生育问题，一是因为这是孙辈的私事，老年人无权干涉，二是因为老年人与孙辈在家庭中的地位平等，老年人没有足够的话语权去劝说孙辈生育，三是因为美国的婚姻大多是以追求爱情为目的而非传宗接代，老年人没有足够的理由去说服孙辈生育。

例如，2013年美国人口普查局的报告显示，过去40年来，美国的传统家庭结构正在逐渐减少，高达57%左右的家庭没有子女。2012年，在无子女家庭中，29%是由无子女已婚夫妇组成[22]，从这数据中，我们可以发现超过一半的美国家庭没

有孩子，也就是说，在美国，家庭中没有子女是一个比较普遍的现象，老年人不会对此现象感到诧异，更不会因为此现象去干涉孙辈的生育问题。与美国老年人相反的是，大多数中国老年人十分看重传宗接代，他们会对孙辈的生育问题进行干涉，例如催婚、催生二胎等。

（四）从"子女不是父母安全感来源"的角度分析

Hofstede认为在权力距离小的社会中，儿童不是老年人安全感的来源[23]，这点对美国来说同样适用，这主要是因为在美国，儿童自出生起就享有跟父母一样的权利，父母无权要求子女必须赡养他们，父母在家庭中的地位并不是至高无上的，这使得老年人的养老不依赖子女；其次是因为美国孩子从小就被教育要独立，他们在独立意识的驱使下希望早日自立，因此要找到另一个团体来代替当下的原初社群。他们在上学后就慢慢把他与同胞手足之间的联系转移到由本无关联的同学构成的团体上。他们与家庭成员的亲密程度经常反向地决定着他在新社团中的地位。与新团体日渐亲密的关系，将逐步淡化美国孩子与父母的关系[12]，这必将导致父母的安全感不可能来自于孩子。

2012年美国人口研究协会统计显示，60%的老年人是老两口相伴的"空巢家庭，30%的老年人独居（在75岁以上的老年人群中，这个比例上升为45%）"[2]，也就是说90%的老年人不与子女居住，子女没有给老年人养老，父母老年的安全感不可能从子女身上获取。与美国老年人相反的是，大多数中国老年人的安全感来自子女，这主要是因为在中国，因传统道德和法律的约束，子女有义务赡养父母，并且父母在家庭中的地位不会随着子女的成长而下降太多，他们的家庭地位自始至终在子女之上，这在一定程度上给予了老年人安全感。

二、学校中的表现

（一）从"老年人与年轻人一起上大学"的角度分析

在美国，很多老年人与年轻人一起上大学，一是因为老年人不会因为社会地位的不同而介意与年轻人一起上课，二是因为在普通大学中开展老年教育，较早就出现在包括美国在内的许多西方工业国家[24]，人们认为老年人与年轻人一样享有上大学的权利，老年人可以进入普通大学就读，大学没有入学的年龄限制，老年

人也可以获得毕业文凭[24]。例如，2007年，美国一位67岁的机械师范·麦凯乐入学于丹佛都市州立学院，经过长达五年的大学学习和生活，于2012年顺利毕业，并获得双学位[25]，在这普通大学就读时，虽然范·麦凯乐的同学都才20岁左右，但他表示喜欢跟他们交流，丝毫不介意与年轻人一起上大学。

与美国老年人不同的是，在中国，很少有老年人与年轻人一起上大学。一是因为很多老年人认为自己一大把年纪，本该比年轻人懂得多，却与年轻人一起上学，这样太丢脸；二是因为在中国能接受老年人入学的大学并不多，在这方面，老年人享有的权利不如年轻人。例如，83岁的杨旌宏作为重庆工商大学文学与新闻专业"学生"已经就读了3个学期，与他同窗的都是"孙子辈"同学[26]，对于他最初想读普通大学的想法，其妻子感到很不可思议，认为这么大年龄读大学，真敢想[26]。杨旌宏老年人的大学梦并非一路顺畅，因为像他这么高龄的老年人想进入高校学习并非易事，在接连遭到几所学校的拒绝后，最终重庆工商大学文学与新闻学院的领导被他求学的决心打动，默许他在校旁听[26]。

（二）从"老年人眼中孙辈的师生关系"的角度分析

在美国，大多数老年人认为孙辈应尊重教师，但同时教师也应尊重并平等对待孙辈，因为在西方文化，教师只是一种职业，是具有专业知识的普通人[1]，大多数老年人不认为教师是权威的代表。

在美国，学生打断教师的教学并对教师所讲内容提出质疑是常有的事，老年人不认为孙辈这样的行为是在挑战教师的权威，但若这样的行为发生在中国，老年人也许会教导孙辈不应该这样做，因为在中国的传统中，师生间存在着一种等级关系，教师的地位远在学生之上，且由于教师是学生所学知识的重要来源，被看作是相关领域的专家和权威[1]。

在中国，很多老年人会跟教师说"老师，请您严格管教孩子，该骂就骂，该打就打"，他们之所以会说这样的话是因为中国的师生关系常被定位为长辈和晚辈的关系[1]，老年人认为等级级别高的教师有权去管教作为晚辈的学生，古语云"打是亲，骂是爱"。但这样的话是不可能出自美国老年人的口中，因为他们认为自己和孙辈是平等的，孙辈与教师之间也是平等的，即使是在家里，老年人也不可能用

打骂来管教孙辈，何况老师。

（三）从"老年人对教师的依赖性小"的角度分析

在美国的老年教育中，老年人对教师的依赖性小，一是因为在美国，教师大多采用的是体验型教学法，即除期中和期末考试外，常常包括课堂讨论、读书报告、口头演讲、小组课题、小论文等的成绩[1]，这种教学方法使得学生对老师的依赖性不大，对老师的依赖性不大即意味着老师与学生之间的地位相对平等，这点对老年人来说也同样如此。例如，美国最早的老年班是由堪萨斯大学于20世纪60年代开办的，专收60岁以上老年人，不留作业，不考试，但学生要按正规大学的教学大纲自己阅读[24]，这样的教学模式使得老年人对教师的依赖性小，这意味着老年人与教师之间的地位相对平等，老师并不是独享知识的权威。

二是因为美国不仅为退休后的老年人群提供教育，它还比较重视退休前老年人进行退休生活设计和指导等方面的教育。这类教育活动比较有代表性的方式是举行"退休准备"研讨会，通过此类的教育活动，使即将退休的员工学会怎样去克服或解决以后将遇到的困难[15]，这使得老年

人更懂得在退休后该如何选择适合自己的教育方式及该如何进行学习，使得他们在学习中不会迷茫，对老师的依赖程度小。

与美国老年人相反的是，大多数中国老年人在老年教育中对教师的依赖程度大，因为目前中国的老年教育模式主要是讲授接受式和示范式，与美国的老年教育模式相比，中国教师在老年教育扮演着重要角色，一旦教师在课堂中的参与度减小，那么老年人所能学到的知识就会打折扣。

（四）从"老年人的学习质量主要取决于自身优秀程度"的角度分析

在美国的老年教育中，大多数老年人的学习质量主要取决于自身优秀程度，这主要是因为美国教育的平等观念和老年教育的教学模式使得老年人对教师的依赖程度小，使得教师对老年人学习质量的影响不是很大。

例如，目前美国规模最大，最负盛名的老年教育机构"老年人游学营"，它的教学方式是以15到40位老年人为一组，参加为期1到3周的课程，以人文科学习为主，组织实地考察和课外活动、社会交流、开设国际性课程，让学员出国考察不同的文化、民情和历史[13]，从老年人游学营的教学方式中，我们可以发现教师并未在其中扮演着重要角色，这意味着老年人在老年人游学营中所学到的大部分知识主要靠自己的学习，教师对其学习质量的影响不大，也就是说，老年人的学习质量主要靠自身的优秀程度和努力。

再例如，美国辛辛那提大学创办了退休学院，其教学主要采取专题讲座与学员讨论相结合的方法，每讲完一个专题，学员就进行讨论，不留作业，不计学分，没有考试[24]，虽然教师在其中扮演着一定的角色，但其教学的最终目的是让学员在讨论中学到更多的知识和加深对知识的理解，如果学员本身知识储备丰富，那么他会比其他学员更加容易理解新知识。

与美国老年人不同的是，很多中国老年人的学习质量很大程度上取决于教师的优秀程度，因为大多数中国老年人对教师的依赖性大，这使得教师对他们的影响大，如果教师擅长教学，那么他们可能学习得很好，反之亦然。

三、社会中的表现

（一）从"老年人的社会地位"的角度分析

美国老年人不仅享有与其他年龄段人

一样的权利，他们还享有政府给老年人的一些其他权利，例如，在税收方面，政府提供以下优惠：（1）对65岁以上的老年人豁免附加所得税；（2）对55岁以上的老年人出售房产可豁免所得税等[3]。

即便如此，随着老年人年龄的增大，他们的社会地位仍然在下降，一是因为对美国人来说，财富是决定一个人阶级地位的最重要因素[12]，老年人随着年龄的增大收入在减少，例如，1983年，一对超老年人夫妇的现金收入平均数是11 988美元，一对少老年人夫妇收入却是17 798美元[3]，这数据表明年龄对收入的影响很大。再比如，超老年人的贫困率为21.3%，几乎比少老年人（11.9%）高一倍[3]，这数据也充分表明了老年人随着年龄的增大收入在减小。

二是因为老年人与其他年龄段人相比在很多方面拥有的机会不平等，这使得老年人的社会地位有所下降，且随着年龄的增大，机会不平等也在增大，这使得他们的社会地位下降的更多。例如，在工作机会上，由于老年人的体力和精力随着年龄的增长在日益衰退，且年龄越大的老年人患病的概率越大，这使得他们无法从事一些具有冒险性或工作压力大的职业，因此很多工作压力大的公司不考虑招收年龄过大的老年人，这在一定程度上减少了老年人的工作机会，使得老年人与其他年龄段的人机会不平等，造成老年人社会地位的下降。

在具有尊老爱幼这一中华传统美德的中国，老年人的社会地位自古就很高，即使在现代社会，传统文化受到了一定的冲击，老年人的社会地位随着年龄的增大有所下降，但仍比美国老年人在社会中的地位高，老年人常常会因为年龄得到政府和社会的优待。但如果是在美国，老年人并不会因为年龄的因素在生活中得到人们的特殊对待。

例如，在美国，人们乘坐公交车时，很少会发生看到老年人没有座位就给其让座的事情，一是因为在权力距离小的文化里，有座位的人不需要因为年龄问题给其他人让座，二是因为在个体主义文化里，大多数老年人认为自己虽然年龄比别人大，但仍有自立能力，不需要别人让座。

而在中国，给老年人让座这样的事仍然屡见不鲜，如果人们，尤其是年轻人不给老年人让座，那么他很可能会受到社会舆论的谴责。

（二）从"老年人与法律和规章制度"的角度分析

在美国，人人都应遵守法律和规章制度，老年人也不例外，美国的法律和规章制度不会因其是老年人就"法外容情"，这主要是因为美国文化受清教的影响，曾经相信"人性恶"的观点，但现在大多数美国人认为人性中既有善也有恶，而且人性是可以改变的，通过自我约束和行善，人最终可以成为完美的人。主张人性恶的文化可能出于对人性的怀疑态度，更倾向于通过制定各种法律和规章制度来约束人们的行为，强调惩戒的威慑作用[1]，这使得美国人一切以法律和规章制度为标准，不会因为老年人的社会地位和年龄就"法外容情"。

例如，在2013年的时候，一位81岁的美国老翁因多次扬言'要杀掉奥巴马'而被逮捕，他被控威胁杀害总统，若法院最终判其罪名成立，他将面临最高5年的徒刑[27]，在这起事件中，这位美国老翁仅因多次扬言"要杀掉奥巴马"就被指控且遭到逮捕，由此可见美国法律和规章制度的不容侵犯性，且这种不容侵犯性不受社会地位和年龄的影响，即便这位美国老翁已经81岁了，但他仍应遵守法律和规章制度，法律和规章制度不会因为他的社会地位和年龄就"法外容情"。

与美国不同的是，在中国，人们除法律和规章制度外，还十分重视社会道德规范，这使得中国的法律有时会因老年人的社会地位和年龄因素而"法外容情"。例如，在2011年之前，中国刑法中并没有对老年人犯罪予以特殊规定，直到2011年《刑法修正案八》颁布后，才有三项有关的条文，如十七条第一款中规定"已满七十五周岁的人故意犯罪的，可以从轻或减轻处罚；过失犯罪的，应当从轻或减轻处罚"[28]，这新颁布的刑法修正案在一定程度上对老年人给予了"法外容情"。

（三）从"老年人与称谓"的角度分析

在美国，老年人与其他人之间一般直呼其名，不使用特殊的表示等级的称谓，这主要是因为西方社会的组织结构不以等级身份为核心，提倡人人平等[6]，社会地位高的人一般会尽量低调行事，使权力距离最小化，比如在公共服务场所，人们对待来自不同社会阶层的人，都使用礼貌和平等的方式与他们交往[1]。

与美国相反的是，中国的等级观念使得人们在中国传统的社会生活中，不仅父母的名字需要避讳，其他长辈或地位高者亦要用尊称。即使是同辈之人，也有固定的称谓，不能直呼其名[6]。例如，对于素不相识的路人，人们均按年龄、性别称呼对方：大爷、大娘、大叔、大哥、大姐等[6]，这种称呼在中国老年人眼里是一种礼貌，在外面被陌生人称呼为"大爷"或"大娘"让他们感觉到亲切和受用。然而，对美国老年人来说，首先他们无法理解这种把家庭里的称呼延伸到家庭之外的陌生人之间的称呼的做法，因为这是典型的集体主义文化的特征。其次，作为来自权力距离小的文化的人，他们在家里也几乎不用这样的称呼。

除老年人与其他人交往时习惯互相直呼其名这点外，美国老年人还很介意"老"字在对话中的使用，因为在西方经济发展过程中，人更多地作为经济和生产的要素存在着，人老了，其作为要素的功能价值呈递减状态，社会上受尊敬状态也必然是递减的[6]，社会地位也随之在下降，所以大多数美国老年人怕被人说"老"。与美国老年人相反的是，大多数中国老年人不怕被称呼"老"，甚至有些还乐意被别人称作"老"，因为中国人认为"年老是权威和睿智的象征"[6]，它带来的是地位提升和更受他人尊敬[12]。

（四）从"老年人社会地位受职业影响"的角度分析

在美国，大多数老年人的社会地位受职业的影响，这主要是因为不同的职业收入不同，收入的高低直接影响了老年人的社会地位。端木义万根据年收入的不同划分了相对应的职业和其所拥有的声望，如较高级专业人员、中上层管理人员拥有较大的权力、较高声望，而一般蓝领人员、无技能服务人员拥有的声望则较低[3]，我们从端木义万的划分中可以看出，年收入与职业直接相关，而这又与其所拥有的权力、声望直接相关，也就是说，职业的不同影响了老年人的社会地位。

与美国老年人有些不同的是，虽然职业的不同同样会影响中国老年人的社会地位，但是其影响的最主要原因不是因为职业的收入不同，而是因为很多人将职业进行等级划分，不同的职业代表着不同的权威。中国的读书人自古就拥有很高的地位，享有很高的声望，直至近代社会，学识仍是中国人获取最高身份等级的最重要的准绳，但是，在美国，即使在国家层面，美国知识分子也从来没有获得他们中国同行数千年来一直享有的优越感[12]，中国的老专家、老教授的声望要远远高于他们在美国的同行。因为在美国，学识并不能给人地位与声望，"对美国人而言，财富和消费模式大体决定了地位和权力，学问只是附属品"[12]。

第三节　对不确定因素的回避程度

一、家庭中的表现

（一）从"老年人与孙辈代沟小"的角度分析

在美国，大多数老年人与孙辈之间的代沟小，这主要是因为喜欢变化和各种形式的流动是美国民族特点结构中具有决定意义的一点[6]，这使得大多数美国老年人接受新鲜事物快，他们不仅能接受孙辈尝试一些新事物或他们没有经历过的事，甚至有的老年人还愿意自己去尝试。例如，一群80岁上下的老奶奶骑着摩托车或开着老式汽车穿行于纽约与芝加哥之间的长途公路，这件事登上了美国报纸的新闻头条[12]，这群老奶奶之所以这么做是因为她们想尝试自己没有经历过的事，敢于冒险。

与美国老年人不同的是，大多数中国老年人与孙辈间的代沟大，因为他们对不确定因素的回避程度大，使得他们不愿孙

辈去做一些在他们看来是冒险的事或他们没有经历过的事。目前在中国，创业很受年轻人的欢迎，越来越多的年轻人在毕业后喜欢自主创业，但这在很多老年人眼里是瞎胡闹，因为他们认为创业的风险大，很可能会失败，所以他们不愿意或反对自己的孙辈去尝试，这形成了老年人与孙辈间代沟的一部分。但如果换做是美国老年人，他们不仅不会反对孙辈去创业，还会鼓励他们，因为对美国老年人来说，生活中的一切进步都不是通过适应或固守传统得来的，而是在回应盲目冲动的过程中发生的[20]。

（二）从"老年人对于搬迁的态度"的角度分析

在美国，大多数老年人对于搬迁并没有"故土难离"的感觉，这主要是因为自从1442年哥伦布发现美洲新大陆之后，欧洲人逐渐向美洲移民。这些移民不安现状，不断寻求新的发展机会。整个西部的开发过程是一段奋斗和冒险的历程。这段开拓经历对美国人的性格产生了深刻、持久的影响。D·K·史蒂文森认为它加强了人的独立精神，激发并培育了美国人一种不甘寂寞、热切好动的性格。它促使美国人"站起来，朝前走"，到新的地方去

寻求更美好的生活[3]，可以说美国人是一个"不愿扎根，不断迁徙的民族"[3]，美国是一个地地道道的移民之国，它的历史不过几百年，所有的人（包括印第安人）都是从别的国家迁移过来的。连自己的故国都舍得离开，在美国本土上，还有什么不能离别的家园呢[7]？据社会学家调查，美国人一生搬家14次。美国政府统计资料显示：美国每年有17%左右的人搬家[3]，这数据表明搬迁对于美国人来说是件习以为常的事，对大多数美国老年人来说亦是如此。

与美国老年人相反的是，大多数中国老年人不喜欢也不愿意搬迁，这主要是由于农耕文化导致的乡土观念重。例如，中国著名的三峡工程涉及到很多沿江而住的居民，当这些居民要搬离居住多年的老屋旧舍，乘船驶出自己的家乡时，很多老年人依依不舍，甚至有的泪流满面，因为人越老，故乡情结越深[7]。

（三）从"老年人对人口焦虑程度低"的角度分析

在美国，大多数老年人对人口的焦虑程度低，这主要是因为早期的美国移民大部分是为了摆脱欧洲封建传统的束缚和各种权势的压迫才来到北美大陆[3]，这使得大多数美国老年人不重视家族的繁衍与传承，即不需要通过生育多个孩子来繁衍和传承家族。例如，美国白人妇女在20世纪40年代后期的"婴儿潮"这一生育高潮顶点的平均生育率为3.7个孩子，1960年生育率降到3.65，1970年则降到2.48[3]，从这数据中，我们可以明显看到美国白人老年人在其年轻时的生育率在逐年下降，这在一定程度上反映了他们对人口的焦虑程度低。

美国老年人对人口的焦虑程度低还表现在其不干涉孙辈的生育，不会要求孙辈多生。例如，美国人口普查局1997年3月进行的统计显示，美国共有10 101 800户，双亲（已婚有孩）家庭只占24.8%，已婚无孩家庭占28.2%，其他形式无孩家庭占7%[3]，数据表明超过三分之一的美国家庭属于无孩家庭，并没有老年人对年轻人进行催生。

与美国老年人相反的是，大多数中国老年人对人口的焦虑程度高，因为人们自古就十分重视生育，认为多子多福，人口的增加有利于家族的繁衍与传承，最重要的是人口多有利于应付生活中未知的危险或麻烦，比如减少子女将来成为空巢老年人的可能，以及有利于减轻养老负担。所以大多数中国老年人不仅自己生育了多个子女，还会干涉儿孙的生育，尤其是在二胎政策开放后，很多老年人都希望子女能多生一个。例如，70岁的陈女士最近在向儿媳催生二胎，她身边有近半的人都希望子女生"二孩"，都在讨论如何劝子女[29]，像陈女士这样的老年人在中国并不是少数。

（四）从"老年人不会过度保护孙辈"的角度分析

在美国，大多数老年人不会过度保护孙辈，这主要是因为在美国人看来，"生存充满了风险，进取意味着生存。任何因循守旧，苟且偷生者，迟早会被生活的激流所吞没，成功和希望只属于那些奋发向上，百折不挠的人们"[20]，所以大多数老年人不会因为担忧生活中可能会出现的危险，就过度保护孙辈，禁止他们触碰带有危险的事物。例如，在美国，人们经常会看到十几岁的孩子开着割草机在院子里割草，这在美国老年人眼里是一件再正常不过的小事，但如果换做是中国老年人，他们很可能不会让孙辈做这样的事，因为他们认为十几岁的孙辈还是孩子，像开着割草机割草这样带有危险性的事不应该让他们做。

二、学校中的表现

（一）从"老年人鼓励孙辈自主解决问题"的角度分析

在学习方面，大多数美国老年人鼓励孙辈自主解决问题，这主要是因为早期西方畜牧业所具有的特点，使人的主观意志和决断能够得到极大的发挥。更重要的是，由于畜牧业生产与农业生产相比，受季节和气候、天气变化的影响较小，放牧者在与自然的关系中，拥有更多的主动性。这种受客观环境和自然规律制约和束缚较小的人与自然的关系，极大地促进了人的主动进取精神的形成[6]，所以美国老年人年轻时就习惯于自主解决问题，他们当然也会鼓励孙辈这样做。

与美国老年人相反的是，相对于鼓励孙辈自主解决学习上的问题，很多中国老年人更喜欢告诉孙辈去向教师请教，因为他们中的一些人墨守传统，崇尚权威，排斥变革创新[6]。在中国，大部分作业都带有标准答案，而不是开放式的问题，因此，当孙辈不会做时，大部分老年人倾向于让孙辈向教师请教，而不是鼓励孙辈尝试用不同的方法去完成作业。

（二）从"老年人对他人观点的态度"的角度分析

在美国的老年教育课堂里，美国老年人对他人的观点敢于表达自己的不同意见，这主要是因为游牧民族所具有的冒险精神、自我中心意识和对自由权利的崇尚、对个性化的追求，使得他们喜欢通过别出心裁、标新立异，寻求冒险、刺激等方式，打破沉寂、平庸，充分表现自我，显示自我的价值[6]，这使得美国老年人在学习过程中喜欢并享受与他人辩论的乐趣。

与美国老年人相反的是，大多数中国老年人在老年教育中不会对教师或同学的观点表达不同意见，一是因为担心反驳他人的观点会伤害别人的面子，二是因为中国传统文化不提倡突出个性，认为表达出与他人观点不同可能会带来某种危害。

三、社会中的表现

（一）从"老年人喜欢享受生活"的角度分析

在美国，大多数老年人喜欢享受生活，这主要是因为美国人认为舒适的生活是人生重要的追求目标之一，他们信奉消费主义价值观，认为追求金钱和物质享受是合理而自然的，把能够住大房子、开名牌车、到各地旅游看成是对自己辛勤工作的奖励[1]。在美国，许多家庭喜欢开着房车去观赏风景，特别是退休老年人，他们更喜欢开着房车去旅游，甚至有人一整年都不回家，由此开启人生的冒险之旅。据统计，美国目前房车保有量已超百万，超过60%的车主都是退休老年人[30]，这数据表明超过一半的美国老年人喜欢开着房车周游世界，在一定程度上证明了美国老年人喜欢享受生活这一点。

与美国老年人不同的是，大多数中国老年人对于生活的态度是"居安思危"，这主要是因为在中国早期的农业生产中，由于气候和天气的变化很难预知，所以形成了中华民族固有的一种思维方式，即"居安思危"[6]。"居安思危"这一思维方式使得大多数中国老年人在日常生活中"量入为出"，在考虑支出时，也是从"全局"和"长远"出发，来权衡各方面的实际需要，最终确定支出的先后和多少[6]。这一思维方式使得很多中国老年人不舍得花钱出门旅游，甚至是年轻人很常见的下馆子、买新衣服、去电影院等娱乐场所，在他们看来也是浪费钱财，不如在家看电视和自己做饭来得实惠，把钱积攒下来留给孩子多好。即使近些年来有不少老年人参加旅行团，他们当中有很大一部分是被孝顺的子女连哄带骗地拉去的。但如果换做是美国老年人，他们可能不会顾虑那么多，只要在条件允许的情况下，他们就会尽量满足自己的需求，因为他们认为追求物质享受是合理而自然的，没有必要思前想后，为未来担忧，同时也没必要积攒钱留给孩子。

（二）从"老年人乐于尝试新科技产品"的角度分析

在美国，越来越多的老年人乐于尝试新科技产品，这主要是因为美国人对新生事物持有很强的好奇心和探索意识，这使得他们喜欢尝试新的科技产品[1]。例如，2000年，美国只有14%的老年人是互联网用户，但今天美国老年人中67%都在使用互联网。65岁及以上的老年人约有四成拥有智能手机，家庭宽带的使用率也逐年大幅增长，今年在家庭中使用宽带的美国老年人首次超过一半[33]，从这数据中我们可以发现如今越来越多的美国老年人在使用互联网、智能手机及家庭宽带，这表明越来越多的老年人乐于尝试新科技产品。

与美国老年人不同的是，虽然中国使用互联网、智能手机等新科技产品的老年人人数也在逐年增长，但是大多数越是年老的中国老年人，他们越不愿意去尝试新科技产品，因为他们保守的固有思想使得他们习惯于接受熟悉的事物，不愿意冒风险去尝试新事物，比如部分老年人拒绝使用智能手机的原因是他们担心自己学不会而丢面子、他们担心自己会因不懂操作而导致手机多扣费，或者手机被用坏。

（三）从"老年人对同性恋者态度"的角度分析

在美国，较多老年人能接受同性恋者，他们不会歧视同性恋者，这主要是因为美国人比较容易接受生活中的不确定因素，能够容忍违反常规的人或事[1]；其次是由于同性恋者持续不断的斗争，整个社会的各种观念所发生的变化，使得美国社会对同性恋者的宽容程度明显增长[3]。2012年3月，美国纽约市开设了全美第一家专门服务同性恋老年人的社会福利中心，该中心的揭幕仪式吸引了200多名年长者参加[31]，该社会福利中心的开设表明美国老年人对同性恋者的宽容程度。

与美国老年人相反的是，大多数中国老年人不能接受同性恋者，因为大多数中国老年人重视传统，他们难以接受违背传统或常规的人或事。据《世界日报》报道，同性恋在亚裔小区并不是一个受欢迎的话题，在耆老中就更不愿被提起[32]。可以看出，相对于亚裔老年人，美国老年人对同性恋者的宽容程度大。

第四节　男性主义倾向与女性主义倾向

一、家庭中的表现

（一）从"老年人家庭观念"的角度分析

在美国，大多数老年人认为在家庭中，男性应与女性平等分担家务及抚养小孩的责任，同时，也应平等地分享决定家庭事务的权力，这主要是因为尽管美国具有男性主义倾向的文化，但是妇女解放运动的影响和经济地位的进一步提高，妇女的家庭地位逐步上升到与丈夫平等，彼此成为伙伴[3]。例如，在美国，如果男性老年人要买股票或搞房地产等风险投资，必须经过其妻子的同意。如妻子不同意，夫妻双方可到司法机关进行公证，确定该投资纯属个人行为。如投资失败，债务由投资者个人承担和偿还[3]。而在中国，

买卖房子这样的大事一般老年夫妻双方需要商量一下，然后由丈夫这个一家之主拍板。但是如果是买卖股票这样的投资的事，男性老年人往往不需要得到其妻子的同意就可以直接进行。因为在中国，"男主外女主内"的生活方式在老年人当中还是很盛行的，金融投资一般会被男性所掌握，因为自古以来男性是家庭收入的主要来源，而女性一般不会喜欢去动这个脑筋，她们在家中只要做好家务就够了。中国也属于男性主义倾向文化，然而，新中国建立后，政府一直在推动男女平等，并且在法律上予以保证。但是，人们对于新事物、新思想的接受是循序渐进的，现在的老年人，尤其是70~80岁以上的老年人出生于建国前，他们的传统思想还是很浓厚的。

（二）从"老年人生活处境"的角度分析

美国文化属于男性主义倾向文化，尽管妇女解放运动一再强调男女平等，但是，在美国，女性老年人比男性老年人的生活处境更为困难，这主要是因为社会保险和养老体制是按照传统家庭模式而设计的。这种模式是：赚钱养家的男人，操持家务的主妇和两个孩子。按照这种体制

设计的保险体制，妇女所得的养老金比男性老年人要低[3]，其次是因为美国女性老年人就业的工资比男性老年人低。1982年美国就业妇女所挣工资是男性工资的62%，到1995年，美国就业妇女所挣工资也仅为男性工资的75%[35]，从这数据中我们可以明确看到美国妇女的就业工资比男性低，由于就业工资的高低很大程度上决定了美国妇女的生活处境，因此美国女性老年人的就业工资比男性老年人低在很大程度上造成了女性老年人比男性老年人生活处境更为困难的情况。据统计，美国每5个老年妇女中就有2个以上是穷困或近于穷困，生活在贫困线以上的老年人中约有三分之四是妇女[3]，这数据进一步表明了美国女性老年人的生活处境比男性老年人更为困难。

与美国女性老年人不同的是，虽然大多数中国女性老年人的就业工资比男性老年人低，甚至有的没有工资收入，但是大多数女性老年人的生活处境并不比男性老年人差，这主要是因为除了子女会赡养老年人外，"男主外女主内"的思想使得男性老年人在家庭中还肩负着家庭生活的主要支出，女性老年人在经济方面不需要担忧。例如，在中国的家庭中，当男性老年

人或女性老年人生病时，一般他们的子女都会承担他们的医药费，这对他们的生活处境不会造成太大的影响；然而在美国，不管是男性老年人还是女性老年人生病，他们的子女都没有义务为他们承担医药费，因此老年人手中钱财的多少对他们的生活处境很有影响。

（三）从"老年人家庭分工不同"的角度分析

在美国，虽然大多数老年人认为丈夫应与妻子平等分担家务，但实际上，负责家务的主要是女性老年人，因为妇女经济地位的提高并不意味着她们在家庭内的义务可以减轻多少[3]。例如，不管女主人是否工作，不管她的收入有多少，她一周花在干家务活上的时间都几乎是丈夫的2倍以上[3]，干家务活时间的长短在很大程度上反映了家庭中女性与男性的家庭分工，表明在家庭中女性的主要分工仍是负责家务和抚养小孩，而男性的分工主要是养家。

与美国女性老年人相类似，大多数中国女性老年人在家庭中的分工也是负责照顾好家庭和孩子，因为在大多数老年人的观念里，女性老年人就应负责照顾家庭和孩子。例如，很多子女由于工作的原因需

要将孙辈交给老年人照顾，大多数负责照顾的老年人都是女性老年人，较少由男性老年人照顾，人们认为男性老年人不能像女性老年人那样照顾好孙辈，女性老年人在照顾孩子方面更有经验。

（四）从"女性老年人离婚"的角度分析

在美国，现在越来越多的离婚诉求是由女性老年人提出的，这主要是因为随着妇女就业机会的增加，家庭中的经济相互依赖程度在不断减弱。对于一个对婚姻感到不幸福的女性来讲，经济上的日益独立以及自我信心会帮助她做出离婚的选择[35]；其次是因为20世纪60年代末，由于社会动荡，除越战外，还出现了反主流文化、妇女解放运动、争取同性恋权利运动、争取平等权利运动以及性解放运动，人们的思想发生了巨大的变化。"追求个人快乐"的观念成为主流，越来越多的人认为"父母本人快乐，才能使孩子快乐"。这使得人们不再把离婚看作是充满丑闻意味的词，而认为是社会进化的结果[3]，所以现在越来越多的女性老年人也加入到离婚的行列中。2004年美国的一项全国性调查报告显示40岁到69岁的离婚人群里，女性主动提离婚所占比例高达66%[36]，之所以有那么高比例的女性主动提出离婚一是因为她们经济独立，不需要依赖丈夫，二是因为离婚已被人们的价值观普遍接受，认为追求个人幸福很重要。

与美国女性老年人相类似，目前中国也有一些女性老年人加入到离婚的行列中，她们离婚的原因有很多，但她们敢于离婚的原因一是因为她们有一定的经济基础，不必担心离婚后的生活处境，二是因为子女都成家立业了，她们不必再顾虑子女，可以过自己想要的生活。据不完全统计，在北京，60岁到70岁的退休老年人2014年离婚诉讼案件占到全部案件的近45%[37]，这一数据充分表明了近年来越来越多的老年人加入到离婚的行列中，此外，一些媒体调查发现，各地"退休离"还存在一些类似的地方，例如离婚多由女方提出，离婚者大多经济状况良好等[37]，这表明女性老年人在婚姻上的自主决定权越来越大，从一个侧面反映了中国女性地位的提升。

二、学校中的表现

（一）从"老年人受教育机会"的角度分析

在美国，男性老年人与女性老年人的受教育机会均等，这主要是因为在20世纪初，受教育机会是女权斗争的一个重要目标。到30年代，白人男女受教育机会已达均等[3]。1985年，美国65岁及以上的男性老年人有47.1%完成了初高中教育水平，女性老年人是48.8%[38]，这数据侧面地反映了美国男性老年人与女性老年人受教育机会均等，且女性老年人受教育的比例略高于男性老年人。

与美国不同的是，在中国，男性老年人与女性老年人的受教育机会不平等，这并非是由于国家的政策所致，事实上新中国的法律、法规和政策一直在强调男性和女性在各方面的平等，然而，如前所述，人们受传统观念的影响很深，不是一下就能改变的。现在的老年人大多是建国前出生的，在他们大多数人的意识里，女性的职责就是照顾好家庭，没有必要学那么多知识，很多家庭因此剥夺了女孩子受教育的机会。1990年人口普查时，我国男性60岁及以上人口的识字率为50.4%，女性为10.7%，男性是女性的5倍[38]，这数据表明男性老年人受教育的普及率比女性老年人的要高很多，在一定程度上反映了男性老年人与女性老年人之间受教育机会的不平等。

（二）从"老年人选专业倾向"的角度分析

中美两国同属男性主义倾向文化的国家，大多数男性老年人年轻时倾向于选择理工科专业，而女性老年人则大多倾向于选择文科专业，这主要是因为人们认为文科类的专业适合女性学习，而理工科类的专业适合男性学习。事实上，直到20世纪50年代，美国高校女性多集中于教育、英语、家政、护理、艺术这五个专业[3]。

当这些人到了老年，进入了老年课堂学习，大多仍然会按照性别选择课程。比如女性选择烹饪、插花、舞蹈等艺术类或家政类，而男性选择电脑、摄影、棋类等需要动脑筋或对抗类的。

三、社会中的表现

（一）从"男女老年人就业机会不平等"的角度分析

在美国，男性老年人与女性老年人之

间就业机会不平等，这主要是因为就业中的性别歧视，除此之外，还有诸多客观原因，例如为了兼顾家庭，女性只好选择每周40小时以下的工作等[3]，这些使得男性老年人与女性老年人之间就业机会不平等。据1997年的一项统计，年龄在50-59岁之间的美国妇女中约有65%正在从事社会劳动[35]，这数据表明超过一半的美国女性老年人从事的都是岗位低的工作，侧面地反映了男性老年人与女性老年人就业机会的不平等。此外，在法律职业中，妇女构成全美律师人数的约25%，然而在所有联邦法官中仅有12%为女性，在所有州法院法官中约有10%为女性[35]，这数据表明女性在法律这种高级职业中所占比例小，担任高职务的人数更少。

与美国相类似，在中国，据2008年全国社会状况调查数据汇总，60岁以上的男性老年人有全职工作的占4.1%，女性老年人占1.5%[39]，这数据表明有全职工作的女性老年人比男性老年人少，侧面地反映了男性老年人与女性老年人就业机会不平等。

（二）从"担任高级职务的女性比例"的角度分析

在美国，担任高级职务的女性老年人比例低，这主要是因为美国在就业中存在着性别歧视，很多人不认可女性的才能，常常不给予她们能展示自己才能的工作机会。例如，20世纪90年代中期，在所有私人企业经理中，妇女人数约占31%以上，而担任企业行政主管或官员的妇女只占7%[35]，这数据清楚地表明担任高级职务的女性比例相对于男性来说极其低。再例如，在联邦政府部门，妇女占全部劳动力的44%，但是，她们只占所有高层职务的13%[35]，这数据表明美国女性在联邦政府部门担任高级职务的比例低。

在中国，女性老年人担任高级职务的比例也较低，这主要还是因为传统思想的影响，使得很多中国女性老年人年轻时未受过高等教育，她们无法胜任高级职务。比如，在大学校园里，女性老年教授的人数远少于男性老年教授。这点在美国也同样是如此，美国的女性老年教授人数少于男性老年人教授，例如某大学，在自然科学和工程学系所，只有约9%的教授为女性[35]。

第五节 结 语

通过分析美国老年人的文化价值观，

并与中国老年人文化价值观进行对比，可以看出，中美老年人在男性主义倾向这一文化维度上有很多相似之处，但是，在其他三个文化维度上差异比较大，美国老年人的文化价值观是个体主义、权力距离小、对不确定因素回避程度小，而中国老年人的文化价值观是集体主义、权力距离大、对不确定因素回避程度大。为什么要对比中美两国老年人的文化价值观？我们从研究日本老年人的那一章就可以看出，年轻人受到西方思想的影响会妨碍他们同老年人的交际。那么，中国的年轻人是否也受到了来自西方文化的影响，这些影响是否也会妨碍他们和老年人的交际，并进一步影响社会的和谐和稳定？

本研究试图陈述这样一个事实，即中美两国老年人的文化价值观深受两国传统文化的影响，同时也局限于他们自己的人生经历，因此，中国的非老年人，尤其是年轻人不能以自己所看到的美国老年人的文化价值观的表现来衡量中国老年人，比如说"美国老年人都不用孩子养，不用孩子孝顺，你们为什么还要让我养！"或者说"美国老年人都不干涉自己孩子的事情，你看看你们，总是侵入我的隐私！"，等等。在跨文化交际研究中，

"入乡随俗"总是被提及，现在的年轻人即使看到了西方，比如美国的文化，也应该明白，我们是中国人，我们所在的"乡"仍然是中国，因此我们要遵从的"俗"必然还是中国文化。换句话说，我们是中国人，我们面对中国老年人的时候绝对不能从美国文化价值观的角度出发去对待他们，而应该同等地从中国文化价值观出发去理解他们。同时，也需要深入思考一下，首先，中国老年人的哪些文化价值观符合传统儒家思想，同时也符合社会主义核心价值观，比如"孝"就是同时符合的，那么，在对待"孝"等的问题上，我们的行为就要遵循中国人的文化价值观。其次，也要思考，老年人的哪些文化价值观只符合传统儒家思想，但是不符合社会主义核心价值观，比如社会主义核心价值观中的"平等"，就包含了任何人与人之间的平等，也包含了男女平等，这与传统儒家思想的强调等级不一样。即使是这样，面对老年人的重男轻女，年轻人还是要做到移情，或换位思考，不能一味地责备老年人，而是要考虑到他们的人生经历，考虑到一个人接受新思想是需要过程的。第三，至于一些较难归类的比如"隐私"问题，如前所述，老年人打探晚辈的

所谓"隐私"往往是关心和爱护晚辈的表现，年轻人不要学习了一个来自西方的"隐私"这样的词就滥用，以此来批驳老年人，而是要换位思考，用心体会老年人的"爱"，这种"爱"是深植于儒家思想和集体主义文化中的"爱"，它并不是像在西方国家那样被大声说出来。

　　总之，年轻一代能够深入了解传统儒家文化的精华、辨别封建文化的糟粕、深刻领会社会主义核心价值观、对中国传统文化有极强的的认同感，同时正确辨别西方文化的优劣、在与中国老年人交流时不受西方文化的影响、真正做到文化自觉，对最终建立一个老年人和非老年人和谐共处的社会是非常重要的。

参 考 文 献

［1］祖新梅.跨文化交际［M］.北京：外语教学与研究出版社，2015.

［2］没有孝文化传统的美国，老年人怎样养老［EB/OL］.（2017-09-24）［2018-10-12］.http：//www.sohu.com/a/194251510_354821.

［3］端木义万.美国社会文化透视=Perspectives of the American Society and Culture［M］.南京：南京大学出版社，1996.

［4］中国老年人抱怨儿女不孝顺，美国老年人一番话让他沉默［EB/OL］.（2018-02-25）［2018-10-12］.http：//www.sohu.com/a/223906808_467138.

［5］李建军，李贵苍.跨文化交际［M］.武汉：武汉大学出版社，2011.

［6］李军，朱筱新.中西文化比较［M］.北京：中国人民大学出版社，2009.

［7］简·孙.中国结美国梦：中美文化交流趣谈［M］.郑州：河南人民出版社，2006.

［8］子女无赡养义务外国老年人如何养老？盘点国外养老规定［EB/OL］.（2015-10-23）［2018-10-12］.http：//paper.chinaso.com/detal/20151023/1000200032869521445567120085497210_1.html.

［9］美国老年人也帮忙带娃？会因此闹家庭矛盾吗？［EB/OL］.（2018-08-25）

［2018-10-12］. http：//www. sohu. com/a/249965315_651273.

［10］张仙桥，李德滨. 中国老年社会学［M］. 北京：社会科学文献出版社，2011.

［11］看看美国老年人带小孩的原则，我想我们该借鉴一下［EB/OL］.（2017-07-08）
［2018-10-13］. https：//baijiahao. baidu. com/s?id=1572247294351556&wfr=spider&
for=pc.

［12］许烺光. 美国人与中国人［M］. 杭州：浙江人民出版社，2017.

［13］杨德广. 美国老年教育的发展及启示［EB/OL］.（2016-01-25）［2018-10-13］.
http：//www. shlndx. com/Article/Detail/161.

［14］美国老年人就业猛增，100岁仍工作34岁的难就业［EB/OL］.（2015-02-14）
［2018-10-13］. http：//www. 360doc. com/content/15/0214/02/5629470_448483766.
shtml.

［15］陈静. 海外掠影--美国老年教育应对人口老龄化的启示［EB/OL］.（2016-01-
22）［2018-10-14］. http：//www. shlndx. com/article/detail/41.

［16］工作稳定不爱跳槽，老年人成美国职场"新宠"［EB/OL］.（2005-04-07）
［2018-10-14］. http：//edu. sina. com. cn/m/2005-04-07/109949. html.

［17］中国老太太与美国老太太消费观及其消费的剖析［EB/OL］.（2012-02-24）
［2018-10-14］. http：//www. jxteacher. com/content. aspx?id=af8c5f93-9a02-4a2b-
9d02-cb33fc30a21b.

［18］老年人消费观转变，银发经济的潜力［EB/OL］.（20018-05-31）［2018-10-
14］. http：//www. dsb. cn/79551. html.

［19］话题——老年人与消费观［EB/OL］.（20013-04-11）［2018-10-14］. http：//
www. china5080. com/articles12/283206. html.

［20］李清源，魏晓红. 中美文化与交际［M］. 上海：复旦大学出版社，2012.

［21］皮尤：1/3美国老年人从来不上网，还有10%有网瘾［EB/OL］.（20017-05-18）
［2018-10-15］. http：//tech. sina. com. cn/t/2017-05-18/doc-ifyfkqks4252923. shtml.

［22］普查报告称美国57%家庭无子女，28%为单人家庭［EB/OL］.（2013-08-29）

[2018-10-17]. http://www.chinanews.com/gj/2013/08-29/5222810.shtml.

[23] 霍夫斯坦德. 文化之重：价值、行为、体制和组织间的跨国比较[M]. 上海：上海外语教育出版社，2008.

[24] 岳瑛. 国外老年教育发展动态[EB/OL].（2011-09-08）[2018-10-18]. http://www.fjlndx.cn/zazhi/default.aspx?id=25.

[25] 美国72岁老翁大学追梦深造5年获双学位[EB/OL].（2014-02-10）[2018-10-18]. http://edu.sina.com.cn/a/2014-02-10/0704239249.shtml.

[26] 活到老学到老！83岁老年人上大学，现在圆了大学梦，没啥丢面子的[EB/OL].（2018-04-26）[2018-10-20]. http://www.sohu.com/a/229565461_100125914.

[27] 美国老翁因扬言"要杀奥巴马"被捕，或判刑5年[EB/OL].（2013-11-30）[2018-10-29]. http://world.huanqiu.com/regions/2013-11/4617167.html.

[28] 60岁以上老年人轻微犯罪不起诉，会是个好规定吗？[EB/OL].（2017-05-12）[2018-10-30]. http://view.news.qq.com/original/intouchtoday/n3889.html.

[29] "二孩"政策全面开放后，家里老年人催着生二胎[EB/OL].（2015-11-29）[2018-11-3]. http://js.qq.com/a/20151129/008775.htm.

[30] 美国老年人开着房车去旅游，日本老年人爱打扮…他们的退休方式真是太有意思了[EB/OL].（2017-12-09）[2018-11-13]. http://www.sohu.com/a/209372075_99972612.

[31] 纽约开设全美国第一家同性恋老年人福利中心[EB/OL].（2012-03-02）[2018-11-13]. https://news.qq.com/a/20120302/001546.htm.

[32] 老年同性恋多受歧视，纽约举办公听亚裔老年人避谈[EB/OL].（2011-01-26）[2018-11-13]. http://news.hexun.com/2011-01-26/127039019.html.

[33] 美国2/3的老年人上网，"网瘾老年"也爱在线视频游戏[EB/OL].（2017-05-25）[2018-11-13]. http://world.gmw.cn/2017-05/25/content_24595853.htm.

[34] 美国94岁老年人工作75年：今年仅休2天年假，不打算退休[EB/OL].（2017-12-11）[2018-11-13]. http://www.takefoto.cn/viewnews-1346356.html.

［35］刘永涛. 当代美国社会［M］. 北京：社会科学文献出版社，2001.

［36］调查称美国老年人离婚率攀升，离婚多由女方提出［EB/OL］. （2012-03-30）

　　［2018-11-15］. http：//www. chinanews. com/gj/2012/03-30/3786174. shtml.

［37］中国老年人离婚早于退休之痒，离婚多由女方提出［EB/OL］. （2015-06-26）

　　［2018-11-16］. http：//news. sohu. com/20150626/n415663951. shtml.

［38］穆光宗，王志成，颜廷健，等. 中国老年人口的受教育水平［J］. 市场与人口分

　　析，2005（03）：60-67.

［39］李培林. 当代中国民生［M］. 北京：社会科学文献出版社，2010.

第七章
电影《飞越老年人院》和
《百岁老年人跷家去》的跨文化解读

第一节　电影简介和问题的提出

中国电影《飞越老年人院》2012年上映，讲述的是老年人院里一群各怀心事的老年人，在老年人院里其他由于各种原因无法同行的老年人的帮助下，瞒着院长偷跑出老年人院，去走自己从未走过的路，去看自己从未看过的风景，去天津参加比赛，以实现自己最后的梦想，获取属于自己的快乐的故事。豆瓣评分7.8分，好于82%喜剧片。

瑞典电影《百岁老年人跷家去》2013年上映，讲述的是阿朗·卡尔松经历了自由、传奇和冒险的一生，在自己100岁生日庆典前的一刻逃离养老院，希望摆脱养老院里单调的生活，继续精彩的旅程。豆瓣评分7.8分，好于81%喜剧片。

虽然《飞越老年人院》被归类于喜剧，然而，在这部影片里的中国老年人给人的感觉是压抑和悲情的，豆瓣影评里很多人都说自己看这部电影从头哭到尾，即使是笑，也是含泪的笑。反观《百岁老年人跷家去》里的主角阿朗·卡尔松，则是活得随心所欲和无忧无虑，观影体验是开心地从头笑到尾。为什么两部影片都叙述了一个老年人从养老院出走，追寻自己梦想，追寻顺遂自己心意生活的故事，但是在这两部电影里，中瑞两国老年人自始至终的心境却截然不同呢？以下拟从中瑞文化对比的视角对这种不同的心境产生的根源进行剖析。

第二节　跨文化分析

一、相互依赖与相互独立

Hofstede把各国文化用五个文化维度来区分，其中一个文化维度是"集体主义与个体主义"。根据他的理论，具有集体主义文化维度的人相互依赖，而具有个体主义文化维度的人习惯于相互独立[1]。

Samovar在探讨文化的基本功能及其深层次根源时指出，文化服务于人类的基本需要，向每一种文化中的人展现出置身这种文化里的可以预知的世界，同一种文化里的人享有相同的世界观，从而带给人们安全感[2]。

中国传统文化是典型的集体主义文化，父母对子女有养育的责任，有为孩子的婚嫁做物质准备的责任，甚至有照看孙辈的责任。反过来，子女对父母有尽孝道的责任，这个孝道，不仅是物质上的，还有精神上的。理想状态下，父母和子女都尽到了对对方的责任，双方是互相依赖

的，这种依赖，让所有人都感觉到安全和幸福。中国传统文化所强调的"养儿防老""百善孝为先"等正是带给结婚生子的人以这种安全感，随着年龄的增长，人们对子女的依赖会越来越强。

然而现实生活不可能都是理想状态，当父母和子女对对方的期望落空时，失望和怨恨等等情绪会随之产生，尤其是老年人那种老无所依的感觉更让人感到凄凉。在《飞越老年人院》里，老葛和儿子的关系就是这样。老葛的妻子早年去世后，老葛很想和意中人重新组建家庭，重拾幸福，然而，他的儿子却为了得到家里唯一的房子结婚而对老葛的婚事百般阻挠，最后，老葛被逼出家门，和一个自己并不爱但有房子的女人结了婚。老葛儿子的想法是：你是我父亲，你有责任给我婚房，即使你把房子给了我，你给我的还不够多，因为这房子太小太破，而且你也没能力给我找个好工作。带着这样的想法，他始终对老葛心怀怨恨，常年不来往。这种想法貌似合理，实际上超出了传统文化里子女对父母的依赖范围，也就是说，他依赖过度了，他自己并没有为了工作和结婚的准备而努力，而且，孝顺的子女是不会为了自己结婚而把父母赶出家门的。

可怜的老葛，在续弦老伴去世后，又被毫无血缘关系的续弦老伴子女"请"出家门，成了无家可归的人，只好到养老院投奔自己多年好友老周。在被养老院勉强收下后，又发生了老年人常见的尿床事件，所有的屈辱汇集在一起，使得他想自杀，幸被老周救下。为了宽慰老葛，老周邀请他参加排练娱乐节目，进而一起"飞越老年人院"。然而，即使大家一起欢笑，老葛的内心一直是落寞的，究其原因，就是老葛的幸福是寄托在儿孙身上的，在他和儿子的关系中，从他人过中年直到老年，本该享受到的来自儿孙的孝顺和尊重，以及天伦之乐他从未得到过，他还有什么幸福可言！

反观《百岁老年人跷家去》里的阿朗，活到了100岁，仍然风趣幽默，随心所欲，笑口常开，这和他所处的瑞典文化环境密切相关。和中国文化相比，瑞典文化是个体主义文化，人们从小就学到的处世之道是：每个人都是一个独立的个体，每个人都必须照顾好自己，不能依赖他人，包括家人。瑞典孩子自己挣零花钱，甚至自己挣钱周游世界是很普遍平常的事，父母甚至不用为孩子上大学、结婚、生子负责。当人们老了，伴侣之间会互相照顾，或者会自己照顾自己。不能动了，就去养老院。也就是说，一个人的幸福和子女没有任何关系。

在此文化背景下，阿朗的人物设定和瑞典科学家诺贝尔一样———一生未婚，一生奇遇与炸药结缘。他的幸福只与他随时出现的疯狂想法有关，只取决于他自己，而与儿女无关。在经历了20世纪一系列重大历史事件后，阿朗住进了养老院，但是，那颗不安分的心却在养老院为他举办的百岁生日庆典之前蠢蠢欲动，他终于厌倦了在养老院里受到的看护和里面的规矩，禁不住外面世界的诱惑，逃出了养老院。逃出后仍然像他年轻时一样，把世界搅得一团糟，而他却乐不可支。无忧无虑的阿朗一定无法理解憋屈的老葛，因为他从未期待过被人照顾，甚至讨厌被人照顾，无论是在精神上还是身体上。

二、群体和谐与个体幸福

Scollon指出，在集体主义文化里，当集体内部在如何解决问题上出现分歧时，集体的和谐总是被看作最重要的[3]。换句话说，人们宁愿牺牲个体幸福，也要维持集体的和谐。但是，在个体主义文化里，个体幸福高于一切。

在中国的集体主义文化里，家庭是十分重要的集体，人们为了赢得家庭的和睦而牺牲个体的幸福往往会被视作高尚的表率。所有人都有自己梦想，但是，有多少人从年轻时开始，为了孩子而放弃了五彩斑斓的梦，并逐渐满足于平淡的生活。电影中，老葛为了儿子放弃了自己的真爱，放弃了身心的自由寄人篱下。养老院里其他的老年人也都有没有实现的梦想，比如，走出去看看从未见识过的世界。然而这些梦想止步于儿女们的制止，儿女们对养老院院长的解释表面上是为了老年人的安全，实际上还是怕给自己惹麻烦。可是，老年人们为了与儿女和睦相处，只好叹口气作罢。中国自古有"人老雄心在""老骥伏枥，志在千里"等名句，然而，对这些普通老年人，只好把梦想的实现寄托于几个胆大的同伴，借他们的眼睛看世界。导演很浪漫地让几个飞越老年人院的老年人替同伴们看到了路边出现的大片向日葵、奔腾的骏马和风吹草低见牛羊的景象。但是，浪漫掩饰不住老年人们的遗憾。

阿朗就不同了，在瑞典的个体主义文化里，他的所有行为从年轻时开始，就完全受他自己意志的支配。阿朗的人生旅途处处有精彩，他周游了整个世界，结识了无数名人，到了100岁还有勇气尝试新的生活并乐在其中。虽然故事是幽默和夸张的，但是，实际生活中的瑞典人确实父母和子女各有各的幸福生活，互不干涉。笔者在瑞典访学期间看到，有很多父母和子女之间和睦相处，但这种和睦建立在父母和子女相互独立的生活上、建立在父母和子女各自的幸福生活上，而不是建立在互相为对方做出的牺牲上。比如，瑞典老年人想出门旅游就旅游，不会看儿女脸色，他们也绝对不会给儿女当照顾孩子的免费保姆。

三、间接表达与直接表达

Hall把各国文化维度分为高语境文化和低语境文化[4]。在高语境文化中，人们的交际比较隐晦和间接，只有极少的信息通过语言编码的方式传递；在低语境文化中，人们的交际比较坦率和直接，大多数的信息通过语言编码的方式传递。

中国文化是高语境文化，受到儒家思想的深远影响，儒家思想强调"礼"，提倡用含蓄的语言表达，而不是有话直说，这样不仅可以顾全交际对方的面子，也会顾全自己的面子。但是，有话不直说有时会造成长期的误会。老葛就是一例，他和儿子的关系20年来一直不好，甚至连孙子的婚礼都不被邀请参加。他受到儿子的粗暴对待后，委屈地和养老院里的老伙伴们诉说自己的苦恼："儿子我就不指望了，我最担心的，是我的孙子也记恨我，我总想找个机会跟他们解释解释，可老也张不开嘴"。最后，当他有机会和孙子解释的时候，他还是张不开嘴，还是没有把当年的事说清楚，而是讲了个故事：一个儿子嫌弃年老的父亲总是指着麻雀问他"那是什么"，父亲告诉儿子，儿子小时候就总是连续这样问父亲，而父亲却始终不厌其烦地告诉儿子"那是麻雀"。老葛通过这个故事，委婉地表达了父子亲情。幸而孙子原本没有多少对爷爷的偏见，所以立即明白了爷爷的良苦用心，如果换做是老葛的儿子听这个故事，老葛恐怕就要白费劲了。

相比之下，属于低语境文化的瑞典人的交际方式就是有事情就说清楚，而且越明白越好。阿朗就是这样，自己不能做的事绝不勉强答应。在车站，一个蛮不讲理的年轻人让他帮着照看行李箱，阿朗因为要赶长途汽车，坚决地说"不行"，而不是为了面子，宁愿误了车也要等那个年轻人。阿朗教导陷入爱情的年轻人要自己去争取，要现在就勇敢地走过去，直接告诉

对方自己的想法。因为阿朗一生中都是这样有什么就说什么，所以，他从未受过老葛那样的委屈。

第三节　结　语

中国文化是集体主义和高语境文化，中国传统文化中的儒家思想强调子女对父母要尽孝道。《说文解字》对"孝"的解释是"善事父母。"孔子在《论语》中详细解释了"孝"的含义："今之孝者，是谓能养，至于犬马，皆能有养，不敬，何以别乎？""色难。有事，弟子服其劳，有酒食，先生馔，曾是以为孝乎？""父在，观其志。父没，观其行。三年无改于父之道，可谓孝矣。"显然，孔子对"孝"提出了很高的要求：首先要赡养父母，但是，仅仅赡养父母还是不够的，还必须要对父母恭敬和尊重。当父母遇到事情的时候，子女愿意为父母出力，当有酒饭的时候，子女能够让父母先吃，这固然很好，然而，只有子女对父母在言辞上温婉、在态度上和顺，使得父母心情愉悦，这才能被称为真正的孝顺。此外，当一个人的父亲健在时观察他的志向，当一个人的父亲去世后，观察他的行为，如果他在

三年后还能坚持当年他父亲对他的教导，这就是"孝"。不幸的是，电影《飞越老年人院》里的老年人们没有享受到以上任何形式的"孝"，传统思想深厚的中国老年人往往为了家庭和睦而委曲求全，孩子是否孝顺对中国老年人的幸福感影响巨大。

与此形成强烈对比的瑞典文化是个体主义和低语境文化，其文化里没有"孝"这个概念，老年人的幸福感和孩子没有任何关系。值得注意的是，全球化使得中国人接触到很多外国文化，我们在跨文化交际的过程中应该做到文化自觉——"各美其美，美人之美，美美与共，天下大同"，即，我们虽然可以批判地借鉴外国文化，但是，绝对不能盲目地接受外国文化。在对待外国文化的时候，我们首先要做到的是"各美其美"，即首先要认同、继承和发扬中华文明的优秀传统，中国文化的优秀传统之一"孝道"坚决不能丢掉。Arthur Marwick指出："电影即现实，电影的暗示与线索是现实的真实断片。"[5] 通过分析电影，有助于我们更好地了解和理解老年人。在全国上下都在弘扬社会主义核心价值观的今天，年轻人和中年人要以发扬中华优秀传统文化为己任，尽其所能尊敬老年人、爱护老年人，尽量不要让《飞越老年人院》里表现的对老年人的漠视等事情发生。

注：本章为作者同名论文，发表于《吉林广播电视大学学报》2018 年 8 期。

参 考 文 献

［1］HOFSTEDE，G. Cultures and organizations ［M］. New York： McGraw Hill，2010.

［2］SAMOVAR，L A. Communication between cultures ［M］. Boston： Wadsworth，2010.

［3］SCOLLON R，SCOLLON S W. Intercultural communication：A discourse approach ［M］. Malden： Blackwell Publishers，2001.

［4］HALL E T. Beyond culture ［M］. Now York： Doubleday，1976.

［5］MARWICKA. 电影即现实 ［J］. 东南学术，2000（3）：14–18.